新时代高校廉洁教育

主　编　李　冰　李文垒　张素明
副主编　王艳红　王　丹　李　鸽
　　　　卢　晶

南京大学出版社

图书在版编目(CIP)数据

新时代高校廉洁教育 / 李冰,李文垒,张素明主编.
南京：南京大学出版社,2025.5. -- ISBN 978-7-305-29230-9

Ⅰ.G641.6

中国国家版本馆 CIP 数据核字第 2025S32A91 号

出版发行	南京大学出版社		
社　　址	南京市汉口路 22 号	邮　编	210093

书　　名 新时代高校廉洁教育
　　　　　XINSHIDAI GAOXIAO LIANJIE JIAOYU

主　　编	李　冰　李文垒　张素明		
责任编辑	武　坦	编辑热线	025-83592315

照　　排　南京开卷文化传媒有限公司
印　　刷　丹阳兴华印务有限公司
开　　本　787 mm×1092 mm　1/16 开　印张 13　字数 285 千
版　　次　2025 年 5 月第 1 版
印　　次　2025 年 5 月第 1 次印刷
ISBN 978-7-305-29230-9
定　　价　39.80 元

网　　址：http://www.njupco.com
官方微博：http://weibo.com/njupco
微信服务号：njuyuexue
销售咨询热线：(025)83594756

＊ 版权所有,侵权必究
＊ 凡购买南大版图书,如有印装质量问题,请与所购
　 图书销售部门联系调换

前言

在当今社会,随着反腐倡廉工作的深入推进和廉洁文化建设的不断加强,廉洁教育作为培养公民廉洁意识、弘扬廉洁价值的重要途径,正日益受到广泛关注。在高等教育领域,大学生作为国家未来的栋梁之材,其廉洁品质的培养不仅关乎个人的成长与发展,更直接影响到社会的公正与和谐,乃至国家的长治久安。首先,随着社会环境的复杂多变,廉洁教育面临前所未有的挑战与机遇。一方面,国际社会对廉洁治理的共识日益增强,为廉洁教育提供了更为广阔的国际视野和借鉴空间;另一方面,国内反腐倡廉斗争的深入,对廉洁教育提出了更高的要求,需要我们在传承中华优秀传统廉洁文化的基础上,不断创新教育理念和教学方法,以适应时代发展的需要。其次,高等教育作为培养高素质人才的主阵地,其廉洁教育工作的成效直接影响到人才的质量和社会的风气。当前,大学生正处于世界观、人生观、价值观形成的关键时期,其廉洁意识的培养和廉洁行为的养成,需要高校通过系统的廉洁教育来进行引导。因此,编写一本系统、全面、具有指导意义的"廉洁教育"读本,对于推动高校廉洁教育工作的深入开展、提升大学生的廉洁素养,具有重要的现实意义和深远的历史意义。

本书正是基于这样的背景和需求而编写的。全书分为三大部分,共八章内容。第一部分"探古今清廉　仰廉洁之光",主要通过对廉洁文化的历史追溯和廉洁教育重要性的阐述,引导读者初步认识廉洁的内涵与价值;第二部分"清廉守初心　使命驻心田",聚焦大学生廉洁品质的培养和廉洁意识的提升,从大学生廉洁品质培育、职业视角中的廉洁意识等方面进行深入探讨;第三部分"廉洁

记心中　俯首勤耕耘"，着重探讨廉洁教育的多维借鉴、体系构建、创新发展和生态系统构建等议题，旨在为读者提供一套全面、系统的廉洁教育理论与实践框架。

本书在编写过程中，力求做到理论性与实践性相结合、历史性与现实性相统一。同时，本书注重教材的针对性和可读性，通过知识目标、课后思考等多种形式，激发读者的学习兴趣和思考能力，提升其廉洁素养和实践能力。

本书旨在为广大的教育工作者、学者以及高校管理者提供理论参考与实践指导，帮助他们在廉洁教育的实施中不断探索与创新，培养更多具有高尚品德和社会责任感的高素质人才。只有通过不断完善和深化廉洁教育，才能为社会培养出更多能够担当起时代重任、维护社会公正的优秀人才，为国家的繁荣与发展做出积极贡献。我们期待与教育工作者共同携手，不断推进廉洁教育事业的发展，为新时代的教育注入更多的力量与智慧。

编　者

2025 年 3 月

目录

第一部分　探古今清廉　仰廉洁之光

第一章　初识廉洁之意 ... 003
　　学习引言 ... 003
　　知识目标 ... 003
　　内容学习 ... 003
　　第一节　廉洁与廉洁文化 ... 003
　　第二节　廉洁教育的历史脉络 ... 012
　　第三节　中国传统廉洁思想与价值 ... 021
　　课后思考 ... 023

第二章　再识廉洁之质 ... 024
　　学习引言 ... 024
　　知识目标 ... 024
　　内容学习 ... 024
　　第一节　大学生廉洁教育的重要性 ... 024
　　第二节　大学生廉洁教育的目标与内容 ... 032
　　课后思考 ... 041

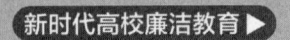

第二部分　清廉守初心　使命驻心田

第三章　大学生廉洁品质培育 ······ 045

　　学习引言 ······ 045

　　知识目标 ······ 045

　　内容学习 ······ 045

　　　第一节　大学生廉洁品质培育及理论遵循 ······ 045

　　　第二节　大学生廉洁品质培育的关键要素 ······ 049

　　　第三节　大学生廉洁品质培育的科学路径 ······ 053

　　课后思考 ······ 070

第四章　大学生职业视角中的廉洁意识 ······ 072

　　学习引言 ······ 072

　　知识目标 ······ 072

　　内容学习 ······ 072

　　　第一节　职业规划中的自我认知与职业认知 ······ 072

　　　第二节　廉洁在职业生涯中的重要性 ······ 077

　　　第三节　职业视角开展大学生廉洁教育的措施 ······ 079

　　课后思考 ······ 083

第三部分　廉洁记心中　俯首勤耕耘

第五章　大学生廉洁教育的多维借鉴 ······ 087

　　学习引言 ······ 087

　　知识目标 ······ 087

内容学习 …… 087

第一节　其他国家廉洁教育的经验借鉴 …… 087

第二节　中华优秀传统文化与大学生廉洁教育 …… 090

第三节　红色文化与大学生廉洁教育 …… 099

第四节　党的政治生态建设与大学生廉洁教育 …… 111

课后思考 …… 119

第六章　大学生廉洁教育的体系构建 …… 120

学习引言 …… 120

知识目标 …… 120

内容学习 …… 120

第一节　大学生廉洁教育的课程设置 …… 120

第二节　大学生廉洁教育的话语转换 …… 132

第三节　大学生廉洁教育的管理机制 …… 137

第四节　大学生廉洁教育的保障体制 …… 139

课后思考 …… 144

第七章　大学生廉洁教育的创新发展 …… 145

学习引言 …… 145

知识目标 …… 145

内容学习 …… 145

第一节　大学生廉洁教育的教育主体创新 …… 145

第二节　大学生廉洁教育的方法创新 …… 147

第三节　大学生廉洁教育的载体创新 …… 153

第四节　大学生廉洁教育的模式创新 …… 160

课后思考 …… 168

第八章　大学生廉洁教育生态系统探讨 169

学习引言 169

知识目标 169

内容学习 169

第一节　大学生廉洁教育与生态系统的契合性 169

第二节　大学生廉洁教育生态系统的意蕴诠释 174

第三节　大学生廉洁教育生态系统构建的策略 183

第四节　大学生廉洁教育生态系统构建的保障 188

课后思考 195

参考文献 197

第一部分

探古今清廉 仰廉洁之光

第一章
初识廉洁之意

📖 学习引言

当今社会,廉洁不仅是个人品德的重要体现,更是社会文明进步的基石。廉洁犹如一股清泉,滋养着公平正义的土壤,促进社会的和谐与稳定。要理解廉洁的含义,我们不仅需要把握其字面意义——清廉不贪、正直无私,更要深入挖掘其背后所蕴含的文化底蕴与时代价值。廉洁文化作为一种社会意识形态,在塑造人们的价值观念、行为规范以及推动社会风气好转方面,具有不可替代的重要作用。因此,本章将深入探索廉洁的深刻内涵,追溯廉洁教育的历史脉络,挖掘中国传统廉洁思想的时代价值,以期在人们心中播下廉洁的种子,共同营造风清气正的社会环境。

📖 知识目标

通过本章的学习,全面理解廉洁与廉洁文化的内涵,掌握廉洁教育的历史发展脉络,熟悉中国传统廉洁思想及其在现代社会的价值体现。同时,对廉洁文化的重要性有更深刻的认知,并能够为推动廉洁文化建设贡献力量。

📖 内容学习

第一节　廉洁与廉洁文化

廉洁文化自古有之,发源于中华优秀传统文化,在革命文化和社会主义先进文化中被赋予新的内涵。

一、廉洁与廉洁教育

对廉洁内涵的深刻解读是大学生廉洁教育的起点。廉洁文化作为一种优秀的思想道德文化、一种意识形态,其内涵必将随着社会的发展而不断丰富。

（一）廉洁

"廉洁"一词最早出现在屈原的《楚辞·招魂》中，原文是"朕幼清以廉洁兮，身服义而未沫。"廉洁的意思是不贪财货，立身清白。其中，"廉"指的是清廉，即不贪取不应得的钱财；"洁"指的是清白，即为人正直，光明磊落。在中国古代，廉洁被视为君子的基本品质之一，如《论语》中所说"君子喻于义，小人喻于利"。这里的"义"就是指廉洁正直的品质。

"廉"是"洁"的基础，也是前提。在现代社会，廉洁是衡量一个国家、一个组织乃至一个个体的重要标准。大学生作为社会主义事业的接班人，其廉洁素养将直接影响国家的未来发展。"廉洁"在新时代大学生的成长和培养中扮演着至关重要的角色，贯穿于他们的成长过程，不仅涉及个人的道德修养，还包括政治理念、职业操守、法治意识等多方面的内容。

廉洁的内涵可从以下四个维度进行阐释：① 廉洁是对权力的约束。于政治领域而言，"廉洁"意味着公职人员须抵制诱惑，秉持公正原则，杜绝谋取私利之举，始终坚守道德底线。② 廉洁是对公共资源的珍视。在经济活动中，"廉洁"体现为企业和个人严格遵守法律法规，恪守诚信原则，不侵占公共资源。这需要企业和个人具备强烈的社会责任感，始终将公共利益置于首位。③ 廉洁是对职业操守的坚守。在各行业中，"廉洁"意味着从业者须恪守职业道德，不为利益所诱。这要求从业者具备专业素养和高度的职业操守。④ 廉洁是对个人品行的要求。在日常生活中，廉洁意味着个人应自律自省，不贪图小便宜，杜绝损人利己之事。这要求个人具备良好的道德品质，始终践行道德准则。

综上所述，廉洁可视为身处不同场合、不同时期的任何人都应具备的道德品质。其个人行为具体体现为遵守法律法规，坚持公平公正、诚实守信，自觉抵制金钱、权力诱惑，杜绝谋取私利、侵占公共资源及权钱交易等行为。

（二）廉洁教育

廉洁的品质不是与生俱来的，需要长期的教化才能养成，开展廉洁教育具有必要且重要的意义。廉洁教育是为了培育廉洁品质而开展的特定教育活动，把握廉洁教育的内涵和特征有助于更好地开展廉洁教育。

廉洁教育是以廉洁为核心展开的教化、训导以及培育、造就之活动。它围绕廉洁知识、理念、制度以及与之相契合的生活方式、行为规范等进行，进而构建个体稳固的关于廉洁的心理根基、思想认知、行为习性以及文化氛围。廉洁教育旨在促使受教育者达成廉洁或趋于更加廉洁。廉洁教育系教育者凭借廉洁相关理论，对受教育者实施有目标、有规划、有觉知的影响，强化对受教育者在清廉、正直、不贪腐、不损公肥私、不铺张浪费、诚实守信、勤勉等方面的教育，培育并提升受教育者廉洁意识的活动。

二、廉洁文化

廉洁文化是一个抽象的概念集合体，是以先进的廉洁理论为指导思想，以先进的廉洁思想为核心，在国家进行廉政建设时所形成的，体现理念、制度等一系列物质和精神总和的一种文化形式，是中国先进文化的重要组成部分，带有中国特色的社会主义文化的浓厚色彩，是增强我国文化自信的重要一环，具有一定的导向性、激励性。

（一）廉洁文化的解读

廉洁文化是廉洁理论、行为方式及其相互关系，以及与之对应的知识、理念、制度、生活方式和行为规范的总和，是中华优秀传统文化、社会主义先进文化的重要组成部分，以全体社会成员共同认可的道德观念和行为方式为主要内容。

1. 廉洁文化是中华优秀传统文化的组成部分

社会层面，廉洁文化是对公共利益的高度捍卫，其着重对执掌公共权力的人，特别是国家公职人员，予以严苛的道德操守要求。此类要求意在保障公职人员得以秉持公正无私之态，运用手中权力，维护社会的公平与正义。廉洁文化借弘扬正直、公正、透明的价值观，为社会的和谐稳定提供了坚实的道德支撑。就个人层面而言，廉洁是一种崇高的道德追寻。任凭个人处于何种社会地位，皆应秉持爱国诚信、为人廉洁、时刻自律的准则。廉洁文化激励人们追逐内心的纯净与高尚，坚守道德底线，不为物欲所惑。其所倡导的，是一种淡泊名利、清正廉洁的生活方式，令人们在直面诱惑之时能够保持清醒的头脑，恪守原则，坚定信念。

2. 廉洁文化是一种思想道德文化

廉洁作为一种思想道德理念，向人们提出了一种"应然"的要求，这种要求让人们从思想道德上去自我达成、自我约束，它充分体现在严于律己、廉洁自律等方面。廉洁文化作为一种道德修养和价值观，始终引导人们的价值取向，引领良好社会风尚的形成，既立德又树人，是高校立德树人这个根本任务的重要内容。廉洁文化是廉洁管理得以形成并发展的基础，唯有具备了廉政文化的自觉与自信，才会具有反腐倡廉建设的理性与定力。建设廉洁文化，要紧抓与廉洁文化要求不符的学风、师风、官风的突出问题，将理想信念与制度规范统一，自律与他律并重，组织监督与社会舆论监督结合，注重从管理、文化和心理层面，约束公职人员的行为，并付诸脚踏实地的行为实践。

3. 廉洁文化是社会主义文化的组成部分

廉洁文化是社会主义文化的重要组成部分，它体现了社会主义核心价值观的本质要求，具有鲜明的时代特征。作为一种文化形态，廉洁文化不仅仅是对廉政行为的要求，更是对社会成员道德修养和行为规范的全面引导。在社会主义文化的大框架下，廉洁文化强调廉洁自律、公正无私、清正廉洁的道德标准,是对党风廉政建设和反腐败斗争的文化支持与思想保障。

廉洁文化的形成与发展,是中国特色社会主义进入新时代的必然产物。它通过弘扬廉洁自律的社会价值观,推动全社会树立起崇尚廉洁、拒绝腐败的鲜明风尚。廉洁文化的核心在于"公正"和"清廉",这不仅要求政府及其公务人员保持廉洁自律,也要求每个公民在日常生活中都能自觉地践行廉洁原则,从而为建设一个风清气正、廉洁高效的社会环境奠定基础。

将廉洁文化融入社会主义文化体系中,能够有效提升社会的整体文明程度,促进社会主义法治建设,并进一步增强人民群众的凝聚力和向心力。因此,廉洁文化的建设,不仅是政治领域的需求,更是社会主义文化多元发展中不可或缺的一部分。

(二)廉洁文化的结构

廉洁文化不仅仅表现为一种思想或理念,它在各个层面上都有具体而深刻的体现。对于廉洁文化的结构,可以从精神、行为、制度、物质四个维度进行探讨,这些层面之间的相互交织与互动,共同构成了廉洁文化的完整框架。通过对这四个层面进行分析,我们可以更好地理解廉洁文化的内涵和其在实践中的作用。

1. 精神层面

从精神层面上讲,廉洁文化主要表现为人们在廉政实践中形成的关于廉洁的思想、理念和价值观。廉洁文化的精神内核体现在对公正、廉洁、清廉的追求,它不仅仅是对腐败行为的反对,更重要的是对正直、诚实和担当的倡导。廉洁文化的精神层面通过思想教育和文化熏陶,使个体和集体树立起正确的价值观,激励人们在面对诱惑和挑战时,能够坚守道德底线,保持廉洁自律的品质。这种精神内涵是廉洁文化长期传承和发展的基石。

2. 行为层面

廉洁文化的实践层面显现于民众在日常生活中自觉恪守廉洁准则的行为模式。此等行为模式涵盖但不限于职业操守、生活习惯、言谈风范等具体体现。譬如,在职业活动中坚守公正与透明原则,杜绝以权谋私之举;在生活中崇尚节俭,抵制奢靡浪费之习;在言谈交流中强调诚信,摒弃虚伪之表面文章。廉洁文化的实践层面敦促民众从细微处着手,从自我做起,通过实际行动展现廉洁精神。这不仅反映了廉洁文化在个体层面的内化过程,也彰显了廉洁文化在社会层面的广泛传播和深入人心。

3. 制度层面

廉洁文化的制度层面是廉洁文化得以制度化、规范化的体现,涵盖与廉洁相关的规章制度、法律法规、风俗习惯、乡约等内容。这一层面通过制定明确的规则和制度,对人们的行为进行引导和约束,以确保廉洁文化的顺利落实。例如,政府和企业设立反腐败法规,推行公务员廉政考核制度等,这些都是制度层面上对廉洁文化的规范。地方性的乡规民约和社会习俗也在一定程度上促进廉洁文化的形成和传播。通过制度的保障,廉洁文化的价值观得以有效传递和执行,进一步提升了社会的整体廉洁水平。

4. 物质层面

廉洁文化的物质层面是指那些能体现廉洁文化精神和理念的具体物品、场所、设施及载体等。反腐倡廉的教育场所、廉洁文化主题展览馆、反腐倡廉宣传标语、廉政教育视频和海报等,都是廉洁文化物质层面的表现。这些物质形态不仅能直观地传达廉洁文化的价值理念,还能通过物理空间和实物手段增强人们对廉洁文化的认同感和参与感。例如,在各类办公场所悬挂廉洁文化宣传标语,或在学校设置廉洁教育的专门区域,通过物质层面上的配置来推动廉洁文化深入人心。

(三) 廉洁文化的功能

廉洁文化是新时代文化建设的重要内容,具有精神功能、社会功能、政治功能与经济功能,做好廉洁文化教育对人们理想信念养成、廉洁行为规划有着重要的作用。

1. 精神功能

思想是行动的先导,树立廉洁理念是廉洁文化建设的核心。检验廉洁文化建设是否取得成效的一个基本标准,就是社会成员能否将廉洁理念内化于心、外化于行。要做到将廉洁理念内化于心、外化于行,关键在于社会成员对社会倡导的价值观念的认同和遵循。文化作为精神和价值观念,在社会治理过程中对社会成员具有教化作用,能够帮助社会成员树立共同的理想和价值观念。廉洁文化作为一种先进文化,蕴含着与社会主义核心价值体系相一致的价值取向和价值评判标准,反映了广大社会成员的价值诉求。在社会主义廉洁文化建设过程中,通过参加寓教于文、寓教于乐的廉洁文化活动,社会成员自觉或不自觉地完成廉洁精神的培养和廉洁行为习惯的养成,从而在思想上认同社会主义核心价值观,坚持中国特色社会主义理想信念。

2. 社会功能

社会意识对社会存在有积极的能动作用,能够指导人们的社会实践。社会主义廉洁文化作为一种积极向上的文化,本质上是一种先进的社会意识,它所包含的廉洁精神、廉洁理念对人的思想和行为有着积极的引导功能。广大社会成员在廉洁文化中能够得到感悟和启发,从而弄清楚什么是对的、什么是错的、什么是应当的、什么是不应当的,能够分辨社会现象的美丑,把握社会善恶尺度,形成崇尚廉洁的价值观念,自觉践行社会主义核心价值观。

3. 政治功能

廉洁价值观是对中国共产党的建设和执政规律认识的升华,反映新时代中国共产党的历史使命和党的建设的新任务和新要求。这表明我们党对马克思主义执政党建设和社会主义建设规律的认识发生了质的飞跃,这尤其体现在对党的作风建设、纪律建设和制度建设的认识深化上,体现在党对市场经济和资本、权力的驾驭的认识深化上,体现在对依规治党和以德治国统一的认识深化上。廉洁价值观作为习近平新时代中国特色社会主义思想的重要内容,是对马克思主义经典作家和中国共产党几代领导集体的反腐倡廉思想的继承和发扬,是新时代加强党的建设、坚持和发展中国特色社会主义、实现中华民族伟大复兴的重要思想武器。

  弘扬廉洁价值观作为全面从严治党的重要举措,是一个系统工程,涉及党的思想、作风等各方面建设,关乎党和国家的前途命运,关乎中华民族的兴旺发达。要把新时代坚持和发展中国特色社会主义这项伟大事业进行好,我们党必须进行自我革命,把党建设得更加坚强有力。培育和践行廉洁价值观,既是加强党的先进性和纯洁性建设,以及提升执政能力的突破口,又是赢得民心、夺取新时代中国特色社会主义伟大胜利的重要抓手。要深化标本兼治,夺取反腐败斗争压倒性胜利。要强化不敢腐的震慑,扎牢不能腐的笼子,增强不想腐的自觉。弘扬廉洁价值观,对于深入开展反腐败斗争,推进全面从严治党向纵深发展,提高全社会的道德水平和文明程度,既是治标之策,又是治本的基础。廉洁价值观对于推进新时代的伟大斗争、伟大工程和伟大事业,实现中华民族伟大复兴的中国梦,进而彰显马克思主义的真理力量和社会主义的制度优势,无疑具有十分重要的意义。

  4. 经济功能

  廉洁文化,作为一种独特的文化形态,在经济发展中占据着极为关键的地位,发挥着不容小觑的经济效能。廉洁文化能够营造公平竞争的市场氛围,凭借倡导诚实守信、公正透明的价值理念,有力抑制商业贿赂、权力寻租等不正当竞争行为,为市场主体提供平等的机会与公正的竞争环境,进而推动经济的良性发展。廉洁文化有益于提升企业的核心竞争力,廉洁的企业文化能够提升员工的归属感与忠诚度,增强企业的凝聚力和向心力。与此同时,廉洁经营的企业更能赢得消费者的信赖与喜爱,从而塑造良好的品牌形象,提高企业的市场竞争力。另外,廉洁文化还能推动资源的优化配置。在廉洁文化的引领之下,企业和个人都会更为注重资源的节约与高效运用,减少浪费和腐败现象的发生,进而推进经济社会的可持续发展。

拓展阅读

以廉洁文化建设推动高校高质量发展

来源:光明网,2022-12-30　14:07

  清正廉洁是中国共产党一贯坚持的政治本色和政治立场。中共中央办公厅印发

《关于加强新时代廉洁文化建设的意见》提出思想、文化、道德、教育、风尚等多方面的具体措施,强调全面从严治党,既要靠治标,猛药去疴,重典治乱;也要靠治本,正心修身,涵养文化,守住为政之本。高校承担立德树人的根本任务,担任为党育人、为国育才的主力军角色,是新时代推进廉洁文化建设的重要力量,是涵养廉洁文化的重要阵地。各级高校党组织必须敢于以壮士断腕的勇气,以抓铁有痕的坚定执着进行自我革命,以新时代廉洁文化的落地生根为高校健康发展添砖加瓦,担当培养肩负历史重任之新秀的历史使命,推进高校全面从严治党向纵深发展。

一、抓思想道德教育,强廉洁奉公思想根基

习近平总书记在十九届中央纪委六次全会上的讲话强调,必须坚持以党的政治建设为统领,坚守自我革命根本政治方向;必须坚持把思想建设作为党的基础性建设,淬炼自我革命锐利思想武器;必须坚决落实中央八项规定精神、以严明纪律整饬作风,丰富自我革命有效途径。高校廉洁文化必须持之以恒强化理想信念教育和理论武装,从思想上正本清源,督促党员干部带头锤炼廉洁清正的品行和作风,强化纪法教育,坚守拒腐防变的思想道德底线,筑牢"不想腐"的思想根基。

理想信念补钙稳舵。不忘初心、牢记使命和党性锻炼是党员干部保持对党忠诚的终身课题。坚守马克思主义信仰、共产主义远大理想和中国特色社会主义共同理想是中国共产党人的精神追求,是始终坚持的安身立命之根本。新时代高校廉洁文化建设必须持之以恒加强理想信念教育,旗帜鲜明将系列教育活动和党史学习教育抓深抓实,不断坚定政治定力、提高政治站位和坚定大是大非面前的政治立场,提高对腐朽堕落文化和各种现实诱惑的免疫力和抵抗力,拧紧师生员工党员干部的理想信念"总闸门",筑牢高校廉洁清正、拒腐防蚀的思想堤坝。

科学理论强本固元。习近平总书记指出,理论创新每前进一步,理论武装就要跟进一步。办好中国特色社会主义高校,必须一以贯之加强党的创新理论武装,切实将踏石有印地加强思想建党和理论强党具体落到学懂弄通做实的党员干部"必修课"上,推动学习习近平新时代中国特色社会主义思想向深向实向心,将深入学习习近平关于全面从严治党、党风廉政建设和反腐败斗争系列重要论述作为各级党组织的常态化学习主题,全面与重点学、温故与更新学、思考与反思学、理论和实践结合学。高校党员干部要深刻认识和把握中国共产党发展规律、真切体悟马克思主义真理之力,以理论上的坚定增强政治上的持久恒力,擦亮廉洁自律的思想武器。

端正道德锤炼品行。推动高校廉洁文化建设,各级党组织要引导领导干部以全心全意为人民服务为不竭源泉,孜孜不倦锤炼政德,将其融入党内政治生活、教育培训和日常教育管理监督的全过程,注重以严养廉、以廉正心,考察领导干部要做到能力品行兼重、政绩政德俱到。高校党员干部要向品行端正的党员看齐、向家风优良的家庭学习,弘扬红色革命优良作风和家风,倡导忠诚担当、勤俭戒奢、廉洁自律的价值观,培养一身正气、两袖清风的道德情操和严己宽人、俭以养廉的生活作风,筑好忠诚大德、人民公德、律己品德的高地,合力打造党员干部自律自省、教师自省自警、学生自重自励的社会主义廉洁高校。

纪法教育警示底线。高校党组织必须深入开展党风廉政建设的各类学习教育,正确阐释腐蚀和反腐蚀的严峻性和复杂性,讲清反腐败斗争是一场持久战和攻坚战,重槌敲响党员干部对"围猎"腐蚀的警钟,加强对形形色色利益诱惑的判断和抵御能力。高校加强党内法规制度体系的学习与研究,推动学纪学法制度化常态化,以纪法的刚性警示党员干部敬法畏纪,自觉以党的纪律和规矩为首位。高校各级党组织、党支部、群团组织应注重发挥正面典型树高线和反面警示守底线相结合的作用,一方面,持续挖掘和树立一批清正勤廉的校内先进典型,讲好身边师生党员干部的清廉故事;另一方面,以重大负面案件为典型,通过深刻剖析各领域党员干部违法违纪行为,讲清腐化堕落的危害和代价,增强党员坚守纪律红线、不触法律高压线的纪律意识和法治意识。

二、厚植清正廉洁文化基础,营造崇廉拒腐校园风尚

高校加强廉洁文化建设,必须立足于高校优势元素和发展特色,整合特色资源,深入廉洁文化研究,搭建特色平台,加强廉洁文化多媒介拓展利用,推动廉洁文化细润人心,培育厚德养廉校园风尚。

立足特色深挖基因文化,坚持廉洁文化理论研究。高校廉洁文化建设,应当扮演好文化高地的角色,结合校史校情,加强廉洁因素的文化发现,沉淀廉洁文化建设的文化思想底蕴。深入挖掘中华优秀传统文化中的清廉精粹,讲好清官廉吏公廉爱民的为政故事,推动中华优秀传统廉洁文化在新时代创新与发展中持续焕发勃勃生机;传承淬炼于战火的革命文化廉洁基因,讲好革命先辈大公无私的廉洁故事,总结革命文化中的廉洁内涵,巩固党史学习教育成果;持之以恒以发扬社会主义先进文化培育崇德尚廉的文化土壤,重视发挥社会主义先进文化对党风廉政建设、廉洁教育的支撑作用,教育师生自觉成为社会主义核心价值观的忠实信仰者、踊跃传播者、坚定践行者。高校应充分把握师生开放、包容、活跃的特点和紧紧依托师资雄厚与学术资源丰富这一优势,探索和研究新时代廉洁文化的深层内涵和时代特征,总结和把握廉洁文化建设的内在规律,创新和发展廉洁文化建设与党风廉政建设相结合的示范理论和有效实践形式,形成一批能够指导高校新时代廉洁文化建设的高质量理论成果,努力为一体推进不敢腐、不能腐、不想腐提供重要的理论支撑。

推动廉洁文化思政教育,引导校园持廉守正蔚然成风。2019年,习近平总书记在学校思想政治理论课教师座谈会的讲话中指出,思政课是落实立德树人根本任务的关键课程,思政课作用不可替代,思政课教师队伍责任重大。高校思政课堂应当融入廉洁文化,注重采取"灌输式"和"浸润式"相结合的教学方式开展教育。着力推动校、院两级主要领导干部针对性地讲好讲清全面从严治党、反腐倡廉和廉洁党史教育的主要内涵、

形势任务和实践成效的开学第一课和毕业最后一课,辅之以学习廉政典范、分析腐败典型案件,开展廉洁教育社会实践活动等多种形式学习廉洁自律、清爽做人的道理,加强廉洁文化思政课的亲和力;重视以廉洁文化推动思政课堂内涵式发展,充分利用本校廉洁文化研究理论成果,发展专题式思政课堂,把握廉洁文化的源与流、创新与发展,弘扬优秀传统文化、社会主义先进文化中的勤廉美德,涵养廉洁理念,树立崇洁尚廉、清廉守廉的校园新风。强化教师队伍作风、学风的从严管理,坚持教育者先受教育,紧抓师德师风,察廉观德、激浊扬清,强化监督、严肃查处,引导广大教师弘扬师者风范,葆有学者风度、涵养高尚情操,在立德树人和养廉润德的高度统一中建设高质量师资队伍,真正打造风清气正的育人体系。

优化廉洁文化建设阵地,扩大宣传熏陶覆盖面。要注重文化浸润、感染、熏陶,既要重视显性教育,也要重视潜移默化的隐性教育,实现入芝兰之室久而自芳的效果。高校要立足校园特色,充分利用文化设施、场所,优化文化阵地建设。重视发挥党支部和群团组织的工作优势和带动作用,办好廉洁主题党日活动、团日活动,推动廉洁文化进学生社团、进课堂、进宿舍社区,为广大师生自主参与和创新发展多样形式、多元内容的廉洁文化活动搭建宣传互动平台,充分调动全校共享共建廉洁文化的积极性和主动性;精心打造高校示范品牌,拓展校内廉洁文化基因,宣传师生勤廉作风、优良家风,强化高校廉洁文化阵地的感染力和辐射力。高校必须顺应时代,加强廉洁文化的网络宣传技术建设。重视新媒体技术在高校廉洁文化建设的作用,持续加强高校党史学习教育、党风廉政和纪检监察平台和网站的运营和管理,做好廉洁党史、党风廉政宣传和教育,推动形成以正面典型为榜样、以反面案例为警示的择廉而从校园风尚;依托互联网、大数据等技术,拓展高校廉洁文化传播平台,创新传播载体,以现实和虚拟相结合的形式,打造广大师生喜闻乐见的文化服务产品和服务供给,真正实现党风廉政教育寓教于乐,提升廉洁文化宣传教育的针对性和渗透力。

三、建立健全高校廉洁文化建设体制机制

推进高校廉洁文化建设需要加强统筹谋划、系统部署、久久为功。高校必须加强廉洁文化建设顶层设计、完善体制机制建设,建立廉洁文化建设统筹协调机制,以统筹强化领导、以制度促进廉洁,为高校廉洁文化建设提供组织合力。

加强组织领导。高校党委要深入校情校风和党风廉政调查,充分运用全面从严治党制度创新成果,从提升人才自主创新质量出发,制订廉洁文化建设执行方案,融入管党治党、治学育才的全过程,重在研究解决实际问题,突出校情校史特色。推动廉洁文化建设融入学校制度体系中,与反腐败斗争、校园文化建设、校风学风建设、师德师风建设相互促进,与学校学院党的建设和各项任务同台部署、同步落实、同时检查、同频考核,发挥廉洁文化建设在高校管人用人的道德标尺作用。建立健全统筹协调机制,发挥高校纪检监察机构组织推动的作用,加强各级党组织切实开展廉洁教育宣传和正风肃

纪工作，督促学校各级领导干部自省自重、以上率下，推动纪检监察、组织、宣传多部门共同发力，推动高校廉洁文化建设多维度、多领域、多形式落地生根。

强化责任落实。高校廉洁文化建设必须强调实事求是抓好落实，全校上下拧成一条线，从学校党委到基层党支部层层压实廉洁文化建设要求，二级党委领导班子成员负责牵头落实，充分调动群团组织和师生主观能动性，将廉洁文化建设要求落实到党的建设、教学、科研和高校产业管理当中，持之以恒深入开展廉洁教育实践活动，凝聚廉洁文化建设合力。鼓励高校和社会力量共同进行廉洁文化理论研究和实践形式，及时总结和推广最新成果，推动高校廉洁文化建设走深走实。高校各级纪委监督党委领导班子、党组织对照廉洁文化建设要求取得实效，杜绝形式主义，督促领导班子成员以正确的政绩观、实际行动抓好廉洁文化建设工作落实。

完善监督和检查。高校要始终坚持严的主基调，深化党风廉政建设和廉洁文化建设从严从实监督整治工作。高校要完善落实党风廉政"一岗双责"制度，以批评与自我批评、述责述廉、签署廉洁文化建设责任书等形式，查找和发现问题，加强检查监督，强化肃纪问责。坚持教育引导和惩戒问责相结合，党风廉政建设必须贯穿于纪检监察工作的全过程，深刻剖析各级党委、领导班子成员在廉洁文化建设主体责任的落实、取得成效以及风险防控等方面存在的问题，形成廉洁文化建设责任档案，并责令学校各级党委召开主题民主生活会、民主评议会等开展党风廉政专项检查，层层推动有效整改。各级纪委深入推进以案促改工作，召开党风廉政建设和警示教育大会，以党员干部反面案例警醒一片，达到直触灵魂的震慑作用。

（作者：杨垠红、诸晓欢；作者单位：福建师范大学纪检监察学院）

第二节 廉洁教育的历史脉络

全面考察中华人民共和国成立以来廉洁教育的历史，对持续推进大学生廉洁教育，培养具有高度廉洁意识的社会主义事业建设者和接班人具有重要意义。

一、廉洁教育的萌发期（1949—1976年）

自中华人民共和国成立以来，党和政府采取了一系列措施，持续推进高校思想理论教育工作的深化和强化。1949年12月，在第一次全国教育工作会议上，国家领导人对于思想理论教育的目标、原则及方法进行了全面而深入的阐释，为高校思想理论教育工作的展开提供了明确指导。作为思想理论教育的重要组成部分，大学生廉洁教育迎来了宝贵的发展契机。

(一)高校思想理论教育课程的逐步确立给廉洁教育带来机遇

1949年11月,中央人民政府教育部成立,刚刚成立的教育部就将思想理论教育课程当作重要工作来做,随后于1950年通过了《教育部关于实施高等学校课程改革的决定》,明确在高等学校废除政治上的反动课程,开设新民主主义革命的政治课程,思想理论教育课程至此迅速建立和发展起来。时事和政策教育课程中对学生眼界的开阔、分析事物能力的培养和坚定人生观教育既是思想政治教育的重要内容,也是廉洁教育的目标,都是为了培养大学生具有明辨是非的能力和科学的世界观、人生观、价值观。

1958年,中共中央、国务院将党的教育工作方针明确为:培养共产主义社会全面发展的新人,就是既有政治觉悟又有文化的、既能从事脑力劳动又能从事体力劳动的人,而不是旧社会的"只专不红"、脱离生产劳动的资产阶级知识分子。同时在《关于教育工作的指示》中还进一步明确了学校需要开展的教育内容和教育的主导观念,群众观点、劳动观点等都是大学生廉洁教育的重要理论渊源,只有全面科学地掌握这些理论,才能在具体实践中,面对私利和公共利益矛盾时保持清醒的认识,恪守底线。

1959年以后,高校的政治理论课进行了进一步调整。1961年9月,教育部制定并公布了《中华人民共和国教育部直属高等学校暂行工作条例(草案)》,其中规定,高等学校的基本任务是培养具有爱国主义和国际主义精神,具有共产主义道德品质,拥护共产党的领导、拥护社会主义,愿为社会主义事业服务,为人民服务。并且规定高等学校各专业都必须加强政治理论课程的教学。该条例的制定,是中华人民共和国成立后,我国高等教育发展史上的一个重要里程碑,标志着高校各项工作,特别是政治理论课教学逐渐走上了正轨,并逐步将政治理论课程分为哲学、政治经济学、中共党史、思想政治教育报告四门。通过这样长时间的努力和尝试,思想理论教育课程逐步建立和完善,教育内容也逐渐丰富和充实,为大学生廉洁教育的开展奠定了理论基础和实践基础。

(二)实事求是的学风建设为廉洁教育提供土壤

端正的学风对于大学生廉洁思想的培养具有至关重要的意义。党和国家高度重视政治理论课的评价问题,深刻认识到评价问题本质上是教育评价问题,不仅关乎学生学习成果的评价,更涉及学生学习态度与政治思想品德。教育部于1956年发布《关于高等学校政治理论课考试评分问题的意见》,明确要求克服教条主义的教学与考试方法。在教育教学过程中,评分不仅要结合学生平时的思想行为、道德品质及学习态度的实际表现,还需以学生能否正确运用理论作为评判标准。同时,将政治理论教育与学生思想的改造相结合,发挥思想改造的作用。特别强调,不能仅凭考试成绩来评判学生的平时表现。若学生在正确的考试方法下取得理论学习优异成绩,但平时思想作风改进有限,则不能视为教育的成功。必须针对学生具体的思想作风问题进行辅导与帮助,因材施教,使他们的思想均得到提升,从而真正发挥积极的改造作用。通过一系列正确评判学风的措施,在学生中逐步形成良好的学风,树立实事求是的求学准则,这对于大学生廉洁意识的培养具有重要价值。

二、廉洁教育的初步发展(1976—2005 年)

在党的十一届三中全会以后,国家对高校思政理论教育工作高度重视,适应改革开放和社会主义现代化建设的需要,不断调整并克服困难,加强学校思想理论教育工作,高校思想理论工作焕发蓬勃生机,出现大好局面,大学生廉洁教育获得了进一步发展的契机。

(一) 通过思想品德课(思想理论教育课)开展廉洁教育

自党的十一届三中全会以来,全国高校针对大学生开展了四项基本原则、革命理想信念及共产主义品德教育,取得了显著成效,但仍存在不足之处。为进一步提高大学生的思想道德素质,教育部、共青团中央于 1980 年 4 月联合发布《关于加强和改进高等学校学生思想政治工作的意见》,明确指出需加强大学生的共产主义道德品质教育,并对教育内容与方法做出明确规定。1982 年,教育部发布《关于在高等学校逐步开设共产主义思想品德课的通知》,开启了高校思想品德课程的先河。高校通过此类课程加强学生的世界观、人生观和价值观教育,培育其思想道德素质。1987 年,中共中央发布《关于改进和加强高等学校思想政治工作的决定》,提出要常态化、有针对性地对学生进行党的路线、方针、政策和形势教育,爱国主义、国际主义和革命传统教育,理想、道德和纪律教育以及社会主义民主和法制教育。

随后,国家于 1995 年制定并下发《中国普通高等学校德育大纲(试行)》,整体规划高校德育工作,将德育明确为思想、政治和品德教育,是学校教育的重要组成部分;明确德育的目标是要使学生热爱社会主义祖国,拥护中国共产党的领导和党的基本路线,努力为人民服务,具有艰苦奋斗的精神和强烈的使命感、责任感,自觉遵纪守法,具备良好的道德品质和健康的心理素质;明确德育内容要以爱国主义、集体主义、社会主义教育为核心。德育课程中许多教育内容尤其是关于理想信念教育、纪律教育、学风教育、法制教育和革命优良传统教育的部分与大学生廉洁教育的内容一致,价值目标一致,都成为大学生廉洁教育的重要内容。

经过党和国家的长期探索与多次改革,高校思想政治理论课程逐步确立并趋于成熟,为更有效地对大学生开展思想政治理论教育创造了有利条件。通过一系列教育活动,解决了学生的深层次认识问题,有效减少了腐朽思想对青年学生的不良影响。开展大学生思想品德教育课程,不仅有助于提升大学生的思想道德素质,更能积极引导他们树立廉洁价值观。

(二)通过举办马克思主义教育活动开展廉洁教育

从20世纪80年代末起,我国高校的青年教师群体中逐渐兴起了一股认真学习马克思主义理论和经典著作的良好风气,并产生了积极的影响。为进一步引导和推动高校青年师生主动学习马克思主义理论,我国积极开展多项学习马克思主义理论的经验交流活动。这些活动的开展,吸引了大量青年教师和学生深入学习马克思主义经典著作,有助于他们深刻认识马克思主义与反马克思主义、社会主义与资本主义的本质区别,坚定社会主义信念,树立无产阶级世界观以及全心全意为人民服务的人生观和价值观。这类学习活动一方面营造了学原著、用原著的良好学习氛围,另一方面进一步加强了青年师生共产主义信念和人生观、价值观的塑造。马克思主义理论中诸多关于廉洁理论的论述通过此类活动深入青年师生的头脑,对于他们树立和强化廉洁价值观念具有积极的意义和价值。

(三)通过公民道德教育推动廉洁教育

加强对大学生的公民道德教育是中央发展先进文化的重要举措,2001年,中共中央印发了《公民道德建设实施纲要》(以下简称"纲要"),根据文件精神,教育部就教育战线学习和贯彻"纲要"的有关问题进一步发出了通知。通知中提出了爱国守法、明礼诚信、团结友善、勤俭自强、敬业奉献的基本道德规范,明确青少年是公民道德教育的重点人群,学校是对青少年进行系统道德教育的重要阵地。

同时,为进一步贯彻"纲要"精神,教育部于2002年发出《关于加强学术道德建设的若干意见》(以下简称"意见"),"意见"对端正学术风气、加强学术道德建设的重要性和紧迫性进行了说明,并提出了加强学术道德建设的基本要求。该文件对加强广大教师、教育工作者和学生的学术道德教育、培养他们求真务实、勇于创新、严谨自律的治学态度和学术精神具有重要意义,同时也为良好学术风气的形成提供了土壤。通过学习和进一步贯彻落实"意见",广大教师和学生增强了科研服务社会的使命感和责任感,强化了实事求是的科学态度和严谨的治学精神。此外,通过对法治观念的学习,进一步了解知识产权等方面的知识,更加尊重他人的劳动和权益,更能够旗帜鲜明地反对以不当手段谋取利益的行为。端正学风本身就是大学生廉洁教育的重要内容,树立良好的学风有助于大学生形成严谨、自律的治学态度,这不仅对他们的学生生涯具有正向影响,而且对他们未来进入社会也具有重要的价值引导作用。加强学术道德建设、端正学术风气,建立学术惩戒制度对大学生廉洁价值观的形成具有重要意义。

三、廉洁教育的快速发展期(2005—2012年)

2005年1月,中共中央颁布了《建立健全教育、制度、监督并重的惩治和预防腐败体系实施纲要》。随后,2007年,教育部下发《教育部关于在大中小学全面开展廉洁教育的意见》。自此,大学生廉洁教育的开展有了指导和依据,迎来了快速发展期。这一时期,大学生廉洁教育主要呈现出以下特点:党和国家以政策和指导意见等形式高度关注,在高校思想政治理论课程体系中持续开展,并得到了党和国家领导人的重视。

(一) 党和国家以政策、要求等形式推动开展廉洁教育

党中央于2005年1月颁布《建立健全教育、制度、监督并重的惩治和预防腐败体系实施纲要》,提出教育行政部门、学校和共青团组织要把廉洁教育作为青少年思想道德教育的重要内容。2007年,教育部下发《教育部关于在大中小学全面开展廉洁教育的意见》,指出从2007年起,在全国大中小学全面开展廉洁教育,这意味着大学生廉洁教育进入崭新时期,开启了在全国高校全面开展的发展阶段,大学生廉洁教育成为高校一项重要且必要的工作。自此,关于大学生廉洁教育的学术研究进一步繁荣,不少高校开始探索单独设立廉洁教育课程。进入新时代,党的十八大报告中第一次明确将立德树人作为教育的根本任务,其中"德"的重要内容就涵盖"廉洁"的价值取向,为高等学校全面开展大学生廉洁教育提供了政策支持和思想基础,进一步推动了大学生廉洁教育的发展。

(二) 持续将廉洁教育融入高校思想政治理论课课程体系

进入新时代,随着国家对反腐倡廉工作的进一步推进,也随着一代代大学生走进社会,承担起中流砥柱的作用,大学生廉洁教育问题成为党中央越来越关注的重点问题。加强大学生廉洁教育,帮助大学生系好廉洁从业的第一粒扣子的工作越来越受到重视,成为高校思想政治教育课程中不可或缺的内容。很多高校开始在思政课教学中将廉洁教育作为一个重要内容进行专门讲授,他们或在马克思主义基本原理等课程中涉及的关于理想信念等内容的章节重点分析;或在形势政策课中以专题的形式进行授课;或专门编写教材设立专门的课程。通过多种方式增加思想政治教育课程中的廉洁教育因子,持续对大学生开展廉洁教育。

四、廉洁教育的全面建设期(2012年至今)

党的十八大以来,我国进入新的历史时期,进入新的历史方位,新的历史条件下对大学生的全面发展也提出了新要求。作为社会主义事业的建设者和接班人,大学生必然需要在新时代有新作为,加强大学生廉洁教育,不仅是对其个人成长成才的必然要求,也是祖国发展的必然要求。因此,在新时代,大学生廉洁教育越来越受到关注,进入了全面建设和发展的重要时期。

(一)立德树人根本任务的提出为廉洁教育提供支持

立德树人是党和国家在新时代贯彻党的教育方针的基础上提出的根本任务。

2016年,中共中央、国务院下发《关于加强和改进新形势下高校思想政治工作的意见》,指出全面贯彻党的教育方针,坚持社会主义办学方向,扎根中国大地办大学,以立德树人为根本,以理想信念教育为核心,以社会主义核心价值观为引领。

2017年教育部党组下发《高校思想政治工作质量提升工程实施纲要》,指出要充分发挥中国特色社会主义教育的育人优势,以立德树人为根本,以理想信念教育为核心,以社会主义核心价值观为引领,以全面提高人才培养能力为关键。

2018年5月,习近平总书记在北京大学师生座谈会上指出,要把立德树人的成效作为检验学校一切工作的根本标准,真正做到以文化人、以德育人,不断提高学生思想水平、政治觉悟、道德品质、文化素养,做到明大德、守公德、严私德。要把立德树人内化到大学建设和管理各领域、各方面、各环节,做到以树人为核心,以立德为根本。

2019年3月,习近平总书记主持召开学校思想政治理论课教师座谈会,强调用习近平新时代中国特色社会主义思想铸魂育人,贯彻党的教育方针,落实立德树人根本任务。

立德树人所立之德指的是大德、公德、私德之总称,包括政治、道德、法律,即理想信念、道德品质、法治素养三个方面。立德就是要坚定青年学生的理想信念,培养他们的道德品质,提升他们的法律素养。帮助他们形成自律、自省、感恩、谦和、遵纪守法的理念和行为习惯。由此可见,立德树人的根本目标与大学生廉洁教育价值目标是一致的,以立德为根本,以树人为核心,在坚定理想信念、厚植爱国主义情怀、加强品德修养、增长知识见识、培养奋斗精神、增强综合素质上下功夫,帮助大学生在立德树人的根本任务下,逐步树立廉洁意识,涵养清正廉洁的浩然之气,成为具有坚定廉洁价值观的有德之人。

(二)通过课程思政等形式积极开展廉洁教育

高校思想政治工作关乎培养何种人才、如何培养人才以及为谁培养人才的根本性问题。必须坚持以立德树人为核心环节,将思想政治工作贯穿于教育教学的全过程,实现全程育人、全方位育人,努力开创我国高等教育事业发展的新局面,此乃"课程思政"理念的初衷。继而,"课程思政"的认识得以持续聚焦与深化。根据习近平总书记关于高校思想政治工作的指示,在开展高校思想政治工作时,应遵循教书育人与学生成长的规律,充分利用课堂教学这一主渠道,将立德树人贯穿于教育教学全过程,并将思想教育与文化素质培养融入所有课程的教学中,以实现全程育人、全方位育人的目标。促使显性教育与隐性教育相互融合,既发挥思想政治理论课程在社会主义核心价值观教育中的核心作用,又结合通识教育与专业课程的育人功能,实现全方位的大思政教育目标。

　　课程思政的全面推进为大学生廉洁教育提供了新的载体与渠道。通过课程思政的形式,可以有效地将各门专业课内容与廉洁教育内容相衔接、有机结合,进而通过课程思政的开展,促进大学生廉洁教育的实施,成为新时代开展大学生廉洁教育的有效途径。

相关链接

教育部关于在大中小学全面开展廉洁教育的意见

2007年3月27日　教思政〔2007〕4号

　　为进一步贯彻中央《建立健全教育、制度、监督并重的惩治和预防腐败体系实施纲要》精神,落实面向全党全社会开展反腐倡廉教育的要求,切实履行《联合国反腐败公约》规定的义务,全面提高青少年学生的思想道德素质,在部分省市大中小学开展廉洁教育试点工作取得初步成效的基础上,从2007年起,在全国大中小学全面开展廉洁教育。为确保此项工作的顺利实施,现提出如下意见。

一、在大中小学全面开展廉洁教育的总体要求

　　1. 建立健全惩治和预防腐败体系是党中央在总结历史经验、科学判断形势基础上对反腐倡廉工作做出的重大战略决策。大中小学是培养人才、传承文明、建设先进文化的重要基地,担负着培养社会主义合格建设者和可靠接班人的重任。在大中小学全面开展廉洁教育,是面向全社会开展反腐倡廉教育的重要组成部分,是加强青少年思想道德教育的必然要求。各级教育行政部门和学校要站在确保中国特色社会主义事业代代相传、长治久安的战略高度,以对党的事业高度负责和对青少年学生健康成长高度负责的态度,充分认识在大中小学全面开展廉洁教育的重要性和必要性,认真做好这项工作。

　　2. 在大中小学全面开展廉洁教育,要坚持以邓小平理论和"三个代表"重要思想为指导,全面落实科学发展观,切实贯彻《建立健全教育、制度、监督并重的惩治和预防腐败体系实施纲要》精神,以社会主义核心价值体系为根本,以社会主义荣辱观为主线,遵循学校教育教学规律和青少年学生成长成才规律,突出重点,整体推进,把廉洁教育作为实施素质教育的重要内容,促进青少年学生健康成长,努力培养中国特色社会主义事业合格建设者和可靠接班人。

　　3. 在大中小学全面开展廉洁教育的基本原则是:(1)坚持与青少年思想道德建设相结合。(2)坚持与和谐校园建设相结合。(3)坚持与师德建设相结合。(4)坚持与大中小学生的受教育程度和认知能力相结合。做到大中小学廉洁教育区分层次、整体衔接,注重实效,防止形式主义,增强教育的针对性和吸引力。

4. 小学阶段廉洁教育的目标和主要内容是：开展纪律教育和做人做事基本道理、文明行为习惯养成教育，通过开展介绍名人名言和英雄人物事迹活动，安排学生学习历史上有关清正廉洁故事、老一辈革命家的高风亮节和先进人物的典型事迹等活泼多样的方式，引导小学生逐步认识自我、认识社会，不断规范自身的行为习惯，为形成良好的品德奠定基础。

5. 中学阶段廉洁教育的目标和主要内容是：开展中华民族优良传统和中国革命传统教育，开展法制教育、社会公德教育和基本道德规范教育。初中阶段主要引导学生了解我国基本的廉政法律法规，结合一些正面的典型进行讨论，理解个人成长应具备的基本素质，理解个人与他人、个人与集体、个人与社会的关系，引领学生感悟人生意义，提高道德素质。高中阶段主要引导学生学习我国廉政条规和相关法律法规基本要点，结合正反两方面的典型进行讨论，引导学生树立公民道德和法律意识、诚信意识，培养高尚的道德情操；中等职业学校还要加强以诚信、敬业为重点的职业道德教育。

6. 大学阶段廉洁教育的目标和主要内容是：以社会主义核心价值体系为引领和主导，加强法制和诚信教育，加强社会公德、职业道德和家庭美德教育，组织学习党和国家关于党风廉政建设和反腐败方面的方针政策、法律法规等，引导大学生树立报效祖国、服务人民的信念，不断提高大学生的道德自律意识，增强拒腐防变的良好心理品质，逐步形成廉洁自律、爱岗敬业的职业观念。

二、在大中小学全面开展廉洁教育的方法和途径

7. 科学把握各教育阶段开展廉洁教育的方法。要结合青少年学生的身心特点、思想实际和认知规律，采用不同的教育方法，使廉洁教育贴近实际、贴近生活、贴近学生。对小学生和初中学生，要多采用形象直观的方法和生动有趣的活动形式，让学生在体验、感悟中得到启迪，逐步形成正确的认识。对高中学生和大学生，要以理性思考和辨析为主，通过说理、讨论等形式，使他们对廉洁的认知从感性认识提高到理性层面。要安排一定课时，开展廉洁专题教育，并组织开展以廉洁教育为主要内容的综合实践活动，通过内容丰富、形式新颖和吸引力强的实践活动，给广大青少年学生以潜移默化的影响。要大力弘扬淡泊名利、廉洁奉公、学为人师、行为世范的优秀教师典型和艰苦朴素、勤奋学习、自强不息、报效祖国的优秀学生典型，通过身边人、身边事教育师生。

8. 发挥课堂教学在廉洁教育中的重要作用。把廉洁教育与学科建设、素质教育紧密结合起来，正确处理廉洁教育与其他学科教学的关系，深入挖掘并整合现有学科的廉洁教育资源。把廉洁教育与课堂教学紧密结合起来，使学生在学习知识、增强能力和提高认识的过程中受到廉洁教育，加强思想道德修养。

9. 把学生课外活动作为廉洁教育的重要载体。紧密结合一些各具特色的传统学生课外活动项目，如中小学生的团日、队日和夏令营、冬令营活动，大学生党日和暑期文

化科技卫生"三下乡"社会实践等,开展廉洁教育活动。

10. 努力形成学校教育、家庭教育、社会教育在廉洁教育中的整体合力。发挥学校在廉洁教育中的主阵地作用,切实加强学校教育、家庭教育、社会教育的相互衔接,构建学校、家庭、社会紧密配合的廉洁教育网络。

三、加强领导,完善机制,把大中小学廉洁教育落到实处

11. 大力加强师德建设,充分发挥教师在开展廉洁教育中的引导和示范作用。把廉洁教育贯穿师德建设的各个环节,着力提高教师的思想政治素质、职业道德水平和廉洁自律意识。开展表彰和树立优秀教师先进典型等宣传教育活动,弘扬正气,引导广大教师用崇高的学识魅力和人格魅力,以"为人师表、言传身教、率先垂范"的实际行动,影响和教育学生。

12. 加强制度建设,规范学校管理,营造开展廉洁教育的环境。加强学校领导班子思想政治建设和党风廉政建设,使学校党政领导干部坚定理想信念,树立廉洁自律风范,着力构建思想道德和党纪法规防线。坚持科学管理,民主管理,依法管理,不断深化体制改革和制度创新,完善校内管理制度。

13. 加强校园文化建设,营造开展廉洁教育的良好氛围。要加强文化活动阵地建设,高度重视学生社区、学生公寓、网络阵地等在开展廉洁教育中的重要作用。注意挖掘校内资源,营造校园廉洁氛围,发挥身边廉洁典型的作用。要加强宣传舆论阵地建设,充分利用校园宣传橱窗、校内广播电视、黑板报、校报(刊)等载体,大力宣传廉洁教育有关知识。充分发挥互联网的积极作用,建设开通廉洁教育专题网页或网站,组织开展形式多样的网上廉洁教育活动。精心设计和组织开展主题班(队)会、典型事迹报告会、学生论坛、案例辨析等主题教育活动,寓廉洁教育于文化活动之中。

14. 建立健全在大中小学全面开展廉洁教育的领导体制和工作机制。各地教育行政部门要主动加强与当地广电部门、新闻出版部门、共青团和妇联等相关工作部门的联系与沟通,高度重视在大中小学全面开展廉洁教育工作。要建立健全党委统一领导,党政齐抓共管,教务部门与学生工作部门、纪检监察部门及其他相关工作部门各负其责、广大干部师生共同参与的工作机制。

15. 为大中小学全面开展廉洁教育提供保障。加大督查力度,促使大中小学将廉洁教育的各项任务落到实处,加强培训和指导,在教师培训工作中有针对性地增加廉洁教育内容。建立健全工作研究机制,帮助基层解决在工作中遇到的困难和问题,全面提高工作水平,不断推进廉洁教育深入开展。

第三节　中国传统廉洁思想与价值

一、中国传统廉洁思想

历史上,各家思想家都曾针对廉洁提出过各自的政治主张,特别是提出为政之道要清正廉洁的政治要求,这些主张不仅表达了人们对廉洁的向往,也体现了时代要求和历史要求,说明廉洁是人们自古以来的共性价值追求。

（一）儒家廉洁思想

儒家文化作为中华优秀传统文化的核心组成部分,蕴含着极为丰富的廉洁思想。儒家明确强调,为人之本在于品行端正且清廉自守,这必然要求精准把握金钱与道德之间的辩证关系。此理念亦深刻彰显于儒家对于义利关系的处理之中,儒家力主以义约束利益。儒家的廉洁思想明确要求为官者务必清正勤勉,关爱民众,并明晰荣辱观。孔子所提出的"为政以德,譬如北辰,居其所而众星拱之",充分体现了儒家倡导为政者应秉持爱民思想的精髓。由此可见,在为政过程中,爱民知耻,既是维护道德秩序的有效手段,又是塑造个人优良品质的必然需求。

与此同时,儒家的廉洁思想亦高度体现公平正义之价值追求。儒家的廉洁理念为为官者遵纪守法、坚守公平提供了坚实的道德准则。孔子认为,唯有分配公平方可确保国家秩序井然。只有切实保障各方利益得以合理分配,方能实现人民幸福与社会进步。为官者必须坚守公平原则,而做到公平要求为官者秉持大义,唯有坚守正义、清正廉洁,方符合为官的正道。而这一点,又与正确处理义利关系问题存在紧密的内在关联。

（二）法家廉洁思想

自古以来,法家学派对于廉洁之道的重视不言而喻,其廉政理念在法律制度的架构内将廉洁推向了前所未有的高度。法家杰出代表、春秋时期杰出的政治家管仲曾深刻阐述:"国有四维,一曰礼,二曰义,三曰廉,四曰耻。"他进一步指出,缺失此四维将导致国家面临"倾覆、危机、败亡、毁灭"的严峻局面。国家的这四条基本准则——礼义廉耻,每一条都是不可或缺的,它们共同构成了国家长治久安的坚实基础。在这四条准则中,廉洁有着举足轻重的地位,其影响力深远。如果国家丧失了廉洁这一基石,必将面临颠覆的危险,由此可见廉洁对国家的重要性。从个体层面来看,廉洁的行为能够促使人的思想更加缜密,行动更加周全,不会过分掩饰自身的过失。尤其对于为政者而言,作为国家的统治者,更应追求廉洁自律。管仲认为,每个人都应对廉洁持有更高的价值追求,特别是统治者本人,更应如此,并且应当提倡礼法并重,以确保国家治理的正当性与有效性。

(三)道家廉洁思想

春秋末期,社会变革巨大,这一时期道家的代表人物老子,主张将廉德置于无为而治之中。老子的道廉思想主要体现在知足、知止、尊道贵德、廉政爱民几个方面。

老子强调,人应当克制自己的欲望,特别是贪欲,应该清廉无欲。老子提出了沉溺于五色、五音、五味对人的消极影响的论点,从人的需求角度说明了人的五官感受。如果人过度追求刺激和满足欲望,最终会给身体和心灵造成伤害。老子以此告诫人们应当保持积德行善之心,克制一己私欲,注重自身修养。

老子提倡以人为本、尊道贵德,特别强调了对统治者的要求。老子认为,理想中的统治者是没有一己私心的,而是将为天下百姓实现利益作为自己的追求,无论是治国还是修身,都应保持清心寡欲。并提出,"不尚贤,使民不争;不贵难得之货,使民不盗;不见可欲,使民不乱"。这也就是说,只有云淡风轻、内心无欲、安然自得,才能够形成廉洁清正的修为。

老子对统治者提出应当廉政爱民。老子生活在春秋时期,这一时期是中国古代奴隶制逐渐瓦解并向封建制度过渡阶段,他认为这一时期社会混乱的主要原因在于统治者不够爱民,这是由于统治者自身的私欲无限膨胀。老子也说明了治理国家和个体养生之道一样,个体要爱惜自己的精力,养护自己的身心,统治者则应该心胸宽广、无私包容,从而影响和教化百姓。

二、中国传统廉洁思想的时代价值

(一)廉洁思想为新时期公民道德教育提供内容指向

中国传统廉洁思想深深植根于儒家文化中的"仁、义、礼、智、信"之中,尤其强调"清廉"是个人修养和社会责任的重要组成部分。在新时期的公民道德教育中,廉洁思想为塑造社会主义核心价值观提供了宝贵的道德资源。弘扬廉洁自律、拒绝贪污腐败的思想,能够提升公民的道德素质,帮助公民树立正确的价值取向,树立崇高的理想信念,并为建立更加和谐、廉洁的社会奠定基础。

(二)廉洁思想为社会主义市场经济指引发展方向

在社会主义市场经济不断发展的背景下,廉洁思想依然具有重要的现实意义。中国传统廉洁思想强调廉洁自律、廉政清明,特别强调官员和商人应秉持道德操守,保持清正廉洁。对于市场经济中的参与者来说，廉洁的行为不仅有助于规范市场秩序，防止腐败现象的滋生，而且能够促进公平竞争，保障社会资源的合理配置和财富的公平分配。因此，借鉴中国传统廉洁思想，可以使社会主义市场经济的发展方向更加明确，推动经济与道德共同发展，进而形成良好的市场环境和社会氛围。

（三）廉洁思想为构建社会主义和谐社会提供价值导向

中国传统廉洁思想所倡导的廉洁自律，乃个体道德修养之彰显，亦与社会之和谐发展紧密相连。其着力强调人的内在道德力量，主张社会成员应借由自我约束及公共责任之践行，以推动社会之稳定与和谐。于当今社会，廉洁思想对推进社会公平、正义及法治建设具有重要的指引价值。弘扬廉洁精神，能够切实削减社会不正之风，促使社会成员间增进互信与互助，为构建公正、稳定、繁荣的社会主义和谐社会给予强有力的价值支撑。

课后思考

1. 结合自身经历，思考在日常生活中如何践行廉洁原则，是否存在需要改进的地方。

2. 你认为廉洁文化在当今社会有哪些重要作用？如何更好地弘扬廉洁文化，促进社会风气的改善？

3. 中国传统廉洁思想中有哪些内容可以借鉴到现代廉洁文化建设中来？这些思想如何帮助我们理解当代廉洁文化的内涵与价值？

第二章
再识廉洁之质

学习引言

廉洁作为社会道德体系中的重要一环,不仅关乎个体的品德修养,更影响着整个社会的风气与秩序。在深入探究廉洁的内涵之后,有必要进一步认识廉洁的本质,特别是在大学生这一关键群体中的体现与意义。大学生作为国家未来的栋梁,其廉洁品质的培养不仅关乎个人成长,更关系到国家的前途命运。因此,本章旨在深入探讨大学生廉洁教育的重要性,明确其目标与内容,以期为培养具有高尚品德和廉洁精神的新时代人才提供有力支撑。

知识目标

本章旨在阐述大学生廉洁教育的多维度重要性,并明确其目标与内容。通过深入学习,读者将全面理解大学生廉洁教育不仅是全面从严治党的战略要求,也是推进国家治理体系和治理能力现代化的重要环节;同时,它还是实现社会经济高质量发展的有力保障,对于培养未来社会领袖的廉洁品质与领导力具有重要作用。此外,大学生廉洁教育还关乎国家在国际交流与合作中的廉洁形象塑造,是提升国家软实力的重要途径。在此基础上,本章将进一步明确大学生廉洁教育的具体目标与内容,为教育工作者和学生提供清晰的指导方向。

内容学习

第一节 大学生廉洁教育的重要性

大学生是推动民族复兴、国家富强的重要力量。大学生廉洁教育是廉政教育向大学阶段的延伸,是培养大学生廉洁素质的重要途径。新时代大学生廉洁教育是"三不腐"战略目标的重要组成部分,具有重要的教育地位,并对新时代的社会发展具有深远的时代价值。

一、全面从严治党的战略要求

全面从严治党是习近平新时代中国特色社会主义思想的重要组成部分,系党于长期实践中归结而成的宝贵经验,更是党的建设的永恒命题以及全面发展不可或缺的要求。在此项战略部署之下,大学生廉洁教育作为思想政治教育的关键内容,肩负着培育高素质廉洁人才、夯实党的执政根基的重大使命。

首先,全面从严治党对大学生廉洁教育提出了具体要求。在新时代背景下,高校作为意识形态工作的前沿阵地,承担着培育德才兼备、品德高尚的中国特色社会主义事业建设者和接班人的重要职责。大学生是国家的未来和民族的希望,其思想道德水平直接影响社会风气的清正和社会发展的稳定。故而,凭借系统化的廉洁教育,助力大学生树立正确的价值观与廉洁观,乃是全面从严治党向基层延伸的重要举措。

其次,大学生廉洁教育是强化拒腐防变能力的有效手段。大学生正处于世界观、人生观、价值观形成的关键阶段,其认知水平的提升和行为习惯的养成具有长期性与深远性。通过廉洁教育,引导大学生深切领悟廉洁文化的内涵与意义,增强其对腐败现象的警觉性,能够切实提升其在面对诱惑时的自我约束能力。另外,廉洁教育能够帮助大学生掌握廉洁行为的规范,内化为个人素养,外化为自觉行动,形成优良的道德品质与社会责任感,从而在未来的职业生涯和社会活动中发挥积极效用。

再次,廉洁教育是大学生思想政治建设的重要支柱。全面从严治党强调理想信念的坚定性和思想防线的牢固性,而廉洁教育恰是这一思想体系的重要组成部分。通过强化廉洁教育,大学生能够更为深刻地领会党的宗旨和全面从严治党的精神实质,增强对中国特色社会主义道路的认同感和使命感。这不仅有益于他们树立远大的理想信念,还能够筑牢抵制不良风气的思想根基,成为新时代廉洁精神的传递者与践行者。

最后,大学生廉洁教育对于营造清朗社会环境具备积极意义。高校廉洁教育的实施,不但能够在学生群体中营造崇尚廉洁、反对腐败的良好氛围,还能够通过大学生的社会实践和职业生涯,向家庭、社区乃至全社会传递廉洁理念,形成以点带面、辐射广泛的社会效应。这种教育方式能够在社会各领域持久发挥效能,为全面建设廉洁社会注入持续动力。

在全面从严治党的战略要求之下,大学生廉洁教育不单是高校思想政治教育的应有之义,更是推进党风廉政建设和社会风气净化的关键抓手。通过筑牢大学生的廉洁思想防线,培养廉洁行为习惯,促使其向社会责任感强、道德品行高尚的社会主义建设者转变,大学生廉洁教育将为新时代中国特色社会主义事业的发展注入更为清廉且充沛的力量。

二、推进国家治理体系和治理能力现代化的重要环节

随着我国迈入高质量发展阶段,推进国家治理体系和治理能力现代化,已成为建设社会主义现代化强国的关键任务。廉洁,作为国家治理的核心理念,不单是反腐败的根本所在,更是提高治理效率的重要基石。作为国家治理未来的重要力量,大学生群体廉洁素养的水平直接关乎国家治理的整体效能。因此,强化大学生廉洁教育,不单是个体品德培养的工程,更是关系到国家治理体系和治理能力现代化的战略性任务。

大学生作为社会主义建设的骨干,其思想道德与廉洁意识对国家未来的治理效果具有直接影响。他们拥有较高的知识水平和较强的接受能力,是社会的高素质人才储备,也是国家发展的重要智力支撑。加强廉洁教育,有助于大学生树立正确的价值观、法治观和社会责任感,使他们在未来的工作和生活中能够自觉抵制腐败诱惑,坚守廉洁底线。这种廉洁素养不仅关乎大学生自身的成长,还能通过他们在社会中的广泛影响力,传播廉洁理念,促进社会风气的整体提升。

大学生廉洁教育是高校落实立德树人根本任务的关键环节,也是高校服务国家战略需求的重要体现。高校作为人才培养的重要基地,不仅要传授知识和技能,更要培养学生的道德品格和社会责任感。廉洁教育应贯穿高校教育全过程,通过课程教学、校园文化活动及社会实践等多个渠道,帮助大学生在理论学习与实践体验中加深对廉洁理念的理解和认同。例如,开设廉洁教育课程,举办主题讲座和模拟法庭活动,能增强学生对廉洁制度的理解;组织学生参与社区治理、廉洁文化宣传等实践活动,则能提升他们解决实际问题的能力,并在实践中强化廉洁意识。

大学生廉洁教育对于完善国家治理体系和制度建设具有重要作用。腐败问题是国家治理中亟待解决的难题,其治理不仅需要制度建设的支撑,更需要廉洁文化的深入人心。大学生作为未来社会治理的主力军,他们的廉洁意识将直接影响未来政策的制定与执行。因此,通过教育提升大学生的法治意识和廉洁思维,可以为国家治理提供一支高素质的人才队伍。这种从思想源头上防范腐败的做法,有助于构建预防性反腐体系,进而推动国家治理能力的现代化和治理效能的全面提升。

加强大学生廉洁教育还有助于在国家治理现代化过程中形成并巩固全社会的廉洁文化。大学生作为社会风尚的引领者,其言行对社会群体具有示范效应。通过对大学生进行廉洁教育,不仅能培养他们抵御腐败的能力,还能使廉洁文化渗透到社会的各个层面,形成以廉洁为荣、以贪腐为耻的社会风气。这种风气反过来也将进一步增强国家治理的制度自信与文化自信,为实现"中国之治"提供强有力的精神支撑。

大学生廉洁教育对实现中华民族伟大复兴的中国梦具有深远影响。新时代的廉洁教育不仅是个人道德品质的提升,更是一项关乎国家命运的重要工程。廉洁教育通过影响大学生的价值取向和行为方式,最终将在国家治理中体现为一种良性政治文化和

社会风气，助力党风廉政建设和反腐败斗争。大学生的廉洁意识能够从源头上优化社会治理结构，推动治理效能的持续提升，为实现全面建成社会主义现代化强国的目标提供坚实保障。

三、实现社会经济高质量发展的有力保障

大学生廉洁教育的重要性不仅体现在个人品德修养和职业操守的塑造上，更在于其对社会经济高质量发展的深远影响。在当今社会转型与经济结构调整的关键阶段，我国经济发展已由注重速度转向追求高质量，这一新阶段不仅需要技术创新、产业升级的推动，也需要清廉文化和廉洁行为的深度融入。作为社会主义现代化建设的后备力量，大学生的思想觉悟和价值选择直接关系到未来社会的道德生态与经济发展质量。因此，加强大学生廉洁教育是实现社会经济高质量发展的重要保障。

廉洁教育作为高校思想政治教育的重要组成部分，其核心目标是帮助大学生树立正确的世界观、人生观和价值观。通过廉洁教育，大学生能够深刻认识到廉洁不仅是一种个人道德选择，更是推动经济发展、维护社会公平正义的关键因素。廉洁是一种保障机制，能有效减少资源浪费、优化社会治理和提升经济运行效率。高校应通过系统化的廉洁教育，培养大学生的道德责任感，使其在未来的社会工作中能够保持清醒的头脑和高尚的品格，抵制权力与利益诱惑，坚守公正和诚信的底线。

此外，高校作为培养社会主义建设者和接班人的重要阵地，需要在教学内容与教学形式上不断创新，通过理论教育与实践活动相结合，让廉洁理念根植大学生的思想深处。一方面，高校应充分利用思想政治理论课程，将廉洁教育与马克思主义理论、社会主义核心价值观教育有机结合，增强教育的理论深度与现实针对性。另一方面，应注重实践环节，通过开展廉政主题活动、志愿服务、社会实践等多样化的教学形式，使大学生在真实的社会环境中深刻体会廉洁的重要性，培养其知行合一的能力。

廉洁教育不仅对大学生个体的成长成才具有深远意义，还为推动社会整体廉洁文化建设奠定了坚实的基础。大学生作为未来社会的中坚力量，其思想观念和行为方式对社会风气具有辐射效应。在高校开展廉洁教育，可以帮助大学生树立清正廉洁的思想，促使其在未来的职业领域中起到榜样的作用，在各行各业传递廉洁价值，进而营造出崇廉尚洁的社会氛围。廉洁文化作为社会的"软实力"，不仅能够提高社会信任水平，还能显著增强经济发展的稳定性与可持续性。

在经济高质量发展的新时代背景下，廉洁教育的作用更加凸显。腐败行为是社会经济发展中的"毒瘤"，不仅破坏市场规则，还侵蚀社会公平与公众信任。而通过廉洁教育，大学生可以认识到廉洁的现实意义，增强对公共利益的维护意识，形成自律与他律相结合的道德约束力。在未来的工作中，他们能够以身作则，恪守职业道德，用实际行动服务国家经济高质量发展的战略目标。

四、培养未来社会领袖的廉洁品质与领导力

大学生廉洁教育的重要性在于其对未来社会领袖廉洁品质与领导力的塑造,这既是个人品德修养的内在要求,亦为社会对领袖角色承担者的核心期许。在建设社会主义现代化强国的过程中,廉洁品质彰显领导者道德风范,领导力则是引领社会发展的关键因素。大学生作为未来社会的中坚力量,通过系统接受廉洁教育,能够为成为具有高度社会责任感与廉洁精神的领袖筑牢坚实根基。

廉洁教育在塑造未来社会领袖道德风范方面发挥着不可替代的作用。领导者的廉洁品质不仅影响其个人形象,更关乎组织的公信力和社会整体风气。大学生经由廉洁教育,能够体悟廉洁不单是个人品格的高尚呈现,亦是领导者在社会与团队中维系信任与公正的核心价值。廉洁教育通过培育大学生的诚信意识、法治观念以及对公共责任的认同,使其在未来能够凭借正直的品格和透明的行为赢得广泛信赖,进而树立道德典范,引领社会进入更为清明和谐的发展轨道。

此外,廉洁教育对大学生领导力的提升具有深远意义。现代社会对领导力的要求早已突破传统管理技能范畴,涵盖更深层次的道德感召力与社会引领能力。廉洁作为一种具有广泛社会影响力的道德准则,为领导者提供坚实的决策和行为价值导向。通过廉洁教育,大学生能够学会如何在复杂的社会环境中秉持原则,平衡利益与责任,保障决策的公正性与透明性。更为关键的是,廉洁教育能够培育大学生以身作则的能力,使其能够凭借自身的言行示范,引领团队成员共同践行廉洁精神,形成凝聚力与向心力,为组织的高效运转提供强有力的道德支撑。

廉洁教育在培养大学生全局观与社会责任感方面亦起到至关重要的作用。未来社会领袖需要具备广阔的视野与深刻的社会洞察力,而廉洁教育通过多层次的理论学习与实践活动,使大学生能够站在更高的层面理解社会治理的复杂性与廉洁的重要性。例如,通过参与廉政主题实践活动,大学生能够更为切实地体会廉洁对于社会公正与经济发展的核心意义,并将这一认知内化为自身的行动规范。这种深层次的教育不但能强化其对公共事务的敏锐度,也能提升其在团队中处置复杂问题时的道德判断力与决策能力。

五、促进国际交流与合作中的廉洁形象塑造

在全球化加速发展的当代社会,国际交流与合作成为推动世界经济、文化和科技进步的重要动力。在这一过程中,廉洁形象不仅关乎个人声誉,还直接关系到国家的软实力和国际影响力。大学生作为未来国际事务的参与者和推动者,其廉洁素养在塑造国家国际形象方面具有举足轻重的作用。因此,加强大学生廉洁教育,是促进国际交流与

合作中的廉洁形象塑造的重要路径之一。

廉洁教育能够帮助大学生深刻认识到廉洁原则在国际交流与合作中的核心地位。在国际舞台上，诚信、公正与透明是跨国合作的基本准则，也是赢得信任与合作的基础。大学生通过廉洁教育，能够理解如何在国际事务中恪守职业操守和伦理规范，避免因腐败行为或不当利益追求而损害国家形象。同时，通过对国际惯例和规则的学习，大学生可以更加熟练地运用廉洁实践，确保自身行为符合国际道德标准，从而为国家争取更多的合作机会和话语权。

此外，廉洁教育能够提升大学生在跨文化交流中的道德判断力和行为规范。不同国家和地区在文化、法律和社会习俗上存在差异。廉洁教育通过培养大学生对多元文化的尊重和对廉洁底线的坚持，使其能够在复杂的国际环境中保持清醒头脑和坚定立场。例如，当面对利益冲突或不正当诱惑时，接受过廉洁教育的大学生能够从国家利益出发，坚决抵制腐败行为，并以实际行动展示中国青年在国际事务中的清廉品格。这不仅有助于提升国际社会对我国的认同，也为国际合作注入更多的公正与诚信元素。

廉洁教育对拓展大学生国际视野和增强责任意识也有重要意义。通过对廉洁文化的深入学习，大学生能够将廉洁精神内化为个人价值体系的重要组成部分，并在国际交流中主动担当廉洁文化传播的使者。比如，在国际学术交流或项目合作中，大学生可以通过自身的廉洁言行，展示中国对廉洁价值的高度重视，进一步加强与国际社会的信任关系。这种以廉洁为核心的交流方式，不仅能够提高我国青年在国际事务中的软实力，还能够为全球治理提供富有建设性的廉洁理念和实践经验。

廉洁教育能够为大学生应对全球性挑战提供坚实的思想基础和实践指导。在全球化进程中，国际事务往往涉及复杂的利益博弈和多方合作，廉洁教育使大学生能够清晰地认识到廉洁在维护国际合作秩序中的关键作用。通过树立廉洁意识，他们能够更有效地识别潜在的腐败风险，并以高度的责任感和正义感推动国际事务的健康发展。这样的青年力量，将为全球范围内的廉洁文化构建和国际合作质量提升做出积极贡献。

拓展阅读

加强新时代廉洁文化建设，要用好高校这个重要阵地

来源：上观新闻　2023-02-22　18:21

党的二十大报告指出："加强新时代廉洁文化建设，教育引导广大党员、干部增强不想腐的自觉，清清白白做人、干干净净做事，使严厉惩治、规范权力、教育引导紧密结合、协调联动，不断取得更多制度性成果和更大治理效能。"在新时代大力实施全面从严治党、推进自我革命引领社会革命的伟大斗争中，习近平总书记特别强调廉洁文化建设。近日，他在二十届中纪委第二次全体会议上强调："要在不想腐上巩固提升，更加注重正

本清源、固本培元,加强新时代廉洁文化建设,涵养求真务实、团结奋斗的时代新风。"实践证明,涵养廉洁文化不仅应成为全社会的核心价值,也应是新时代高校践行立德树人根本任务的基本要求和主要举措。

新时代涵养廉洁文化的重要作用和核心价值

政治文化是政治生活的灵魂,对政治生态具有潜移默化的影响。关于廉洁文化建设对领导干部修身正己的要求,习近平总书记指出,领导干部特别是高级干部要带头落实关于加强新时代廉洁文化建设的意见,从思想上固本培元,提高党性觉悟,增强拒腐防变能力。他强调,要扣紧"廉洁自律"这个主题,坚持正面倡导、重在立德。要加强道德教育,引导党员特别是领导干部明大德、严公德、守私德,重品行、正操守、养心性。要大力倡导社会主义核心价值观,弘扬忠诚老实、公道正派、艰苦奋斗、清正廉洁等价值观……这些重要论述是习近平新时代中国特色社会主义思想的重要内容,也是以习近平同志为核心的党中央治国理政、管党治党的重要理念,时刻提醒全党同志尤其是党员领导干部要清清白白为官、干干净净做事、老老实实做人,始终守住廉洁自律底线,永葆共产党人清正廉洁的政治本色。

涵养廉洁文化是推进新时代全面从严治党的必然要求。党的十八大以来,以习近平同志为核心的党中央以前所未有、世所罕见的决心和意志,雷霆惩贪治腐、铁腕整饬作风、持续严明纲纪,全面从严治党取得了历史性、开创性成就,产生了全方位、深层次影响。随着新时代全面从严治党步步深化和党内法规制度体系不断完善,建设廉洁文化的若干具体要求被写入制度、固化下来。《中国共产党章程》把"清正廉洁"与"信念坚定、为民服务、勤政务实、敢于担当"一道,确立为党的各级领导干部的基本素质。《关于新形势下党内政治生活的若干准则》把"保持清正廉洁的政治本色"单列一款,强调"建设廉洁政治,坚决反对腐败,是加强和规范党内政治生活的重要任务"。《中国共产党廉洁自律准则》紧扣廉洁自律主题,重申党的理想信念宗旨、优良传统作风,坚持正面倡导、重在立德,为党员和党员领导干部树立了看得见、摸得着的高标准,展现了共产党人的高尚道德情操。习近平总书记的重要论述和党章党规的新阐释新规定,极大地丰富和拓展了共产党人廉洁文化的内涵,赋予其强烈的时代气息,为加强新时代廉洁文化建设提供了根本遵循。

廉洁文化建设也是新时代新征程上一体推进"三不腐"的重大法宝。党的二十大报告郑重宣示,坚持不敢腐、不能腐、不想腐一体推进,以零容忍态度反腐惩恶。不敢腐、不能腐、不想腐是相互依存、相互促进的有机整体,"不敢"是前提,"不能"是关键,"不想"是根本,也最难做到,要靠加强理想信念教育,靠提高党性觉悟,靠涵养廉洁文化,夯实不忘初心、牢记使命的思想根基。近年来,在反腐败无禁区、全覆盖、零容忍的高压态势下,仍然有人管不住内心的贪欲,不收敛不收手,究其根本原因,都是理想信念出了问题。专题片《零容忍》中,严重违纪违法分子在忏悔时都谈到理想信念缺失、价值观扭曲带来的恶果,这也说明彻底解决"不想"的问题,铲除腐败滋生土壤还任重道远。只有通过加强思想理论建设和廉洁文化建设、抓好党性教育和党性修养、抓好道德建设,解决好党员领导干部世界观、人生观、价值观这个"总开关"问题,才能逐步实现从不敢腐、不能腐向不想腐的境界升华。去年,中央印发《关于加强新时代廉洁文化建设的意见》,把加强廉洁文化建设作为一体推进"三不腐"的基础性工程,强调全面从严治党,既要靠治标,猛药去疴,重典治乱,也要靠治本,正心修身,涵养文化,守住为政之本。

新时代高校涵养廉洁文化的基本要求与主要举措

高校承担立德树人的根本任务,担任为党育人、为国育才的主力军角色,是新时代推进廉洁文化建设的重要力量,是涵养廉洁文化的重要阵地。习近平总书记强调,高校立身之本在于立德树人。新时代办好中国特色社会主义大学,必须从我国历史、文化和国情出发,大力推进廉洁文化建设,继承和弘扬中华优秀传统文化,营造风清气正的校园氛围,推动高等教育高质量发展。

首先,以坚定理想信念涵养廉洁文化。我们党自成立以来,就是有着远大理想、坚定信念和崇高追求的政党。对马克思主义的信仰,对社会主义和共产主义的信念,是共产党人的政治灵魂,是共产党人经受住任何考验的精神支柱。没有理想信念,精神上就会"缺钙",就会得"软骨病"。只有在立根固本上下功夫,才能防止歪风邪气近身附体。推进新时代高校廉洁文化建设,加强理想信念教育是关键。通过深入开展理想信念主题教育活动,促使广大师生时刻拧紧世界观、人生观、价值观这个"总开关",尤其要督促高校党员领导干部正心修身,自觉涵养廉洁文化,增强拒腐防变能力,将新时代廉洁文化内化于心、外化于行,做到廉洁从政、廉洁用权、廉洁修身、廉洁齐家,始终保持共产党人政治本色。

其次,从红色校史中汲取智慧和力量。恢宏校史讲述着高校艰辛探索、卓绝奋斗的光辉历程,校史中的红色基因赓续着历代中国共产党人的血脉。回顾百年党史,中国共产党在团结奋斗中推进廉洁建设、营造廉洁风尚、弘扬廉洁精神,形成了崇廉尚廉的廉洁文化氛围,有力维护了党的先进性与纯洁性,夯实了不忘初心、牢记使命的思想根基,为我们加强新时代廉洁文化建设提供了强大的力量源泉。高校要将红色校史纳入对广大学生普遍的思想政治教育尤其是思想政治理论课教学中,讲好校史名人、重大事件、珍贵文物等故事,大力弘扬廉洁文化,教育和引导广大师生涵养"求真务实,团结奋斗"的时代新风,进一步发挥高校作为思想政治教育高地、弘扬中华优秀传统文化坚强阵地的社会价值。

再次,将廉洁文化融入校园文化建设。高校在弘扬廉洁文化、树立社会正气中承担着重要职责。加强高校廉洁文化建设,应注重把校园文化和廉洁文化相融合,打造一批特色鲜明、极具识别度的高校廉洁文化品牌项目。在校园内设立廉洁书架、廉洁文化墙、廉洁教育长廊等,壮大廉洁文化阵地,发挥校园环境潜移默化作用。充分发挥群团工作优势,创新表达方式和表达内容,以师生喜闻乐见的形式和载体传播廉洁文化,办好主题党日、团日活动,开展廉洁教育社会实践活动,推动形成以清为美、以廉为荣的廉洁校园文化氛围。充分整合所在区域教育、文化、科研、师资等优势资源,创新廉洁文化建设的思路,提升廉洁文化建设的广度和深度。加强校地联动,同向发力,营造浓厚的廉洁文化建设舆论范围,提升廉洁文化传播辐射力和实践吸引力。

文以载道,文以化人。5 000多年的中华文明史传承着熠熠生辉的廉洁基因,党领导人民的伟大斗争实践孕育了革命文化,这些都为新时代廉洁文化建设提供了强壮根基。作为领导高校一切工作的高校党组织,应始终坚持以习近平新时代中国特色社会主义思想作为新时代廉洁文化建设的根本遵循,牢记为党育人、为国育才的光荣使命和神圣职责,坚定历史自信、文化自信,大力弘扬社会主义核心价值观,多维度多举措推进廉洁文化建设,营造廉荣贪耻、向上向善的育人氛围,涵养廉洁自律的校园文化。应敢于以壮士断腕的勇气,以抓铁有痕的坚定执着进行自我革命,以新时代廉洁文化的落地生根为高校健康发展添砖加瓦,担当培养肩负历史重任之时代新人的历史使命,推进高校全面从严治党向纵深发展。

(作者为高校伟大建党精神研究中心上海立信会计金融学院分中心研究员,上海市习近平新时代中国特色社会主义思想研究中心研究员)

第二节 大学生廉洁教育的目标与内容

一、大学生廉洁教育的目标

(一) 树立大学生廉洁价值观念

"廉"包含清廉、正直、敬业、求真等意蕴,是做人的修为原则和行为准则,大学生廉洁教育的首要目标是帮助其树立廉洁的价值观念。在这一过程中,高校教育需要从多层次、多角度帮助学生从内心深处理解廉洁的真正意义。大学生应当明确,廉洁不仅仅是一个道德层面的要求,更是一种社会责任。廉洁代表着对社会公平与正义的尊重,是推动社会和谐与进步的重要力量。廉洁的价值不应局限于个人行为规范层面,它直接关系到国家的政治生态和社会治理,关系到公共资源的合理分配和公共利益的维护。因此,大学生应认识到,廉洁的行为是一种社会责任,它承载着对他人、对集体、对国家的尊重和担当。

通过教育引导,大学生需深刻领悟,廉洁既是对金钱、权力等诸多诱惑的有效抵制,更是对自我内心的执着坚守以及对公平正义的不懈秉持。在学术研究领域中,廉洁要求大学生严格恪守学术诚信,坚决杜绝抄袭剽窃等各类不正当行为;在社会实践进程中,廉洁要求大学生公正无私,避免因个人私利而损害他人权益。当直面诱惑与利益冲突之际,大学生应当拥有坚定的判断能力与抵御能力,从而在复杂的社会环境中坚守清正廉洁,果断做出符合道德标准和法律规定的抉择。

此外,大学生还应明确廉洁在全球化背景下的重要意义。在当今世界多元文化相互交融、社会急剧变革的时代背景下,廉洁不单是中华传统文化的重要组成部分,更是国际社会普遍认同的核心价值观。通过学习和了解其他国家在廉政建设方面的成功经验和面临的挑战,大学生能够更深刻地体会到廉洁作为"普世价值"在全球范围内的重大意义,增强对廉洁行为的认同感和践行意愿。

(二)培养大学生廉洁自律意识

在当今时代,伴随信息化步伐的加快以及全球化带来的多元文化交融,大学生面临更多诱惑或选择。廉洁自律意识的培育,是大学生未来在社会中能否稳健前行至关重要的因素。教育务必帮助大学生明确,廉洁自律既是个人品德的体现,亦是社会责任的重要组成部分。

大学生需深刻理解,廉洁自律意味着在多元压力与诱惑面前保持清醒,做到心存敬畏、言行合规。大学生应当拥有正确的价值评判及自我管控能力,能够主动识别不当行为并自觉规避,始终保持行为的独立性与清正性。这种自我管理能力不但展现在私人生活方面,还应贯穿于学术、职业及社会活动领域,杜绝任何可能诱发不廉洁行为的隐患。

大学生的廉洁自律意识须与遵守法律法规及校规校纪紧密相连。通过教育引导,大学生应深刻认识到法律和纪律不单是外在的强制性规制,更是社会秩序的根本依托,能够保障每个个体的合法权益以及营造公平竞争的良好氛围。大学生应当自觉遵守国家法律和学校各项规章制度,尤其是在面对学术诚信、公共资源使用、就业机会等考验时,能够主动维护自身的廉洁形象,杜绝任何形式的违规及腐败行为。

在培育廉洁自律意识进程中,大学生应当认识到,廉洁自律不只是外在监督的必然要求,更是内心自觉的真实写照。自律意味着大学生需对自己的行为担负责任,达成言行契合、表里相符。不管是面对他人还是直面自己的内心,大学生都应当坚守清正与诚实。廉洁的自律绝非仅仅规避腐败行为的出现,它更是一种内在的约束效能,促使大学生在任何境遇下都能秉持对自己、对他人、对社会的高度责任感。

培育大学生的廉洁自律意识亦是助力其树立正确世界观、人生观、价值观的重要渠道。通过廉洁自律,大学生不但能够在复杂的社会环境里保持独立性与清正性,还能强化自身应对各类诱惑与压力的能力,在未来的学习和工作当中,成长为一名有担当、有操守的社会成员。廉洁自律乃是大学生成长的必备条件,是他们能否在社会中赢得尊重与信任的关键要素。

033

(三)提升大学生廉洁认知能力

大学生廉洁教育的核心目标是提升学生的廉洁认知能力。通过系统的教育引导,大学生应能够全面了解廉洁的内涵和外延,明确廉洁不仅仅是一种道德要求,更是一种社会责任和行为规范。廉洁不应局限于个人的清正廉洁,它还涵盖公共事务和集体活动中公正、透明的要求以及道德约束。学生需要深入理解廉洁的多维度特征,认识到它对社会、国家以及个人的长远发展具有深远的影响。

大学生还应掌握与廉洁相关的基本知识和法律法规。这些知识不仅能帮助学生了解廉洁的理论框架,还能增强他们在实际生活中分辨和抵制腐败行为的能力。通过学习国家反腐败法律和政策,学生能够清楚地认识到腐败行为的危害,腐败行为不仅对个人造成巨大损害,还会破坏社会公平正义。教育应当帮助学生建立正确的法律意识,使他们能够在面对诱惑时保持警觉,并知晓相关法律对腐败行为的严格处罚,做到知法、守法,并能运用法律武器捍卫自己的廉洁形象。

大学生还应具备批判性思维和独立思考的能力。在面对日常生活中的各种现象时,大学生应该学会透过表象分析事物的本质,辨别那些潜藏的不正当行为,及时遏制腐败风气的苗头。培养批判性思维以使他们能够在复杂的社会环境中明辨是非,不随波逐流,不盲目接受不正当的行为或不合理的社会风气,能够理性思考,以独立判断的方式处理遇到的问题。只有具备了这种思维能力,大学生才能真正做到在社会中立足,做出符合廉洁标准的决策。

提升廉洁认知水平也应关注大学生的价值观塑造。通过教育,大学生应认识到廉洁不仅是一种外部规范,更是一种内化于心的信念。只有当廉洁从思想上得到了真正的认同,大学生才会在实际行动中自觉地遵守和践行廉洁的标准。这一过程不仅是理论知识的学习,更是价值观的内化和个人品德的培养。

(四)增强大学生廉洁实践能力

提高大学生的廉洁认知水平,是一项系统工程,旨在使其不仅深刻把握廉洁之理念与法规要义,更能将此理念切实融入日常行为之中。教育体系应致力于引导大学生认识到,廉洁并非单纯的理论构想,而是需要通过具体行动加以彰显,以实现知与行的和谐统一。通过系统教育,助力大学生深刻理解,唯有付诸实践,才能真正体现廉洁之价值,并对社会产生积极而深远的影响。

大学生应踊跃投身于社会实践及志愿服务活动之中,以实际行动践行廉洁理念。在此过程中,他们不仅能够体悟到服务社会、奉献集体的愉悦与意义,更能通过亲身体验,深切感受廉洁行为对社会及他人所带来的正面效应。通过此类实践,大学生得以将课堂所学的廉洁理论与社会实际紧密结合,体验廉洁行为如何在日常生活与工作中得以体现,以及如何通过个人不懈努力,推动社会风气的持续改善与进步。

同时，在社会实践的广阔舞台上，大学生需着力培养解决问题的实际能力。面对不廉洁行为时，他们应运用所学知识进行分析判断，明辨是非曲直，并以身作则，树立廉洁行为的典范。通过积极参与实际行动，大学生不仅能够强化自身的廉洁意识，更能提升应对复杂问题的能力，增强社会责任感与集体意识，从而形成正确的价值取向与行为规范。

通过不断提升廉洁实践能力，大学生将在未来社会中更加自信从容地应对各种挑战。无论是职场中的种种诱惑，还是社会生活中的艰难抉择，他们均能秉持知行合一的原则，始终保持清正廉洁的良好风范。

（五）强化大学生法律意识和规则意识

在大学生廉洁教育中，强化法律意识和规则意识至关重要。法律不仅是维护社会秩序和公正的基础，更是每个公民必须遵守的底线。大学生作为社会的重要群体，必须充分认识到法律对个人行为的规范作用，明白法律与规则在保障个人权益、推动社会发展的过程中起到的关键作用。因此，大学生必须将法律意识和规则意识纳入其个人品德和行为规范。

大学生应当深入了解国家的法律法规，这不仅仅是对国家制度和法律条文的学习，更重要的是要理解法律背后的社会价值和道德原则。例如，《中华人民共和国反腐败法》《中华人民共和国反不正当竞争法》等相关法律，不仅为国家政治清明和社会公正提供保障，也为个人提供了行为规范的指导。通过对这些法律的学习，大学生能够了解其在实际生活中的应用及重要性，从而形成自觉尊法守法的习惯，做到心中有法、行事有度。

大学生应了解并尊重学校的规章制度，因为学校的规章制度不仅是学校管理的规范，也是对学生行为的约束。在学习和生活中，大学生应当明确，学校的制度是为了培养学生的学术能力、人格素养以及社会责任感。尊重校规不仅是对学校的尊重，也是培养自律、遵守纪律和崇尚公平的基础。大学生应通过遵守校规校纪，树立起诚实守信的形象，确保自己在学术、社交等各方面都能做到公正无私。

同时，大学生还应具备较强的社会公德意识。社会公德是社会行为的基本规范，影响着大学生的社会适应能力和社会责任感。大学生要认识到，遵守社会公德不仅仅是维护社会秩序的需要，也是构建和谐社会的关键。社会公德包括对他人权利的尊重、对公共资源的合理使用、对社会公平的追求等。通过学习和理解社会公德，大学生能够更好地与他人和社会互动，推动社会的进步和发展。

通过案例学习、法律讲座等形式，大学生不仅能从理论上获得法律知识，还能够通过生动的实例理解违法违规行为的严重后果。这样可以加深他们对违法行为可能带来的个人和社会层面负面影响的认识，并在日常学习和生活中养成自觉遵守法律的习惯。增强大学生的法律意识和规则意识，使其在未来的工作和社会生活中，不仅能遵守法律,还能维护社会秩序和公共利益,成为有责任感、有担当的公民。

(六)塑造廉洁文化氛围

在大学生廉洁教育中,塑造廉洁文化氛围是一个不可忽视的目标。廉洁文化不仅是行为规范的体现,更是精神力量的凝聚。高校应致力于为大学生营造一个崇尚廉洁、反对腐败的文化环境,鼓励学生积极参与廉洁文化的建设,并通过自身的言行成为廉洁文化的传播者。

大学生应当成为廉洁文化的倡导者。在校园内,大学生应该积极传播廉洁文化,通过参与讲座、座谈会、文化活动等,分享自己对廉洁的理解与认同,帮助他人树立廉洁的价值观。大学生的言传身教对同龄人的影响巨大,他们的一言一行都能对身边的人产生潜移默化的作用。因此,大学生应在日常生活中树立廉洁榜样,积极影响周围同学,引导他们养成廉洁自律的行为习惯。

大学生应当通过实际行动在校园内外形成崇尚廉洁、反对腐败的良好风气。通过组织和参与志愿服务、社会实践等活动,大学生可以将廉洁文化的理念具体化并付诸实践,从而推动校园和社会风气建设。例如,大学生可以通过开展反腐倡廉的主题活动,加深大家对廉洁的认识和重视,倡导清正、务实的文化氛围,遏制腐败现象在社会中滋生。

此外,廉洁文化的塑造不仅仅是学术讨论和文化传递的问题,更是大学生对社会的责任担当。大学生在校园内外的行为应当展现廉洁自律的风采,遵守社会的道德规范,推动社会的进步与发展。在这一过程中,大学生不仅是廉洁文化的接受者,更是廉洁文化的参与者和推动者。通过这一系列的活动与实践,大学生将逐渐成为廉洁文化的中坚力量,为全社会的廉政建设贡献智慧与力量。

通过教育和引导,高校能够在学生心中播下廉洁的种子,使他们在未来的社会中,能够坚守廉洁原则,推动社会的廉政建设,营造出更加健康、清正的社会氛围。

二、大学生廉洁教育的内容

(一)社会主义核心价值体系教育

1. 理想信念教育

理想信念是个体对未来的憧憬与追求,体现了个人对人生目标的明确方向及对社会政治立场的认同。在大学生成长过程中,理想信念不仅是其精神支柱,更是形成健康人格和社会责任感的重要基础。理想信念教育旨在引导学生树立正确的世界观、人生观和价值观,明确人生的根本目标与意义。在廉洁教育中,理想信念教育占据着举足轻重的地位,是塑造学生品德的关键环节。通过深入学习马克思主义立场、观点和方法,大学生能够全面理解中国特色社会主义理论体系,从而在思想上认同社会主义核心价值观,并在实践中努力实现民族复兴的伟大目标。理想信念教育不仅帮助学生确立对正确价值追求的明确认识,还能增强其抵制社会腐朽思想侵蚀的能力,尤其在面对复杂社会环境和各种诱惑时,能够坚定学生的信念,保持清醒头脑和廉洁心态,做到自我约束与自我提升。

2. 社会主义荣辱观教育

社会主义荣辱观是大学生廉洁教育的关键组成部分,旨在通过培育社会行为规范与道德判断准则,助力大学生树立正确的是非观、荣辱观。在社会主义荣辱观教育进程中,学生可清晰界定善恶、美丑的界限,并依此在实际生活中做出道德抉择。此教育的核心在于增进学生辨别是非、评判善恶的能力,推动其形成高尚的道德情操与行为习惯。社会主义荣辱观的培育,既是个人品德修养的需求,亦是构建良好社会风气的必备条件。通过教育,大学生能够明晰社会规范,遵守法纪,达成自律与自觉。与此同时,社会主义荣辱观有助于学生树立正确的社会责任感,使其在面对诱惑之际始终坚守底线,维护社会正义,践行廉洁自律,形成崇高的道德追求与行为导向。伴随社会主义荣辱观教育的深入推进,大学生将不断稳固自身的价值认同,培育积极向上的人生态度,并在未来职业生涯中坚守廉洁操守,为贡献社会正能量。

3. 社会主义和谐社会的价值理念教育

社会主义和谐社会是中国特色社会主义发展的目标,它强调社会成员之间的和谐相处、共同发展与互助共赢。在大学生的廉洁教育中,将社会主义和谐社会的价值理念纳入教育体系,能够有效增强学生的社会责任感、公共意识和道德担当。大学生不仅要认识到个人的行为对社会和谐发展的深远影响,还应当理解个人的廉洁行为是社会整体和谐的重要保障。通过社会主义和谐社会价值理念的引导,学生将逐渐学会如何处理个人与社会之间的关系,如何通过正当途径解决问题,如何发挥自我修养在促进社会和谐中的作用。这一教育内容强调学生在社会活动中的道德责任,促进其形成与社会需求、时代要求相契合的价值观,并鼓励他们为建设更加和谐、更加公正的社会贡献自己的力量。具体而言,大学生通过理解和践行社会主义和谐社会的核心价值理念,能够在遵守社会规则、推崇公共道德、践行廉洁自律的过程中,不断提升个人素质,增强社会认同感与归属感,并在推动社会进步、促进社会和谐方面发挥积极作用。通过这一教育,学生不仅在个人修养上得到了提高,也逐渐成为推动社会进步与实现民族复兴的重要力量。

4. 社会主义政治文明建设理论教育

社会主义政治文明建设是中国特色社会主义发展中的核心任务和价值追求之一,是实现中国式现代化的重要组成部分。社会主义政治文明强调以人民民主为核心,体现了党的领导、人民当家作主与法治建设的有机统一。对于大学生的廉洁教育而言，社会主义政治文明建设的理论教育具有深远的意义，它不仅有助于提升学生对中国特色社会主义法治体系的认知与理解，还能加强其对廉洁自律的内在认同，进而为推动社会全面进步奠定思想基础。

首先，大学生需要深刻理解中国特色政治体系的基本特征和框架。这要求学生不仅要了解中国共产党领导的社会主义制度，还要清楚地认识到党和人民选择的政治发展道路具有的历史必然性和现实合理性。在全球化和信息化的今天，学生应该意识到中国特色社会主义法治体系是在多重社会矛盾和挑战中走向成熟的，是应对国家发展需求、维护社会稳定、实现民族复兴的必由之路。通过这一理论教育，大学生能够增强对国家政治发展道路的信心，明确自身肩负的时代责任，从而积极投身于中国特色社会主义事业中，坚定不移地走中国特色社会主义道路，做出应有的贡献。

其次，大学生还需要掌握社会主义政治文明建设的主要发展方向。社会主义政治文明建设不仅涉及国家的整体治理结构，还包括多个具体领域的深化改革与完善，主要的发展方向包括维护社会稳定、推进司法体制改革、深化行政体制改革、改革和完善决策机制、加强权力制约与监督、深化干部人事制度改革、加强社会主义法治建设、改革和完善党的领导与治理方法，以及坚持和完善社会主义民主制度。通过系统学习这些内容，大学生不仅能够深入理解社会主义政治文明建设的实践路径，还能够认识到廉洁自律对各项改革的推动作用。在此过程中，廉洁教育能够帮助大学生树立正确的政治理念，培养其遵纪守法、廉洁奉公的责任感，确保政治文明建设和社会发展目标的实现。

最后，大学生必须明确反腐倡廉与社会主义政治文明建设之间的密切关系。廉政建设和反腐倡廉是推进社会主义物质文明、政治文明和精神文明建设的重要力量。无论是在社会稳定的保障中，还是在推进改革和完善政治体制的过程中，廉洁自律都发挥着重要作用。反腐败斗争不仅仅是对腐败现象的治理，更是对社会整体政治生态的修复和净化。在这一理论框架下，大学生应当认识到，反腐倡廉与政治文明建设密切相关，二者相辅相成，共同推动社会主义事业的发展。通过强化对反腐倡廉的认识和参与，大学生能够养成廉洁自律的习惯，认识到个人廉洁的行为对于社会政治文明建设的重要性，并在今后的工作与生活中，积极参与到廉政建设中，促进社会公平正义，助力社会的长治久安。

（二）思想道德教育

道德作为人类文明的重要标志，是社会生活中人们行为的准则。在中国的社会主义核心价值体系中，道德具有深远的意义，要求个人在服务他人、集体主义的原则下，践行热爱祖国、热爱劳动、热爱科学和社会主义的基本信条的准则。尤其在大学生的廉洁教育中，思想道德教育起着至关重要的作用，旨在帮助学生树立正确的价值观和行为规范。因此，大学生廉洁教育必须在思想道德教育的基础上，引导学生积极践行爱国、守法、正直、节俭、团结、礼貌、自强、奉献等基本道德规范。这一教育过程的实施,需要落实"四个结合",以确保其深度与广度。

1. 廉洁教育与诚实守信教育

廉洁教育与诚实守信教育的结合是大学生思想道德教育的根本所在。诚信是社会主义公民道德的基石,廉洁则是诚信的具体表现。在现代社会中,个人的诚信不仅是人际交往的准则,也是维系社会和谐的基础。廉洁教育强调的不仅是外部行为的规范,更是在内心深处培养不欺骗、不作假、不损害他人利益的思想。大学生群体正处于价值观塑造的关键阶段,廉洁教育和诚信教育的有机结合能够帮助学生培养正直的人格,提升其社会责任感与公民道德水平。这一结合不仅能促进大学生在学术、生活和就业中的正直行为,还能为其未来的职业生涯奠定诚实守信的基础,进而形成社会中坚力量。

2. 廉洁教育与职业道德教育

廉洁教育与职业道德教育的结合,为大学生的职业生涯打下了坚实的基础。职业道德教育不仅是对大学生职业素养的培养,更是廉洁教育的重要延伸。现代社会要求每一位员工都应遵循职业行为规范,尤其在当今反腐倡廉的社会背景下,廉洁自律的职业道德愈显重要。大学生在校园中的学习和实践,虽未涉足真正的职场,但职业道德教育应当从大学阶段开始,贯穿于学生的日常学习和思想品德的培养之中。通过职业道德教育,大学生不仅要树立起廉洁自律的意识,还要培养出对工作的责任感与奉献精神。大学生廉洁教育与职业道德教育的结合,有助于大学生形成健康的职业价值观,使其能够顺利从校园过渡到职场,成为具备良好职业操守的优秀员工。

3. 廉洁教育与家庭美德教育

家庭是社会的基本单元,也是个人道德品质和行为习惯的初步培养场所。在家庭生活中,每一个公民都应遵守家庭美德的行为准则,其中尊老爱幼、邻里团结是最基础的要求。家庭美德不仅体现了个体对家庭成员的责任与关怀,也反映了对社会责任的认知和承担。大学生廉洁教育与家庭美德教育的结合,旨在引导大学生在家庭生活中树立正确的价值观和行为规范。通过倡导尊敬长辈、关爱幼小的家庭美德,大学生能够在日常的家庭生活中自觉体现廉洁自律的思想,培养亲情和睦、信任为本的家庭氛围。在这一过程中,廉洁教育不仅仅是一个道德要求的传授,更是通过家庭美德的培养,使大学生在实际生活中感知责任,传递诚信和廉洁的价值观。家庭是大学生社会化的最初场所,家庭成员之间的相互尊重与关爱能够有效提升大学生的道德修养,促进人格发展。在这个基础上,廉洁教育得以自然融入学生的日常生活,形成内化于心、外化于行的道德行为模式。通过强调家庭美德与廉洁教育的结合,大学生在成长过程中不仅能完善个人品德,还能够增强社会责任感,从而为社会的和谐发展做出积极贡献。

4. 廉洁教育与社会道德教育

社会道德是指公民在社会交往和公共生活中所应遵循的行为规范,包括助人为乐、文明礼貌、爱护公共财产、保护环境、遵纪守法等内容。社会道德教育不仅关乎个体在社会中的行为模式,也直接影响着社会的文明程度和法治建设。大学生作为社会未来的中坚力量,应该具备较高的社会道德意识,而廉洁教育与社会道德教育的结合,正是培养大学生社会责任感、法律意识和公共意识的有效途径。

廉洁教育与社会道德教育相结合,首先要引导大学生形成正确的社会价值观,明确个人、集体和国家之间的关系,并培养其遵守社会公德、维护公共秩序的意识。在这一过程中,大学生不仅要学会自觉遵守社会行为规范,还要具备在公共场所和社会交往中维护廉洁的能力和意识。社会道德教育不仅要求大学生在公共生活中展现文明礼貌、助人为乐等行为,还强调个体在面对社会不正之风时应保持廉洁自律,敢于拒绝腐败、违纪行为,保护公共利益,推动社会公正与法治。

此外,廉洁教育与社会道德教育的结合还在于通过培养大学生的政治责任感和法律意识,促使他们在未来的社会生活中成为既具备良好道德操守又具备较强社会责任感的公民。这一结合不仅使大学生更加自觉地遵守社会道德,也促使他们在面对复杂的社会环境时,能够做出符合社会整体利益和人民福祉的选择。通过加强社会道德教育和廉洁教育的双重引导,大学生能够更好地理解并承担起作为公民的责任,推动社会的文明与进步。

(三) 法治观教育

法治观教育是大学生廉洁教育的重要组成部分,旨在通过教育大学生正确理解法律制度的概念,增强他们的法治意识和法治思维,进而为培养大学生的廉洁自律提供坚实的思想基础。法律制度不仅仅是社会治理的基本框架,更是社会秩序得以实现的根本保障。法治观教育通过帮助大学生深入理解法治的核心概念,如法律面前人人平等、法治与人治的区别、法律的公平性与公正性等,促使他们树立起正确的法律观念,并将这些理念融入日常生活与学习中,形成自觉遵守法律和社会秩序的良好习惯。

社会主义法治观念教育是对大学生进行社会主义民主政治教育的关键环节。社会主义法治观强调法治是社会主义的基本要求,法治不仅仅是社会治理的手段,更是社会主义民主的重要保障。大学生作为社会的未来栋梁,应当深刻理解社会主义法治观的内涵与精神,在尊重法律的基础上,正确行使自己的民主权利,并且自觉遵守国家的法律法规和社会纪律。通过对社会主义法治观的系统学习,大学生不仅能够增强对法律的敬畏心,也能更好地理解社会主义法治的优势与价值,形成依法办事、依法治国的思想观念。

在大学生廉洁教育中,法治观教育通过组织学习政治理论、法律法规、原则和政策等内容,帮助大学生全面了解国家关于廉政建设的相关要求。这一过程不仅仅是知识的传授,更是价值观的塑造。大学生应通过对党和国家廉政建设方针政策的学习,深入理解廉洁自律的社会意义和个人责任,明确廉洁的标准与要求。通过学习,大学生能够更好地认清法律与纪律的底线,形成自觉遵守社会规则的行为准则。

此外,大学生的法治观教育应与实际社会实践相结合。在此过程中,参观廉政教育基地、参加庭审观摩等活动能够使大学生更加直观地感受到法律的威严与社会正义的力量。这种实践活动不仅提升了法治观教育的生动性,也加强了廉洁教育的警示作用,使大学生更加明确廉洁的行为要求与法律后果。通过亲身经历和感知,大学生能够真正理解法律与纪律在维护社会公正、促进社会和谐中的重要作用,进一步增强他们的法治意识和廉洁自律的能力。

因此,法治观教育不仅仅是大学生廉洁教育的一个知识层面的提升,它更是一种行为层面和思想层面的自觉修养。通过全面而深入的法治教育,大学生能够在思想和行动上都形成遵法守规、廉洁自律的意识,为未来的社会生活和职业生涯奠定良好的法治基础。

课后思考

1. 结合本章内容,分析大学生廉洁教育在全面从严治党、国家治理体系和治理能力现代化、社会经济高质量发展等方面的战略意义。

2. 探讨大学生廉洁教育的核心目标是什么,并思考这些目标如何与大学生的成长需求和国家的发展需要相契合。

3. 归纳并梳理本章中提到的大学生廉洁教育的主要内容,思考这些内容如何帮助大学生树立正确的价值观,提升廉洁品质。

4. 基于本章内容,阐述在大学生廉洁教育的实施过程中应采取哪些有效策略来促进教育目标的实现,这些策略如何指导大学生的实际学习生活。

第二部分

清廉守初心 使命驻心田

第三章

大学生廉洁品质培育

学习引言

廉洁不仅仅是一种个人品质,更是社会和谐与法治建设的重要基石。大学生廉洁品质的培育是高等教育中培养学生道德素养的重要组成部分,是促进学生全面发展、提高其社会责任感的关键环节。随着社会对人才综合素质要求的提升,大学生的廉洁意识和行为规范愈发受到关注。因此,系统地探讨大学生廉洁品质的培育路径及其理论依据,对于加强高校思想政治教育、提升学生的道德水平,具有重要的现实意义。

知识目标

本章将通过深入分析大学生廉洁品质培育的基本理论,探索培育过程中所遵循的理论框架与基本原则,进一步明确廉洁品质培育的关键要素和实施路径。具体内容包括廉洁品质的内涵、理论依据以及科学培育的系统方法。通过本章学习,学生将更加清晰地理解廉洁行为的内涵、价值及其社会意义,并能够在实践中自觉落实廉洁自律的要求,进而培养出符合社会需求的高素质人才。

内容学习

第一节 大学生廉洁品质培育及理论遵循

一、大学生廉洁品质的核心概念

大学生廉洁品质的培育是高等教育中的一项核心任务,对于塑造学生的道德操守、社会责任感以及法治意识具有深远意义。廉洁品质不仅仅体现为个人行为的规范性,更是社会价值观在个体层面的具体体现。对于大学生而言,廉洁品质的培育是其思想政治教育的重要组成部分,关系到学生的全面发展和国家社会的长远发展。

廉洁品质培育作为道德教育的重要组成部分,对大学生的三观形成、道德养成具有重要影响。培育大学生廉洁品质,既是实现大学生立德树人教育和全面发展的内在需求,又是培养大学生成为中国特色社会主义的接班人、成为担当民族复兴大任的时代新人的必要保障[①]。

大学生廉洁品质的核心概念涉及道德修养、行为规范和价值追求的深层次整合,反映了个人在社会交往、公共事务和职业生涯中的基本道德标准。廉洁品质不仅是对廉洁行为的要求,更是一种内在的道德秩序,体现了个体对诚实守信、公正无私等道德原则的认同与践行。廉洁品质不应局限于公共职务领域,其涵盖的道德理念和行为规范应当深入每一个大学生的日常生活和社会行为中,成为其人格和行为的内在驱动力。

在狭义上,廉洁品质常常与公务员或公职人员的行为规范相联系,尤其是与防止腐败、防止滥用职权相关的行为规范。这一层面的廉洁品质主要体现在公共权力的使用和监督上,旨在确保公职人员在履行职责时遵守法纪,防范腐败行为的发生。这种理解侧重于对公职人员的道德约束和行为规范,容易导致社会公众,特别是高校教育者,将廉洁教育视为仅限于公务员和政治从业人员的专属范畴。这种偏狭的视角,可能会导致廉洁教育在大学生群体中的忽视,从而影响学生廉洁品质的培育。

在广义上,除了公职人员应具备的廉洁行为外,廉洁品质还包含一系列与个人道德修养、社会责任感及公民意识密切相关的层面。大学生的廉洁品质,不仅仅体现在对腐败行为的抵制上,更体现于日常生活中的道德自律与自我要求,如勤俭节约、求真务实、公平正义、坚守原则等。这些品质是构建大学生道德风尚和社会责任感的基石,对于培养具有高度社会责任感和道德担当的新时代青年至关重要。

廉洁品质并非天生具备,而是通过长期的教育、引导与内在反思逐步形成的。大学生正处于世界观、人生观和价值观逐渐成熟的关键时期,其廉洁品质的培养需要通过思想政治教育、道德引导和行为规范的有机结合,促进其在认知、情感、意志和行为上的多维度发展。廉洁教育不仅要通过课堂教学、理论学习来强化学生的廉洁意识,还需要通过实践活动、社会参与等方式,帮助学生将廉洁理念内化于心、外化于行。

在新时代全面从严治党的背景下,廉洁品质的培育不仅是对大学生个人道德修养的要求,也是国家政治生态和社会道德环境建设的基础。大学生应当通过学习党和国家的相关政策文件,领会党和国家对廉洁要求的精神,深刻认识廉洁品质对个人、集体及国家发展的重要性。大学生要在思想上提升自我觉悟,从国家发展的全局角度出发,树立高度的责任意识和历史使命感,进一步坚定廉洁品质的内在追求,做到言行一致,积极践行廉洁,塑造自身的高尚品质,进而为推动社会的廉洁风气和国家的法治建设贡献力量。

---

① 夏涛.新时代大学生廉洁品质培育路径探析[D].桂林:桂林理工大学,2022:1.

二、大学生廉洁品质培育的理论遵循

(一) 党的建设重要理论

马克思主义作为中国共产党及其思想建设的理论基石,提供了对政党建设、廉洁政府建设及社会变革的深刻理论指导。马克思对无产阶级政党的建构提出了清晰的理论框架,并在此基础上剖析了社会腐败的根源,为中国共产党和社会主义建设提供了行动指南。马克思主义的党建思想,特别是在廉洁性与腐败防治方面的理论,成为指导大学生廉洁品质培育的核心理论依据之一。

马克思主义的党建思想对大学生廉洁品质的培育具有重要的指导意义。马克思主义党建思想强调政党的廉洁性,明确提出廉洁不仅是党性的重要组成部分,也是党和人民群众之间信任的基础。只有清正廉洁的党,才能真正践行人民至上的原则,履行为人民服务的宗旨。在大学生廉洁品质的培育过程中,借鉴这一理论,可以帮助学生明确廉洁不仅是个人道德的要求,也是服务社会、服务人民的根本条件。

马克思关于党内民主和纪律的重要论述为廉洁品质的培养提供了有效的操作性思路。马克思强调,党内必须实行民主集中制,充分听取不同意见,并且通过严格的党内纪律来确保党的纯洁性。对于大学生而言,廉洁品质的培育不仅依赖个人品德的提升,更应通过集体的力量和制度的保障来实现。这一思想启示我们,在培养大学生廉洁品质时,应加强集体主义精神的培养,提倡民主、法治和公开透明的原则,使得学生在集体活动和社会实践中,能够在思想上、行为上形成廉洁自律的意识。

马克思主义的党建思想不仅为无产阶级政党提供了廉政建设的理论框架,也为大学生廉洁品质的培育提供了重要的思想武器。在马克思主义理论的指导下,大学生的廉洁教育应从思想认识、行为规范和制度建设等多个维度展开,形成全面的廉洁品质培养体系。马克思主义不仅强调个人的廉洁行为,也重视集体和制度在廉政建设中的重要作用。因此,大学生廉洁品质的培育应当与党和国家的廉政建设相结合,在思想和制度的双重引领下,逐步塑造学生的廉洁品德。

马克思主义的党建思想为大学生廉洁品质的培育提供了深刻的理论依据。通过系统地学习马克思主义的相关理论,能够理解廉洁的本质,形成正确的廉洁观念,并在实践中自觉践行廉洁行为。通过加强党性教育、制度建设和纪律约束,大学生将能够在理论和实践中不断提高自己的廉洁意识,为构建廉洁社会贡献力量。

(二) 人的全面发展理论

人的全面发展不仅仅是指个体在某一方面的特长或成就,更重要的是在多个层面、多个维度的协调进步,包括个人的体力、智力、道德修养、文化素养等方面的提升。在马克思的理论框架中，人类的发展并非单一线性的，而是一个动态的、辩证的过程，其发展道路既包含前进的动力，也面临种种曲折与挑战。这一思想为大学生廉洁品质的培育提供了理论基础，凸显了道德建设、社会责任与个体自我完善之间的内在联系。

人的全面发展是一个多层次、多方面的统一体，不应局限于物质层面的满足，还应包括精神文化层面的提升。马克思强调，人的发展应超越物质需求，向着精神、道德、思想等更高层次的追求进发。这一理论主张打破传统观念中的狭隘发展，主张个体在社会中不仅要为自己的幸福而工作，更应考虑他人的福祉，倡导集体和社会的共同进步。在这一视野下，个体的自由发展与社会的集体福祉紧密相连，二者不可割裂。

人的发展是一个历史性、社会性的过程。社会制度对个体的影响深远，在资本主义社会中，个体自由被限制，特别是在物质生产领域，受到压迫与剥削，直接妨碍了个体的全面发展。马克思主张，只有通过无产阶级革命，消灭旧社会的剥削制度，建立以公有制为基础的新社会，才能为个体的全面发展提供广阔的空间和条件。在这一过程中，人的发展不再局限于生存和物质的需求，而是进入了自由、全面的精神与道德成长阶段。因此，马克思主义的人的全面发展理论，不仅仅局限于个体发展，更强调通过社会体制的变革，实现人类社会的整体进步。

从微观层面来看，个体的全面发展是自我价值实现的必要条件。马克思在其思想中强调，个体的体力、智力、才能、兴趣、情感、品质等各个方面，都应得到同等重视。个人不仅应通过知识学习提升智力素质，还应注重道德修养的培养，以确保在物质富足的基础上，能够实现精神上的自我满足和道德上的自我完善。特别是在当前的社会环境中，大学生作为未来社会的建设者与接班人，其全面发展的需求尤为迫切。大学生不仅需要通过学术研究、知识积累来提升自身的学术素养，还需要在道德、社会责任等方面进行深刻的自我审视与完善。因此，大学生廉洁品质的培育，正是其全面发展的一个重要维度。

从宏观层面来看，人的全面发展不仅是个体层面的提升，更是社会整体发展水平的重要体现。社会的进步离不开每一个个体的全面发展，而个体的思想观念、道德品质、行为规范等，直接构成了社会文化的基石。社会发展程度的提升，不仅依赖于经济、科技等物质条件的改善，更依赖于文化素质、道德水平等精神层面的进步。在这一层面上，大学生的廉洁品质教育显得尤为重要。廉洁品质不仅是大学生个体道德修养的体现，更是社会整体文化水平提升的重要组成部分。通过系统的廉洁教育，大学生可以在思想和行为上树立正确的价值观念，进而在社会实践中积极传播正能量，推动社会向更加公正、廉洁的方向发展。

人的全面发展理论为大学生廉洁品质的培育提供了深刻的理论支持。根据这一理论，大学生的廉洁品质不仅仅是其个人道德水平的体现，更是其社会责任感和历史使命感的反映。廉洁不仅关乎个人的道德修养，也关乎社会的公平正义。因此，大学生廉洁品质的培育，不能仅仅停留在道德教育的层面，还应加强对社会责任和集体主义精神的培养,促使学生在个人行为规范和社会行为责任之间形成内在的、紧密的联系。

(三)"社会公仆"思想

"社会公仆"思想在马克思主义政治理论中具有重要地位,尤其在对公共权力的性质与发展轨迹的理解上,提供了全新的视角。马克思认为,旧社会中,统治阶级的权力不仅是对人民的压迫与剥削,而且这种权力的行使使得公共权力逐渐从服务社会的职能中背离,变成了少数人维系自身利益的工具。在这种体制下,公共权力不再充当社会服务者,而是成为"社会主人",其主要任务是保障特权阶层的利益。因此,通过无产阶级革命,推翻这一腐朽的体制,建立无产阶级专政,从而确保公共权力重新回归到"社会公仆"的本质职能中,最终实现全社会的公平与正义。

马克思的"社会公仆"思想对大学生廉洁品质的培育具有深远的影响。作为未来社会的接班人,大学生不仅要具备扎实的专业知识和学术能力,还应树立正确的价值观念,明确个人与社会、集体之间的关系。在这一过程中,大学生应深入理解并践行马克思关于"社会公仆"的思想,把人民的利益作为自身的根本利益,时刻保持清正廉洁的本性。在实践中,这意味着大学生要不断增强自己的社会责任感与道德素养,真正将为人民服务的精神融入自身的行为规范与职业追求中。

马克思主义的"社会公仆"思想为大学生的廉洁品质教育提供了重要理论支撑。它不仅是对公共权力职能的深刻理解,也是对个体道德素养的高度要求。大学生在接受教育过程中,应通过这一思想的学习,培养自我批判意识,增强对权力腐化的警惕,确保在未来的社会生活与工作中,能够始终保持廉洁的作风,避免从"社会公仆"异化为"特权阶层"。这一过程不仅是对大学生个人道德素质的提升,也是在为未来社会的公平、正义和可持续发展做出贡献。

马克思的"社会公仆"思想,深刻揭示了权力与腐败的内在联系,同时为如何保持公共权力的廉洁性提供了理论指导。在这一思想的指导下,高等教育应进一步强化对大学生廉洁品质的培育工作,推动其在思想与行为上落实对人民群众的责任感,帮助其形成坚守廉洁自律的行为规范,以确保在未来社会建设中,始终牢记为人民服务的初心和使命。

第二节 大学生廉洁品质培育的关键要素

一、廉洁认知

廉洁认知是塑造廉洁品质的基础,它是廉洁行为的内在驱动力与方向指引。具体而言,廉洁认知不仅涵盖对廉洁行为的认知与理解,还涉及个体对廉洁价值观和道德准则的认同与接受。认知作为一种心理过程,受到多重因素的影响,如教育背景、生活经历、思维方式及文化氛围等。在这一框架下,廉洁认知体现为个体对廉洁道德观念、法治规定和社会规范的学习、理解和内化。这一认知过程在一定程度上决定了个体行为的道德标准与社会责任感,因此,形成正确的廉洁认知是形成良好廉洁品质的前提。

大学生廉洁认知的构建需要建立在对马克思主义理论的深刻理解上。马克思主义不仅为个体提供了科学的世界观和方法论,还为廉洁认知的深化提供了理论依据。马克思主义的核心价值观强调人的全面发展和社会公正,其基本理念,如公正、平等和集体主义,均为廉洁认知提供了价值导向。在这一框架下,大学生应通过深入学习马克思主义理论,明确其在社会生活中对廉洁的深远影响。马克思主义的哲学思维有助于学生从全局的角度理解廉洁与腐败的根源,认识到廉洁不仅是个人道德的要求,更是社会正义和公共利益的保障。通过理论学习,大学生能够从思想上认同廉洁行为的社会价值,并树立坚守廉洁的信念。

大学生的廉洁认知还必须依托具体的廉洁文化和法律法规教育。近年来,随着全面从严治党的深入推进,国家在廉政建设和反腐工作方面不断完善相关法律法规和政策文件。此类政策不仅为国家治理提供了法律依据,也对全社会成员特别是高校学生的廉洁认知提出了明确要求。在这种背景下,高校通过加强廉洁文化和廉政法规的教育,能够有效引导大学生在思想上树立廉洁意识,在行为上规避腐败行为。通过对廉洁文化的学习,学生能够深入理解廉洁的内涵与价值,认识到廉洁不仅仅是外在行为规范的要求,更是内心道德自觉的体现。通过对相关法律法规的学习,大学生能够清晰辨识腐败行为的界限,增强拒腐防变的意识。

廉洁认知的培养需要结合新时代中国特色社会主义发展的实际,特别是在经济社会变革和社会治理不断深化的背景下,高校应引导大学生通过理论联系实际,加强对廉洁自律的理解与实践。通过加强廉洁认知教育,大学生不仅能够全面了解国家的反腐倡廉战略,还能够提升自我防范意识,形成正确的价值判断和行为规范。这种认知的构建不仅仅是对个体的道德教育,更是对社会稳定和国家发展具有长远影响的基础性工程。

二、廉洁情感

廉洁情感是个体对廉洁行为的情绪反应与心理体验,深刻影响着个体道德行为的形成与发展。情感作为人类心理的一种重要组成部分,直接反映了个体对周围事物的态度与情绪。廉洁情感作为一种道德情感,其内涵并非局限于对廉洁行为的认同与欣赏,更包含个体内心对廉洁的自觉遵循与情感投入。教育心理学指出,道德情感是推动个体道德行为的核心动力,廉洁情感亦是激发大学生廉洁行为的关键因素之一。建立和培养大学生的廉洁情感,不仅是道德教育的重要内容,也是个体廉洁品质逐步形成的内在机制。

情感可以分为基础情感需求与高级情感需求两大层次。基础情感需求主要指温饱需求与社会需求,这些需求通常受到生存环境与社会压力的驱动,属于一种外部压力下的情感回应。与此不同,高级情感需求则更多反映了个体内在价值观、思想品质和道德操守的形成。大学生的廉洁意识正是这种高级情感需求的体现,它不仅反映了学生对廉洁行为的内心感受,还表现为个体对社会规范和道德标准的认同。廉洁情感的形成和发展,不仅依赖于大学生自身的认知与反思,还受到外部教育环境和教师的深刻影响。因此,高校应关注大学生廉洁情感的培养,注重在教育过程中引导学生形成积极的情感认同。

教师作为大学生道德情感的引导者,其人格魅力与教育方式对学生廉洁情感的塑造起到决定性作用。高校应通过完善教师的情感教育机制,推动教师在思想政治教育中发挥更积极的作用。教师应通过言传身教,将廉洁理念与道德情感有机融合于课程教学中,并通过日常言行展现个人的道德情操,增强学生对廉洁的情感认同。通过建立"三全育人"的教育模式,教师不仅传授知识,还通过潜移默化的情感熏陶,激发学生的廉洁情感,促进他们对廉洁行为的自觉追求。

大学生的廉洁情感不仅需要通过课堂教育获得,还需要在实践中得以巩固和发展。校园文化环境作为学生日常生活的核心背景,深刻影响着其情感的塑造。廉洁的校园文化环境是学生感知廉洁行为、内化廉洁价值的重要场所。高校应通过营造清朗的校园文化氛围,建设崇尚廉洁的社会环境,让廉洁的思想和行为成为学生日常生活的一部分,从而促进其廉洁情感的自然形成。除了文化环境的建设,实践教育同样不可或缺。实践教育通过提供真实的廉洁情境,使学生在实际操作中体验到廉洁行为的社会价值与自我满足,从而加深对廉洁的情感认同。正如古人所言,"纸上得来终觉浅,绝知此事要躬行",理论知识的传授需要通过实践进行验证和深化,实践中的感悟和体会是学生廉洁情感深化的重要途径。

大学生廉洁情感的培养不仅是情感教育的任务,也是高校综合育人的重要环节。通过教师的情感引导、校园文化的建设以及实践教育的强化,能够有效促进大学生廉洁情感的形成,为其未来的道德行为奠定坚实的情感基础。

三、廉洁意志

廉洁意志是个体在面对外部诱惑与挑战时,依然能够坚持正确的道德标准,保持廉洁行为的决心与自觉。意志本质上是人类主观能动性的体现,指的是个体在明确目标后,克服各种内外部困难,坚定不移地执行决策的心理状态。它不仅仅是对目标的坚持,更是将内在的认知与情感转化为具体行动的动力源泉。廉洁意志作为大学生廉洁品质的核心组成部分,要求个体在复杂多变的社会环境中,能够始终如一地保持廉洁自律,不为外界干扰所动摇。

在廉洁品质的知、情、意、行四个层面中,廉洁意志的培养较为抽象,其形成与内化是一个渐进的心理过程。廉洁意志不仅仅是对廉洁认知与廉洁情感的简单叠加,它是两者的升华,是大学生在不断认知和情感积累的基础上,形成的一种心理倾向与行为决心。它体现为个体对廉洁行为的坚定信念和对不正之风的坚决抵制。由于意志是一种主观的心理活动,其培育并不容易通过直接手段进行评估与干预,必须通过创造适宜的环境与制度保障,逐步引导大学生形成健全的廉洁意志。廉洁意志的培育可以分为两个重要阶段。

第一阶段(决策阶段):在决策阶段,大学生需要在思想上明确人生的长远目标,并通过系统的思想政治教育与价值观塑造,帮助他们树立为社会、为国家、为民族做贡献的远大理想。理想信念的坚定是廉洁意志形成的基础,只有当个体的理想与现实相结合,将个人利益上升到集体和社会的层面时,他们才能在面对外部诱惑时,坚定立场,守住道德底线。通过强化对国家发展大局、民族复兴伟大目标的认同,大学生能够不断调整自我利益的实现方式,将自我价值的追求与社会责任紧密结合,从而增强抵制腐败、保持廉洁的内在动力。

第二阶段(行动阶段):在行动阶段,大学生廉洁意志的培养更为具体,主要通过制度建设与实践活动来实现。明确的制度规范不仅为学生划定了行为的界限,还为他们提供了廉洁行为的操作指南。在这一阶段,高校应建立完善的监督与激励机制,通过制定严格的规章制度与行为规范,确保学生在廉洁与不廉洁之间抉择时,能够迅速做出正确的判断与决策。尤其是在处理道德困境时,规范的制度可以帮助学生明确哪些行为是不可逾越的底线,哪些具有诱惑性的行为会严重损害个人和集体利益,从而进一步提升其拒腐防变的能力。

通过理论教育与实践教育,大学生的廉洁意志能够在不断的思想启蒙和行为约束中得到稳固提升。高校不仅要通过课堂讲授与思政教育提升学生的理论水平,还要通过校园文化建设与社会实践活动为学生提供廉洁行为的实际情境,使他们在实践中培养并锻炼意志力。正如意志的特点所示,大学生的廉洁意志并非一蹴而就,而是在思想与实践的不断互动中逐步成长的。通过这一过程,学生能够在长期的实践中积累经验,形成更加坚定的廉洁信念与自我约束力。

四、廉洁行为

廉洁行为是个体在面对与廉洁相关的情境时所做出的符合道德规范的实际行为,它体现了廉洁认知、廉洁情感和廉洁意志的内化与外化。廉洁行为不仅仅是道德意识的产物,更是个体在具体实践中遵循道德规范的体现。作为道德行为的一个重要组成部分,廉洁行为是个体在面对道德选择时,所做出的正义与廉洁的行为反应,具有深刻的社会和个人价值。它不仅仅是个体对社会规范的遵守,也是个体价值观、道德观和社会责任感的具体表现。

在大学生廉洁品质的形成过程中,廉洁行为起着核心作用,它是认知、情感和意志等内部因素的最终外化,是衡量廉洁教育成效的"标尺"。大学生的廉洁行为,不仅是他们对廉洁价值观的认同,也是其道德认知与情感的具体体现。在日常的学习、生活和社交过程中,大学生通过不断将廉洁的原则转化为实际行动,逐渐形成廉洁行为的习惯,从而巩固和深化他们的廉洁品质。正如习惯的养成需要持续的实践,廉洁行为的形成也是一个长期积累的过程,只有通过不断的实践和反思,个体才能在行动中不断强化廉洁的自觉性。

廉洁行为的培育与养成是高校廉洁教育的最终目标。大学生如果未能将廉洁教育的理念贯彻到实际行动中,那么其廉洁品质的培养便失去了意义。廉洁行为不仅是学生理解廉洁的检验标准,更是他们将廉洁理念内化为自身行为规范的体现。在这一过程中,大学生在面对日常生活中的选择与挑战时,能够主动做出符合道德标准的反应,而非受到外部诱惑的干扰。这种行为的养成,需要高校通过系统的教育引导、良好的校园文化氛围以及适当的实践机会,帮助学生在具体的行为中检验并强化自己的廉洁品质。

廉洁行为的形成并非一蹴而就,它是在认知、情感和意志等多个维度相互作用的过程中逐步培育起来的。在这个过程中,学生不仅要通过理论学习理解廉洁的深刻内涵,还需要通过实践活动不断体验和体悟廉洁行为的实际意义。随着时间的推移,廉洁行为会逐渐成为学生内心的道德自觉,进而成为他们生活的一部分,形成稳定的道德习惯。最终,这种行为的稳定性与持续性,确保了廉洁品质的全面实现。

第三节 大学生廉洁品质培育的科学路径

大学生廉洁品质的培育是一个多维度、多层次的系统工程,涉及思想、情感、行为等多个方面的综合培养。为了实现这一目标,需要通过科学的路径设计,构建全面、系统的培养体系。基于廉洁品质培育的关键要素,结合大学生的实际需求与成长过程,可以采用"三门课程、四种风气、两个教育、四类活动"这一整体架构,通过多维度的协同作用,促进大学生廉洁品质的全面提升。

一、利用"三门课程"牢筑大学生的廉洁认知

廉洁文化知识是构成大学生廉洁认知的重要内容,高校应该充分利用党课团课、思

政课程以及专业课程,不断丰富大学生廉洁理论教育的具体内容,用廉洁文化知识牢筑大学生的廉洁认知。

(一)廉洁教育贯穿党课团课

将廉洁教育融入党课与团课的全过程,不仅是高校培养社会主义建设者和接班人的内在要求,也是培育大学生党员和团员廉洁认知的关键保障。大学生党员和团员通常在同学群体中扮演着先锋模范和榜样角色,尤其是党员,其廉洁认知和道德素质对其他同学具有显著的朋辈影响作用,进而影响整个校园的廉洁氛围和风气。因此,充分发挥党课和团课的教育功能,提升大学生党员和团员的廉洁认知,促进其形成良好的廉洁品质,是高校廉洁文化建设不可或缺的组成部分。

党课和团课的设计与实施需要明确目标和丰富内容。作为大学生入党、入团的必修课,党课和团课不仅是学生思想政治教育的重要平台,也是其廉洁素养培养的基本途径。然而,当前高校在党团课程的教育实施中,普遍存在教育内容单一、实践形式不足的问题,缺乏系统的廉洁教育内容体系和针对性的培养方案。因此,明确教育目标,特别是以提高大学生党员和团员的廉洁认知为核心,显得尤为重要。将廉洁文化的基本理念、传统廉洁故事、党和国家廉洁工作的重要政策及典型案例等内容嵌入课程中,能够有效丰富党团课程的内涵,提升学生的廉洁意识与行为规范。此外,为确保教育效果的落实,应当建立科学的考核与评价体系,保障党团课的廉洁教育内容得到全面贯彻与实践。

党课和团课的廉洁教育应注重师资力量的提升与教育手段的创新。当前多数高校,党课和团课的授课教师往往为临时安排,通常由学工副书记或辅导员担任,且教学内容未必经过系统规划和专门设计,这导致了廉洁教育的深度与效果不尽如人意。为此,高校应当重视党课和团课的师资建设,通过增配专门负责廉洁教育内容的固定讲师队伍,提升授课内容的专业性和针对性。此外,传统的课堂教学形式虽为主流,但并非唯一的有效方式。高校可以通过多样化的教育手段,如利用课外时间组织参观廉洁教育警示室,结合真实案例开展警示教育,强化学生的廉洁认知。这种通过实际案例警示和情境体验的方式,有助于增强教育的实效性与感染力。同时,党团组织应当发挥其主观能动性,结合支部活动组织党员、团员参与廉洁实践,既增强廉洁教育的实际效果,也有助于将廉洁教育的理念内化为学生的自觉行动。

(二)廉洁教育融入思政课程

廉洁教育作为高校立德树人工作的重要组成部分,其核心目标是塑造大学生的良好道德品质,提升其对廉洁价值的认知和实践能力。而思想政治理论课作为高校培养学生思想政治素养的主要阵地,与廉洁教育在组织机制、文化载体、教学实践和评估体系等方面具备内在的契合性。因此,将廉洁教育融入思政课程不仅是推动立德树人工作的必然要求，也是培养大学生廉洁品质的有效路径。

　　思政课的教学应当充分利用中华优秀传统文化中的廉洁元素。中国传统文化历经千百年沉淀，形成了丰富的廉洁教育思想资源，其中蕴含的廉洁精神和道德理念，是民族文化的瑰宝。这些文化财富不仅具有悠久的历史背景，还承载着深刻的道德价值观念。在思政课堂中引入这些经典廉洁文化内容，能够有效地拓展教学的深度与广度。通过挖掘和传承这些经典的廉洁思想，学生可以在潜移默化中感知廉洁文化的力量，并通过学习这些传统文化，形成对廉洁的认知和情感认同。此举不仅有助于强化学生的廉洁文化素养，也在更广泛的文化维度上培养学生的廉洁情感，促进其品德修养的全面提升。

　　思政课应当将法律法规和政策文件作为培养大学生廉洁认知的重要内容。近年来，国家在廉政建设和反腐倡廉工作中不断加强法治化和规范化建设，相关法律法规的出台和政策文件的发布，为廉洁教育提供了坚实的理论依据和政策保障。尤其是自21世纪以来，国家通过不断完善反腐倡廉工作体系，出台了一系列法规政策，这些内容应当成为思政课教学的重要组成部分。在课堂上引导学生学习和研讨国家关于廉政建设的相关法律法规，能够使大学生了解腐败行为的定义、边界和后果，并形成基于法律的廉洁认知。这不仅有助于学生树立起清晰的廉洁底线意识，也促使其自觉抵制一切腐败和不正之风。通过对这些政策文件的学习，学生能够更加深入地理解国家反腐倡廉工作的战略方针及其实施措施，进一步增强廉洁自觉，培养正确的道德判断力和价值导向。

　　思政课程中的廉洁教育不仅仅是知识的传授，更是思想观念的塑造和行为规范的引导。通过系统地融入廉洁文化和法律法规的内容，能够在思想政治教育的框架下，为大学生提供全面的廉洁认知与道德引导。这种将传统文化与现代法治理念相融合的教育模式，不仅能够增强学生的廉洁意识，还能够通过知行合一的方式，促使学生在日常行为中自觉践行廉洁规范。通过在思政课程中不断深化廉洁教育的内容体系，能够有效提升大学生的廉洁认知水平，为其全面发展奠定坚实的道德基础。

拓展阅读

【理响中国】"大思政课"视域下高校廉洁文化建设路径探析

人民出版社　　www.ccpph.com.cn　　2023-12-13　　来源：中国理论网

　　党的二十大报告指出："加强新时代廉洁文化建设。"廉洁文化建设是高校一体推进不敢腐、不能腐、不想腐的基础性工程，将廉洁文化建设融入"大思政课"建设有助于贯彻落实党的二十大精神和推进主题教育走深走实。高校应充分发挥思政课主渠道作用，不断创新形式、丰富内容，用廉洁文化感染当代青年，用廉洁文化浸润当代青年，用廉洁文化引领当代青年，为创建廉洁校园、培育学生廉洁意识、推动廉洁文化向纵深发展做出积极贡献。

一、构建高校廉洁文化教育"大格局"

"大思政课"是一项全面、复杂、多方参与的系统性工程，高校应坚持整体大思维、树立系统大视野，加强和完善高校思想政治工作机制保障的顶层设计，建立党委统一领导、党政齐抓共管、全社会协同配合的"大视野""大格局"。

一是要将廉洁文化建设融入高校党建、教学、科研、管理、服务的全过程，打造上下联动、整体推动的廉洁文化建设通道，提升高校廉洁文化建设与"大思政课"的依赖性和融合度。首先，将廉洁文化融入大思政课需要科学设计路径。高校应将廉洁文化教育与高校师生社会公德、职业道德、诚信教育、爱国主义教育相结合，一体化推进廉洁文化与高校党建工作、师德师风、党纪宣传、校园文化建设协同并进、整体构建。其次，在具体执行过程中，高校要对标立德树人根本任务，深入挖掘廉洁文化资源，加大"大思政课"建设力度，完善廉洁文化教学内容，丰富廉洁文化教学形式，打造具有高校特色的廉洁文化精品课程。最后，高校应秉持"大思政课与现实生活结合"的理念，协调校内外多方资源搭建以廉洁文化教育为主题的社会实践活动平台，使得各种廉洁文化活动不是校内单一、片面的小众活动，而是跟现实生活有广泛连结、整体参与的集体活动，从而给高校师生更直观强烈的代入感和参与感，获得更加真切、真实的廉洁文化教育体验。

二是建立健全廉洁文化融入"大思政课"的运行机制、保障机制和评价机制，构建廉洁文化一体化教学、互动体系，提升高校廉洁文化建设融入"大思政课"建设的融入感和紧迫性。一方面，高校应健全廉洁文化融入"大思政课"教学运行机制，高校应当将廉洁文化一体化教学、互动教学与新生教育、"三下乡"社会实践、毕业教育、校庆活动等结合起来，引导学生走出校门、走向社会、走入生活，充分调动运用各种廉洁资源，开展丰富多彩的廉洁文化教育活动。另一方面，高校应健全廉洁文化融入"大思政课"的评价机制。高校对廉洁文化教育成绩的考核要以政治素养和廉洁素质的提升为核心，应注重将学生大思政课堂廉洁教育参与情况和课外廉洁实践相结合，确保考核过程的全程性、针对性和多元性，做到全面考察学生的廉洁素养、廉洁意识、廉洁行为，避免考核的机械化、形式化。最后，通过建立综合立体全面的廉洁文化教育考核模式，使廉洁文化教育达到知、情、意、行的有机统一，实现教与学的有机融合。

二、创建高校廉洁文化教育"大平台"

"大思政课"视域下的高校廉洁文化既需要理论资源与实践资源，更需要历史资源与现实资源，在时空不断融合中发挥廉洁育人作用。高校应突破时间与空间的局限，整合创新教学资源，丰富课堂教学内容，打造内涵丰富、外延广泛的"大载体""大平台"。

一是要坚持历史与现实相结合，深入挖掘适合廉洁文化教育的教学资源，丰富拓展廉洁文化教育"大平台"所需的"大资源"。首先，搭建高校廉洁文化教育"大思政课"大平台要深度挖掘中华民族数千年来的丰富廉洁文化资源和历史故事,并结合党的最新反腐倡廉任务安排、目标规划、实际案例去讲好中国廉洁文化从何而来、为何重要、如何发展、如何落地生根等一系列的问题,引导培育学生诚信为人、德法兼修的职业素养,进一步提升大学生廉洁自律意识和防腐能力。其次,搭建高校廉洁文化教育"大思政课"大平台要立足实际,将廉洁课堂教学扎根广大基层、社会调查、实践基地的第一线,真正让红色景点、调研旅途成为流动的廉洁教育"思政大课堂"。最后,搭建高校廉洁文化教育"大思政课"大平台要将廉洁文化建设融入思想政治教育主渠道和主阵地,加强廉洁文化理论研究、案例探讨、课程设计和主题研讨等活动,形成一批高质量的廉洁文化教育融入大思政课的研究成果。

二是要坚持理论与实践相结合,深入挖掘适合廉洁文化教育的实践资源,丰富拓展廉洁文化教育"大平台"所需的"大载体"。一方面,高校要不断将廉洁文化教育"大课堂"与思想政治教育专业课、选修课相融合,大力挖掘课程思政中具有教育意义的廉洁育人元素,并将廉洁文化教育的理论知识和最新要求春风化雨、润物无声地融入其他通识课程教学中,形成"廉洁思政＋专业"的融合新范式。例如,开展"廉洁思政＋党史"(党史宣讲)、"廉洁思政＋财经"(新时代财经素养)、"廉洁思政＋社会学"(乡村振兴)等实践教学活动,充分拓展丰富廉洁实践教学的平台载体。另一方面,高校要充分发挥"大思政课"实践教学基地的实践育人优势,让广大青年大学生在田野调查与社会实践"第一线"深刻感悟理解廉洁文化的理论魅力。高校应将线上线下、课内课外、校内校外有机融合,建立社会实践资源库,形成系列优质的社会廉洁文化"大课堂"实践教育资源,定期组织开展适度、有效、具体的廉洁文化教育实践活动,搭建形成多元、协调、共进的廉洁育人"大平台"。

三、共建廉洁文化教育"大师资"

办好思政课关键在教师,关键在发挥教师的积极性、主动性、创造性。在"大思政课"视域下推进高校廉洁文化建设,高校应着重打造水平高、能力强、素质优的"廉洁＋思政"教师队伍,共建全员、全过程、全方位育人的"大资源""大师资"。

一是要加强"廉洁＋思政"教学专职队伍建设。高校教师应不断提升自己的廉洁理论水平和实践能力,确保廉洁思政教学富有成效。首先,高校要壮大"廉洁＋思政"教学专职队伍。高校可以通过选聘校外理论专家、党政干部、行业先锋、英雄模范等成为廉洁实践教学的兼职导师,建立专兼结合的廉洁教育师资队伍,共同指导开展廉洁文化教学活动。其次,高校要夯实教师廉洁理论根基,引导教师善于理论联系实际,凝练升华廉洁育人实践活动的理论意义,做到将清正廉洁之风全面贯穿于学生日常学习生活中,引导青年学生自觉树立自律意识和廉洁品质。最后,高校应强化教师廉洁教育社会实践锻炼,多开展以廉洁文化研究、咨询、宣讲等为主题的社会服务活动。定期组织全校师生参观廉政教育基地、观看廉政专题片或到红色教育基地现场教学,通过亲自参与、小组研讨、回顾总结等方式,让广大师生在丰富多彩的廉洁社会实践活动中进一步感知廉洁文化内涵、感悟廉洁文化魅力,切实增强廉洁文化教育的感染力和号召力。

二是构建全方位、全过程的廉洁育人协同"大机制"。高校应通过多方资源协同联动,努力实现廉洁思政课堂教学与社会实践活动有机融合、校内外实践育人资源共建共享,打造多元、协调、共进的廉洁育人协同"大机制"。一方面,要充分发挥高校领导主体作用。高校要把廉洁育人、廉洁教育教学作为学校重点工作来抓,通过校领导带头开展廉洁主题宣讲,邀请专家学者举办廉政专题讲座,各二级学院组织开展廉洁专题实践活动等形式分层、分类、分片对全体师生做到廉洁文化教育全覆盖,积极营造崇廉崇洁的校园文化氛围。另一方面,要充分发挥社会团体的重要作用,建立高校廉洁育人师资力量库,打造多方联动的廉洁育人实践平台,使高校廉洁育人工作在社会各界协助下焕发新生机。各高校要充分调动广大师生、校友、社会各界热心人士参与学校廉洁文化教育的积极性、主动性和创造性,进一步增强高校廉洁文化教育的感染力、渗透力、影响力,打造独具学校特色的廉洁文化教育"大品牌"和廉洁文化教育"大师资"。

(作者:刘思涓,西南财经大学中国西部经济研究院党委副书记;徐跃辉,西南财经大学中国西部经济研究院教师)

(三)廉洁教育嵌入专业课程

廉洁教育作为大学生立德树人教育的重要组成部分,其核心目标是通过多层次、多维度的教育路径,培育学生的廉洁品质。在这一过程中,思想政治课程无疑是主渠道,但单一依赖于思想政治理论课的教学无法实现全方位的廉洁教育。根据习近平总书记的指示,其他各类课程,尤其是专业课程,亦应承担起相应的德育功能。因此,将廉洁教育嵌入专业课程,是全面落实"立德树人"教育理念、形成"三全育人"格局的有效途径。

专业课程与大学生的职业发展息息相关,具有与学生实际生活和未来工作密切联系的特点。相较于理论化的廉洁教育,专业课程中的廉洁教育内容更为贴近学生的实际需求与未来职业生涯。将廉洁教育融入专业课程,并非生硬地将道德教育内容强行嵌入,而是要结合各专业的特点,挖掘其中潜在的廉洁教育因子。例如,某些专业领域本身就与廉洁问题密切相关,如会计、经济管理、医药、食品安全等行业。这些领域常因其特定的职业属性和职责要求,容易滋生不正之风或腐败问题。通过在专业课程中融入相关廉洁教育内容,可以有效唤起学生对职业伦理的关注,增强他们对廉洁规范的认知和自觉遵守的意识。

将廉洁教育有机融入专业课程的教学体系,有助于提升学生的廉洁认知、培养廉洁情感和规范廉洁行为。例如,在经济管理类课程中,通过分析会计、审计等职能部门中的廉洁问题,结合真实案例和法律法规,对学生进行警示教育,引导他们树立正确的职业操守;在医学课程中,通过讨论医疗行业中的职业道德和行为规范,引导学生关注医德问题,认识到个人职业操守与社会责任之间的密切联系;在食品安全课程中,通过分析典型的食品安全事件，引导学生理解行业监管的重要性及其对社会的深远影响。这样的教学方式，不仅能够丰富廉洁教育的内容体系，还能使学生在真实的职业情境中深刻理解廉洁对个人发展、社会和行业发展的深远意义。

将廉洁教育嵌入专业课程，是高校在培养学生专业素养的同时，注重其道德修养的具体体现。当前，许多高校在专业课程教学中更多侧重于传授专业知识与技能，而对德育功能的重视不足。高校应当摒弃仅注重专业知识传授的传统教学模式，积极挖掘专业课程中的廉洁教育因子，将廉洁教育有机地融入专业课程的知识体系之中。这一方式，不仅能够消除专业课程与廉洁教育之间的割裂，更能实现知识传授与道德教育的有机结合，从而促进学生全面发展。

廉洁教育融入专业课程，不仅能在课堂教学中落实"立德树人"教育要求，也有助于形成以学科为载体的廉洁教育长效机制。这种跨学科、跨领域的教育模式能够打破学科之间的壁垒，推动廉洁教育与专业知识的深度融合，保障大学生廉洁品质持续和稳定发展。通过在专业课程中嵌入廉洁教育，大学生不仅能掌握专业知识技能，还能在今后的职业生涯中始终坚守廉洁和职业操守，真正实现知行合一。

二、营造"四种风气"孕育大学生的廉洁情感

高校要通过倡导"廉洁自律"的作风、打造"严谨治学"的学风、建设"公正廉明"的教风、营造"风清气正"的校风来建立公正廉洁的校园风气，用廉洁的校园环境培育大学生的廉洁情感，从而达到廉洁品质培育的目的。

（一）廉洁自律的作风

廉洁自律的作风是指个体在行为规范、道德准则和日常生活中展现出来的自我约束和高尚品质。这种作风不仅是大学生培养良好生活习惯的内在需求，也是高等教育机构营造优质育人环境的核心保障。廉洁自律作为一种内在驱动力，能够引导学生在复杂多变的社会环境中保持清正廉洁，进而为个人的品德塑造和社会的稳定发展奠定坚实基础。

推动廉洁自律的作风，必须强化"重学习"的理念。学习不仅是学生的本职工作，也是其形成廉洁自律作风的根本途径。高校应当注重学生的科学文化知识教育与思想政治觉悟的提升，形成全面的知识结构和世界观、人生观、价值观。通过不断加强学科建设和课程改革，不仅能够提高学生的专业素养，还能够强化其对社会责任和道德义务的认知。在这一过程中，理论教育尤为关键。加强理论学习不仅有助于学生树立正确的价值观和人生观，还能深刻影响学生的道德自律，形成自觉遵守社会规范的行为习惯。通过系统的教育和培养，大学生在知识和思想的双重影响下，能够在日常生活中自觉践行廉洁自律的作风。

廉洁自律的作风要求大学生从"小节"做起,注重行为的细节管理。高校应当从学生的日常学习及生活细节入手,加强对不良行为的监管与引导。无论是对铺张浪费、攀比消费等行为的早期干预,还是对"微腐败"现象的及时纠正,都是确保学生廉洁自律作风形成的重要措施。通过"早发现早治疗"的方式,校园内的不良之风能够得到有效遏制,学生在日常生活中形成自觉、规范的行为习惯。在这一过程中,学校不仅是廉洁自律作风的引领者,也应当成为道德行为的监督者,确保学生在微观层面自觉践行廉洁精神。

廉洁自律的作风要求学生在"独处时"的行为也能保持高度的自律。慎独是儒家文化中关于道德修养的重要思想,强调个体在独处时应更加严于律己,保持高尚的品德。对于大学生而言,慎独不仅仅是道德修养的体现,也是廉洁自律的试金石。在公共场合,人们的行为常常会受到他人监督,容易趋向规范和高尚,而在无监督的私人空间中,个体的行为则更能体现其内在的道德素养。高校应当通过思想教育引导学生深入理解慎独的意义,使其在独立的环境下依然能够自觉遵守行为规范、坚守廉洁底线。在这一过程中,大学生通过内心的自我修养,确保自己的言行始终一致,表里如一,最终在无监督状态下也能做到遵循道德和原则。

廉洁自律的作风是大学生良好品德的内在要求,只有通过持续的理论学习、细节管理和慎独修养,大学生才能逐步形成廉洁品质和长期稳定的自律习惯。这一过程不仅是个体道德修养的体现,也是高校教育中德育功能的具体落实,是实现学生全面发展的基础保障。

(二)严谨治学的学风

学风作为学校师生在科研学习与治学态度上的集中体现,不仅反映出学术氛围的浓厚程度,更深刻影响着学校的办学质量与师生的成长发展。它是高等教育机构在长期发展过程中逐步形成的独特精神风貌,也是学校教育理念和文化传承的重要组成部分。严谨治学,作为一种求真务实的学术态度,要求学校和师生在科研、学习过程中保持高度的责任感与敬业精神,杜绝浮躁和急功近利的风气,从而营造一个有利于知识创新和文化传承的学术环境。

激发学生的学术兴趣,是形成严谨治学学风的重要基础。兴趣是最大的内在驱动力,学生一旦对学术产生浓厚兴趣,便能够自觉地投入学习与研究,形成积极向上的学习态度。然而,在实际教育过程中,部分学生由于缺乏兴趣,可能会产生厌学情绪,进而出现抄袭、作弊等违纪行为。为此,高校应当注重根据学生的特点和需求因材施教,注重学术兴趣的培养与引导。引导学生发现学科内在的魅力与价值,激发他们的求知欲望,使其从被动学习转变为主动探索,从而提升学习的内生动力。通过兴趣的培养,学生不仅能够享受学习的过程,更能够在学习中养成严谨治学的态度,形成符合学术要求的行为规范。

发挥榜样的引领作用,是推动严谨治学风气的有效途径。榜样的力量具有无可比拟的教育价值。高校应当挖掘并宣传学术领域中的典型人物及其事迹,以此激励学生树立正确的学术观和治学观。师生中的优秀人物和学术事例,能够成为学生学习的榜样和行为的典范,促进学生树立严谨治学的信念。此外,学生干部和党员团员的模范作用也不可忽视。作为学生群体中的先锋力量,学生干部通过自身的行为展现了学术追求与严谨作风,能够在同学中产生深远的示范效应。通过学生干部和党员团员的带动,可以形成积极向上的学术氛围,推动严谨治学的风气在广大学生中蔚然成风。

建立严格的管理制度,是确保严谨治学风气得以贯彻的关键环节。高校要加强学业管理,摒弃"应付式学习"的现象,避免学生依赖考试临时突击的学习方式。学生在平时学习中的松懈态度,往往导致"考前抱佛脚"的不良风气蔓延,严重影响学术水平的提升。为了扭转这一局面,高校应当加强课程管理与评估,确保评价体系的公正与科学。同时,还需严格考试制度,杜绝教师"放水"或"划重点"的行为,保证学生在学术上通过扎实的学习获得成绩。这种规范化的管理体系能够有效地提升学生的学习态度和治学精神。

严厉打击学术不端行为,维护学术风气的纯洁性。随着学术环境的日益复杂,学术腐败现象屡见不鲜,如抄袭、作弊、数据造假等行为,严重损害了学术诚信和科研道德。高校应建立完善的监督机制,严肃处理学术不端行为,制定严格的学术审查制度,对违纪违规行为实行零容忍。通过对不正之风的坚决整治,可以有效遏制不良学风的蔓延,确保严谨治学的学术环境得到保障。通过严肃的学术管理和制度约束,形成全体师生共同遵守的学术规范,从而在全校范围内形成严谨治学的学风。

严谨治学的学风是高校教育质量的重要保障,是培养学生严谨态度与创新能力的基础。通过激发学术兴趣、发挥榜样作用、强化制度建设和打击学术不端行为,能够有效推动严谨治学学风的形成,促进学生学术水平与综合素养的全面提升,最终实现高等教育的培养目标。

(三) 公正廉明的教风

教风作为教师在教学过程中形成的独特风格,体现了教师在教育工作中的工作态度、教学方法、精神风貌与职业操守。它是学校教学质量的体现,对学生的价值观、思想观念和行为规范产生深远影响。构建公正廉明的教风,是促进教师德才兼备和学生全面发展的重要保证。一个具有公正廉明教风的教育环境,能够为学生树立正直、廉洁的榜样,进而影响其个人道德品质的塑造与社会责任感的增强。

强化教师师德师风建设,是树立公正廉明教风的基础。教师不仅是知识的传授者,更是学生思想品德的塑造者。教师的思想政治水平和职业道德不仅直接影响学生的行为习惯,也塑造着他们的世界观。高校应加强对教师的思想政治教育,确保其思想与党和国家的方针政策保持一致。教师应通过自我反思与自我修养,不断提高道德素质、增强职业操守,时刻将廉洁自律作为行为准则,做到教书与育人并重。高校应建立健全教师廉洁教育机制,定期组织教师进行廉洁文化学习,开展形式多样的廉洁教育活动,以此加强教师的廉洁意识和自律能力,确保教风的清正与公正。

加强教师的理论培训和专业素养,是提升公正廉明教风的重要途径。教师的专业素养与理论水平是提升教学质量、强化师德师风的关键。高校应为教师提供持续的学术和职业培训,推动他们在教育理念、教学方法和学术研究等方面不断进步。终身学习不仅能够提升教师的教学能力,也有助于其在教学实践中更好地体现公平公正的原则。尤其是在廉洁文化教育方面,高校应加大力度,定期开展有关法律法规、职业道德和社会责任的培训,强化教师的廉洁意识和纪律意识,从而确保教师在教学过程中遵循公正、公平、廉洁的原则。

高校要依据社会主义核心价值观的基本要求,推动教风建设长效机制的建立。这一机制应包括制度建设、文化建设和监督反馈等方面,确保教师的行为规范能够在日常教学中得到有效落实。通过完善教师职称评审、绩效考核等制度,明确教师的道德和行为标准,鼓励教师在教学中做到公正、廉洁,确保教风建设能够长期持续推进。同时,应在学校内形成以教师为主体的良好教风氛围,让每一位教师都能自觉地遵循教风要求,从而推动整个校园风气的改善。

建立完善的教风监督与考核机制,是确保公正廉明教风得以有效落实的保障。教风监督不仅应依靠行政管理,还应广泛吸纳学生的反馈意见。通过建立定期的教风评价体系,包括学生评价、同行评价以及自我评价,能够全面了解教师在教学过程中是否严格遵循公正廉明的原则。高校应通过问卷调查、在线反馈等多种方式,及时了解教师在课堂上的表现,确保教师的行为符合学校的教育规范。在此基础上,学校应根据评价结果对教师进行激励与约束,建立奖惩分明的考核机制,确保教师的教风得以持续改进和优化。同时,对于那些屡次考核不合格的教师,学校应进行必要的培训与整改,直至其达到学校的教风要求。

构建公正廉明的教风,不仅是提升教学质量的需要,更是加强教师职业道德建设、促进学生全面发展的重要保障。在此过程中,高校应从教师师德建设、理论培训、长效机制和监督反馈等多个维度进行全面推进,确保公正廉明的教风在校园内得以落实,形成健康、积极的学术氛围。

(四) 风清气正的校风

校风是指在高等院校中,长期积淀并逐渐形成的校园整体精神面貌、行为规范与文化氛围,它是学校办学理念与教育实践的集中体现。风清气正的校风不仅反映了学校的教育质量与管理水平,也直接影响着学生的价值取向与道德风尚。要构建风清气正的校风,不仅需要依托作风、学风与教风的有机结合,还需要注重校园廉洁文化的深入培育,以此推动校风的全面健康发展。

营造风清气正的校风，必须以校园廉洁文化为根基。廉洁文化作为推动风清气正校风的重要力量，它的建设关乎学校精神文明建设的广度与深度。高校应通过多元化的文化载体，营造具有浸润性和感染力的廉洁文化环境。通过在校园内广泛布置具有象征意义的廉洁文化元素，如雕塑、壁画及名人名言等，能够在视觉和精神层面加强廉洁文化的传播，使廉洁意识深入人心。这种文化载体不应局限于物质空间的构建，也应扩展至行为习惯和日常生活的各个方面，通过这些方式促进校园廉洁文化的自然流露。

充分发挥校园媒体的宣传教育功能，是营造风清气正校风的重要手段之一。随着新媒体的迅猛发展，传统校园媒体和新媒体结合使用，已成为弘扬校园廉洁文化的有效渠道。通过校园广播、宣传标语、公众号以及微博等现代传播平台，学校能够持续不断地传递廉洁文化的核心价值与理念。这些媒介不仅在时间上可以形成持续性和广泛性，在空间上也能达到全覆盖，形成全方位、多层次的文化传播效应。此外，借助这些平台，学校可以定期开展廉洁文化专题报道、讲座和在线互动活动，进一步加强学生对廉洁文化的认知与理解，进而实现潜移默化的教育效果。

构建规范的管理机制与加强监督考核，能够为校园廉洁文化的深入实施提供有力保障。学校应把廉洁文化建设纳入校园制度建设的核心内容，形成完善的规章制度与管理框架，确保廉洁文化在日常教学、行政管理和学生活动中贯彻落实。通过建立廉洁文化建设专项考核机制，学校能够系统地评估各部门及师生的参与情况与落实效果，并根据考核结果进行奖惩。学校还应强化对教职工和学生的廉洁教育和监督，建立定期审查与反馈机制，确保学校的廉洁文化建设始终保持良好的发展态势。

拓展阅读

营造启智润心的廉洁氛围

来源：中国纪检监察报　中工网　2024－05－16　10:27

在二十届中央纪委三次全会上，习近平总书记强调加强新时代廉洁文化建设，要求"深入开展党性党风党纪教育，传承党的光荣传统和优良作风，激发共产党员崇高理想追求""积极宣传廉洁理念、廉洁典型，营造崇廉拒腐的良好风尚"。这一系列重要论述，为加强新时代廉洁文化建设、筑牢拒腐防变思想堤坝提供了根本遵循。高校肩负着"为党育人、为国育才"的光荣使命，是廉洁文化建设的重要阵地，必须深入学习贯彻习近平总书记关于党的自我革命的重要思想，按照党纪学习教育的部署要求，在教育教学中持续营造良好的政治生态、育人生态、文化生态，努力培养更多让党放心、爱国奉献、担当民族复兴重任的时代新人。

强化风清气正的政治生态。办好我国高等教育，必须坚持党的领导，牢牢掌握党对高校工作的领导权，使高校成为坚持党的领导的坚强阵地。要旗帜鲜明以习近平新时代中国特色社会主义思想为指引,坚持党的全面领导,不断强化政治责任,深刻领悟"两个确立"的决定性意义,提高做到"两个维护"的政治自觉、思想自觉、行动自觉,筑牢高校政治生态的基石。要把强化高校师生理论武装作为常抓不懈的政治任务,多读原著、勤学原文、深悟原理,坚持用党的创新理论武装头脑,持续提高政治站位,坚定正确政治信仰,全面贯彻党的教育方针,落实立德树人根本任务,落实严慎细实的工作作风,让广大教师廉洁从教、管理人员廉洁履职、青年学生廉洁向上。要促进高校依法治理,高校教育工作者要对"国之大者"心中有数、对"校之要者"胸中有责、对办学治校思路举措手中有招,稳妥推进人才培养、师资队伍、科学研究、选人用人等领域改革,提升教育治理体系和治理能力现代化水平。要以廉洁教育为有力抓手,强化基层党组织政治功能和组织力凝聚力向心力,推动党的全面领导和全面从严治党在高校走深走实,把高校的教育优势、科技优势、人才优势转化为发展优势,为办好人民满意的教育提供组织保证和纪律支撑。

发挥廉洁文化的教育功能。高校是教育人、塑造人的重要阵地,是学生接受廉洁教育的重要课堂,廉洁教育与每位师生息息相关。也要看到,大学发展中还存在一些短板和弱项。有的老师政治素养不够、理论基础不牢,以致出现师德滑坡、师风触线等问题;有的管理人员政治定力不够、理想信念不牢,面对利欲诱惑出现贪腐现象等。近年来,腐败案件呈现年轻化、高知化的趋向,迫切需要通过廉洁文化教育,早抓一步、抓深一层,帮助广大师生筑牢思想防线、坚守纪律红线,确保他们不偏离方向,平稳走好人生道路。必须发挥好廉洁文化的教育功能,把廉洁教育融入课堂、融入日常,把廉洁文化纳入教育教学计划和干部教师培训计划,通过开设廉洁教育专门课程和培训等,向青年师生讲授廉洁文化,分析反腐败斗争形势与任务,阐释党中央全面从严治党的坚定决心和显著成效,引导师生树牢清廉意识,认真践行社会主义核心价值观,督促扣好人生的第一粒扣子。

营造崇德尚廉的大学文化。在中华优秀传统文化和百年党史之中,蕴含着丰富的廉洁元素。高校在弘扬廉洁文化、树立社会正气中承担着特殊职责,要把廉洁文化融入校园文化建设,营造启智润心的廉洁氛围。廉洁文化是中华优秀传统文化的重要组成部分,其中蕴藏着"崇德尚廉""廉为政本""持廉守正"的优良基因。我国古代流传下来许多廉政记载,比如公孙仪嗜鱼而不受鱼,子罕以不贪为宝,许衡坚守"我心有主",林则徐信奉"无欲则刚"等,这些故事充满智慧,对我们增强廉洁意识、塑造廉洁品行具有重要意义。我们应当结合时代条件加以继承发扬,促进师生廉洁知识内化,推动廉洁素养养成。从百年党史中感悟廉洁文化和共产党人风骨。我们党历来高度重视廉洁文化建设,清正廉洁是我们党的政治本色,节俭朴素、力戒奢靡是我们党的优良传统。要传承和弘扬党的光荣传统,让党的优良传统、红色基因、伟大精神等深入师生思想和心灵。要通过师生喜闻乐见的形式和载体,拓展廉洁文化传播广度深度,多措并举推动开展廉洁文化教育宣传周、廉洁主题党团日活动等,守正创新加强廉洁文化长廊、廉洁文化景观等各类廉洁文化载体建设,推动形成以清为美、以廉为荣的廉洁校园文化氛围。

高校在党和国家治理体系中居于特殊地位,责任重大、影响深远。随着新时代教育科技人才工作一体推进,高校作为人才中心和创新高地的使命更加重要,勇当基础研究的主力军和重大科技突破的策源地的责任更加艰巨,培养好德智体美劳全面发展的社会主义建设者和接班人的任务更加光荣。广大高校教育工作者,必须自觉提高政治站位,从以中国式现代化全面推进强国建设、民族复兴伟业的高度出发,全面贯彻落实一体推进不敢腐、不能腐、不想腐的重要要求,切实把高校打造成为廉洁文化高地。

(徐川,南京航空航天大学教授,江苏省监委特约监察员)

三、强化"两个教育",坚定大学生的廉洁意志

(一) 理想信念教育

理想信念不仅是人生道路上的指引,更是推动学生思想觉悟提升和道德行为规范养成的根本力量。在高等教育阶段,强化理想信念教育对于培育大学生的理想主义精神和价值认同具有不可替代的作用。特别是在培养其廉洁自律意识、塑造健康价值观的过程中,理想信念教育展现了独特的优势与深远的影响。

理想信念教育有助于构建大学生的思想基础和精神支柱。理想信念的坚定是大学生精神世界的重要组成部分,是他们未来面对挑战时,保持正确价值导向、抵御外界诱惑的内在力量。大学生时期是价值观形成和人生观确立的关键时期,理想信念教育通过系统的理论引导和思想培养,使学生能够在复杂多变的社会环境中形成稳定的道德观和世界观。高校应以马克思主义理论为指导,结合新时代中国特色社会主义思想,深入开展理想信念教育,确保学生在思想上始终保持清晰的方向感。通过深入学习理论,学生能够从根本上树立正确的人生目标和培养社会责任感,进而为日后的成长和职业生涯打下坚实的思想基础。

理想信念教育能够有效促进大学生廉洁品质的养成。理想信念不仅仅关乎个人理想的实现,更与个人的道德操守密切相关。大学生的思想观念和行为模式,往往受到理想信念的深刻影响。在这一过程中,理想信念教育不仅要关注学生对未来的理想和追求,更要强化廉洁意识的培养,使学生在追求理想的同时,能够坚持廉洁自律,远离腐化和不正之风。通过将理想信念与廉洁文化相结合,大学生不仅能从宏观上理解个人与社会、国家之间的关系,还能够在微观层面形成内在的道德约束,确保其在未来的职业生涯中始终保持清正廉洁的品质。这一教育过程不仅是个人品德的塑造,更是社会责任感的培育,能够使大学生在成才的道路上保持清醒头脑,避免被权力、利益等因素诱惑。

理想信念教育有助于激发大学生的社会责任感和历史使命感。作为新时代接班

人,大学生肩负着民族复兴的重任,理想信念教育应当引导他们认识到自己的理想与国家、社会的长远发展紧密相连。通过树立与国家发展紧密结合的理想目标,学生能够将个人职业发展与民族复兴的伟大事业相统一,进而在个人选择和人生追求中自觉践行社会责任。高校应鼓励学生树立远大的理想,并积极引导其树立将个人成就与国家发展相结合的理念,进一步强化其服务社会、奉献国家的责任感。通过这种理想的引领与教育,学生能够深刻理解个人发展与社会进步之间的内在联系,将个人的价值实现与国家的未来命运紧密相连。

理想信念教育不仅是高校思想政治教育的重要内容,更是培养大学生全面素质的关键环节。通过系统的理想信念培养,大学生能够在未来的社会生活中保持坚定的价值观、清晰的道德准则,并在复杂的社会环境中做出正确的选择,成为具备高度社会责任感与廉洁品质的新时代青年。

(二) 职业规划教育

职业规划教育作为高等教育中重要的组成部分,对大学生的个性发展、职业发展以及廉洁意志的形成具有深远的影响。职业规划不仅帮助大学生明确个人目标,规划未来道路,还通过引导学生树立正确的职业价值观,从根本上影响其廉洁品质的塑造。在大学阶段,职业规划教育为大学生提供了一个系统性思考自我定位、目标设定与行动路径的框架,成为他们实现理想与社会责任融合的关键途径。

职业规划教育帮助大学生树立明确的学业目标,培养自律精神。大学生活与中学阶段的学习模式有着显著的不同,大学生需要更多的自主性与自律性。在这一转型过程中,一些大学生可能会出现目标模糊、缺乏方向感的情况,导致学业进展缓慢,甚至出现学业荒废的现象。因此,高校有责任通过职业规划课程,引导大学生确立个人学业目标,并根据专业要求和个人兴趣进行合理的职业目标设计。通过设定具体的学术与职业目标,大学生能够明确自己的人生方向与价值,避免随波逐流,进而在日常学习中培养出更加自律、更加自觉的行为习惯。通过目标的设立,大学生不仅能有效提升学习效果,更能够在不断追求目标的过程中,增强自我约束力,提升自我管理能力,为步入社会后遵守职业道德和廉洁自律打下坚实的基础。

职业规划教育有助于大学生形成正确的职业价值观。在当代社会,随着多元价值观的涌现,大学生的职业选择常常受到社会浮躁风气的影响,表现出功利化倾向。这种趋向不仅削弱了学生对职业本身的深刻理解,也导致部分学生在职业选择过程中忽视了社会责任和道德底线,追求个人利益至上。因此,高校职业规划教育应当通过课程内容的设置,帮助学生建立具有全局性、长远性和高度责任感的职业观。学生应认识到,职业不仅仅是个人经济收入的来源,更是实现社会价值与自我价值的途径。在这一过程中,高校应注重引导学生理性看待职业选择,避免过度追求名利、地位等外在标志,而忽视职业所承载的社会责任。通过强调职业的社会价值和个人价值的统一,学生不仅能够更好地规划自己的职业生涯,还能在未来的工作实践中坚守廉洁自律的原则。

职业规划不仅是个人发展的蓝图,它还涉及社会需求和集体责任。通过职业规划教育,学生能够在目标设定过程中,意识到自己所肩负的社会责任,并理解职业行为的社会效应。在这个过程中,学生将个人的职业目标与社会的整体利益相结合,进而形成正确的职业道德观念和廉洁意识。在未来的职场中,他们能够自觉遵循职业伦理,避免被利益驱使而失去自身的廉洁操守。这一教育过程对促进学生形成清正廉洁的职业素养,并推动整个社会的良性发展具有重要意义。

职业规划教育不仅帮助学生明确自己的发展目标,也为学生提供了一个践行理想信念、强化廉洁意识的教育平台。通过全面的职业规划教育,高校能够有效引导学生树立正确的职业观和价值观,帮助他们在追求个人职业目标的同时,始终保持清正廉洁的职业操守。

四、依托"四类活动"激活大学生的廉洁行为

廉洁行为是大学生的廉洁认知、廉洁情感、廉洁意志外化于行的结果。大学生能否将廉洁行为贯彻到实际生活的全过程,是检验高校廉洁教育成效的重要依据,也是检验大学生廉洁品质是否形成的主要标志。高校应充分重视大学生廉洁品质培育的实践过程,依托社团组织活动、党团教育活动、校园文体活动和社会实践活动,不断通过教育实践,激活大学生的廉洁行为。

(一)社团组织活动

廉洁教育类社团通过理论研究、宣传教育等形式,向广大学生传播廉洁自律的价值观,形成了有效的实践育人平台。廉洁教育类社团对学生廉洁品质的塑造起到了积极的推动作用,成为高校思想政治教育中重要的实践载体。通过社团活动,学生不仅能提升个人素质,还能在集体活动中形成廉洁的行为规范,从而为日后的社会生活奠定良好的道德基础。

社团组织活动作为实践育人的一部分,具有强大的教育功能。社团活动的开展,不仅能够帮助学生更好地理解和践行廉洁的核心价值,还能让学生在活动中体验廉洁的精神。相比于单纯的课堂教育,社团活动更具互动性和参与感,学生能够通过实际参与和思考,深化对廉洁教育内容的认知。廉洁教育类社团在这一过程中起到了纽带作用,能够让廉洁的理念渗透到学生的日常生活和集体活动中,促使学生将廉洁意识转化为实际行动。

借助全国廉洁社团网络的资源,高校能够有效提升本校廉洁教育类社团的活动质量。全国廉洁社团网络为高校廉洁社团提供了丰富的教育资源和活动方案,使得社团可以依托已有的活动框架和内容,快速开展相关教育活动,降低了活动的设计难度和实

施门槛。通过参与全国性的廉洁教育活动,如反腐败日的讲座、知识竞赛等活动,社团能够与全国范围内的廉洁社团保持良好的互动和合作,促进廉洁文化的传播与共享。此外,全国廉洁社团网络还为社团骨干提供了系统的培训和交流机会,增强了社团成员的廉洁素养和领导能力,进一步促进了社团活动的有效开展和长远发展。

高校应充分认识到廉洁教育类社团的重要性和作用,积极支持和推动社团活动的健康发展。加强对社团的指导与扶持,合理配置资源,并充分利用全国廉洁社团网络提供的支持,使廉洁教育在学生群体中得到更加广泛和深刻的普及。这不仅有助于学生个人品德的塑造,也有助于营造清廉的校园文化氛围,为社会培养具有良好道德修养的优秀青年人才。

(二)党团教育活动

党团组织在高校中承担着重要的思想政治教育功能,同时为学生提供了一个坚实的学习和成长平台。尤其是党组织,作为学生中的先进集体,其成员往往是学生群体中的佼佼者,代表着较高的学术水平、道德标准和工作能力。党团组织的影响力,在党团员身上展现得尤为明显,他们的言行举止和精神风貌,往往成为广大同学的榜样与参照。高校应当充分利用党团教育活动这一平台,推动廉洁教育深入开展,通过理论学习与实践活动相结合的方式,进一步增强大学生的廉洁意识,培养良好的行为习惯,营造浓厚的校园廉洁文化氛围。党团教育活动通常涵盖理论学习和教育实践两个核心部分。

在理论学习方面,党团组织依托党课、团课等形式,通过系统的廉洁文化教育,帮助大学生深入理解廉洁自律的重要性和内涵,从思想深处夯实廉洁的认知基础。这一过程不仅仅是知识的传递,更是对学生思想政治素质的提升。学生通过对马克思主义廉洁思想、社会主义核心价值观等理论的学习,可以树立正确的价值观和人生观,形成对廉洁自律的内在认同。

在教育实践方面,党团组织可以根据学校和社会的实际情况,开展形式多样、内容丰富的廉洁教育活动,促进学生对廉洁行为的自觉践行。例如,借助红色文化教育资源,组织学生参访红色教育基地,激发学生的历史责任感和廉洁情怀,进而促进廉洁意识的深化;通过参观警示教育基地,学生能够直观了解腐败行为的危害,从而增强廉洁自律的决心。开展此类活动能够激发大学生内心的廉洁情感,并帮助其在现实生活中践行廉洁行为。

党团教育活动可以通过丰富的校园实践项目,进一步激发学生的廉洁意识和行为。例如,开展"光盘行动",倡导节约资源,党员和团员在其中发挥示范带头作用,通过榜样的力量影响其他同学,培养勤俭节约、廉洁自律的良好品德。又如,"我为廉洁代言"活动,能够让党员和团员在实际行动中展现廉洁自律的模范作用,进一步带动更多学生形成廉洁意识。通过这些具体的实践活动,学生不仅能在行动中践行廉洁教育,还能通过集体的力量不断深化廉洁文化的普及，增强全体学生的社会责任感和集体主义精神。

党团教育活动作为廉洁教育的重要载体，能够通过党员团员的示范作用，推动廉洁理念的广泛传播。高校在实施廉洁教育时，应充分挖掘党团组织的潜力，充分调动党团员的积极性，发挥模范作用，通过多元化的教育形式和实践活动，增强学生对廉洁文化的理解和认同。同时，通过党团组织的引领作用，形成校园内外共同参与、共同推动廉洁教育的良好局面，为培养具有高尚品德的青年一代奠定坚实的基础。

（三）校园文体活动

校园文体活动通常是高校文化生活的重要组成部分，它是学生展示个性、锤炼身心的舞台，也是思想政治教育和道德培养的有力途径。在大学生群体中，文体活动已成为学生交流思想、激发创造力、培养团队协作精神的重要平台。作为一种形式多样、内容丰富的学生活动，校园文体活动不仅具有提升学生身心健康的功能，还承载着文化传承和思想引领的责任。特别是在廉洁教育方面，校园文体活动为廉洁文化的普及与实践提供了有效的载体，使廉洁教育能够通过潜移默化的方式，深深扎根于学生的思想和行为之中。

高校应当充分认识到，校园文体活动不仅仅是娱乐和休闲的途径，它还承担着培养学生道德情操、塑造健康人格的功能。组织具有廉洁主题的文体活动，能够有效地将廉洁教育与学生日常生活结合起来，促使学生在轻松愉悦的氛围中体验廉洁教育的内涵。例如，组织廉洁主题的晚会、情景剧大赛、诗歌朗诵会、歌唱大赛等，在活跃的校园文化环境中，将廉洁的理念融入学生的思想中。参与这些活动的学生，不仅能够展示自我，还能够通过对廉洁主题的理解和表达，加深对廉洁行为的认知和践行。这些活动在增强学生集体主义精神和文化素养的同时，也为廉洁文化的传播提供了生动的实践平台。

高校可以结合具有全球意义的纪念日，如国际反腐败纪念日，推动建立廉洁教育月，通过这一系列活动的组织，高校可以在全校范围内开展形式多样的廉洁主题文体艺术活动，形成浓厚的廉洁文化氛围。这不仅有助于增强学生的廉洁意识，还能通过多样化的活动形式激发学生对廉洁行为的内在认同。例如，廉洁文化展览、廉洁主题作品大赛、廉洁主题征文、辩论赛、演讲比赛等活动，可以有效促使学生在参与中思考和表达廉洁自律的价值观，从而在思想上形成廉洁的理念，在行为上自觉践行廉洁的规范。

高校通过这种方式，能够将廉洁教育与校园文化深度融合，使廉洁的价值观通过文体活动潜移默化地影响学生，培养其良好的道德品质。同时，廉洁教育的实施也能更具普适性和可持续性，通过文体活动的影响力，使廉洁文化深入每一位学生的日常生活，成为一种自觉的行为规范和精神追求。这种教育模式不仅契合现代大学生的思维方式和兴趣需求，也为培养具有高度社会责任感和良好道德素养的新时代青年提供了有效的实践途径。

(四）社会实践活动

社会实践活动不仅为学生提供了理论与实践结合的机会，也是培养学生社会责任感、增强社会实践能力的重要途径。通过社会实践，学生能够将课堂上学到的知识应用于实际情境，从而加深对社会的理解，提升综合素质。高校应当充分利用社会实践活动这一平台，将廉洁教育有机融入其中，以实际行动推动大学生廉洁行为的形成和践行。

在社会实践活动中，参观红色文化教育基地无疑是大学生增强廉洁意识、树立正确价值观的有效途径。通过带领学生参观具有历史意义的革命遗址、烈士陵园和纪念馆等地方，学生能够亲身感受，并在历史体验中去深刻领会廉洁自律的精神内涵。这种体验式的学习方式，使学生不仅能从书本中获得廉洁的理论知识，更能在情感上与革命先烈的崇高精神产生共鸣，从而激发他们自觉践行廉洁行为的内在动力。这种形式的社会实践活动，不仅增强了学生的历史责任感，还培养了他们的社会责任感和廉洁自律意识。

参观警示教育基地是增强学生廉洁自律意识的重要途径。警示教育基地通常通过展示腐败案件、剖析腐败行为的危害及其背后的深层次原因，促使学生反思廉洁自律的重要性。参观这些教育基地，学生能够清晰地认识到腐败带来的严重后果，增强对权力和责任的正确理解，明确在实际工作和生活中应坚守的廉洁底线。这种警示作用对学生的思想警觉性具有深远影响，有助于提升他们的道德素养和拒腐防变的能力，从而在未来的职业生涯中自觉践行廉洁行为。

高校还可以组建廉洁知识宣讲团，将廉洁文化传播到更广泛的范围。可以到基层、偏远地区开展廉洁教育活动，不仅能让更多的人了解廉洁的内涵，还能够加深学生对廉洁行为的认识和理解。在这一过程中，大学生扮演着知识传递者的角色，通过与不同社会群体的互动，不仅能拓宽自身的视野，还能提升自身的廉洁素养。这种社会实践通过宣传廉洁文化，帮助学生深化对廉洁价值观的理解，进而促使其在实践中不断强化廉洁行为，逐步培养良好的廉洁品质。

社会实践活动为廉洁教育提供了丰富的实践平台，通过参观教育基地、参与廉洁宣讲等活动，大学生不仅能够增强廉洁意识，还能增强自我约束力和社会责任感。将廉洁教育融入社会实践活动的各个环节，大学生参与社会实践，能够在实际行动中践行廉洁，进一步形成以廉洁自律为核心的价值观，推动个人和集体在社会中良性发展。

课后思考

1. 如何在多元化的教育背景中，精准地识别和应用适合大学生廉洁品质培育的理论框架？
2. 在探讨大学生廉洁品质培育的关键要素时，如何平衡个人素质与社会环境之间的关系,避免片面强调某一方面?

3. 社会环境、家庭背景、学校教育等多种因素交织在一起,如何科学有效地整合各方力量,发挥最大的教育效应?

4. 关于科学路径的实施,如何确保培养路径的实际可操作性?

第四章

大学生职业视角中的廉洁意识

学习引言

随着社会对高等教育质量要求的不断提升,大学生作为社会未来的建设者和领导者,其廉洁品质的培养显得尤为重要。廉洁不仅是个人道德修养的重要体现,也是社会责任和职业道德的基本要求。通过对大学生廉洁品质培育的理论遵循、关键要素和科学路径的分析,本章旨在为教育者和学生提供系统的理论指导和实践路径,帮助学生树立正确的廉洁价值观,提升其道德素养。

知识目标

通过本章的学习,理解大学生廉洁品质培育的理论基础,掌握相关的廉洁教育理论和思想。掌握大学生廉洁品质培育的关键要素,明确影响大学生廉洁品行发展的内外部因素。掌握大学生廉洁品质培育的科学路径,能够运用科学的方法和策略推动廉洁教育的有效实施。

内容学习

第一节 职业规划中的自我认知与职业认知

一、职业规划中的自我认知

大学生积极的自我认知是职业生涯规划教育顺利开展的重要前提和基础。在开展大学生职业生涯规划教育工作中,应着力增强大学生自我认识、自我评价、自我管理和自我期望的能力,以进一步提升其职业生涯规划的能力[①]。

---

① 李娜.大学生职业生涯规划教育中的自我认知教育[J].教育观察(上旬),2014(5):32.

（一）兴趣认知

兴趣是人类行为的重要驱动力之一，它不仅影响个体的学习、工作和生活方式，也深刻影响着职业选择和个人发展的路径。兴趣的形成与发展是一个复杂的心理过程，受个人内在因素和外部环境的双重作用。根据兴趣的不同表现形式和影响程度，可以将其划分为不同的类型和层次。

1. 按照兴趣的性质划分

按照兴趣的性质，兴趣可分为直接兴趣和间接兴趣两类。两者在表现和影响上具有不同的特点，但它们并非彼此独立，而是相辅相成的。

直接兴趣是指个体对事物或活动本身的兴趣。这种兴趣通常表现为在活动过程中对不同的内容产生不同的热爱程度和享受程度。例如，一个人热爱舞蹈，沉浸于舞蹈的动作与节奏中，享受舞蹈所带来的精神愉悦和身体的灵活性。直接兴趣通常是一种内在的、纯粹的兴趣，它是驱动个体积极参与某项活动的直接动力。

间接兴趣与活动的结果或外部利益相关联。这种兴趣并不直接源于活动本身，而是源于活动所能带来的外部效应或结果。例如，尽管一个人并不热爱跳舞，但可以通过舞蹈塑形、健身，又或是通过参加舞蹈课程结交朋友，拓展社交圈。在这种情况下，舞蹈成为实现个人目标或需求的工具或手段，而兴趣的驱动力来自这些外部的附加效应。

2. 按照兴趣的内容划分

按照兴趣的内容可以将兴趣分为物质兴趣、精神兴趣和社会兴趣。

物质兴趣主要是指人们对某些物质和物质生活（如衣、食、住、行方面）的兴趣和追求。精神兴趣主要指人们对精神生活（如学习、研究、文学艺术、知识）的兴趣和追求。

社会兴趣主要是指对社会工作、人际交往等活动的兴趣（如加入青年志愿者、参加聚会、帮助孤寡老人）。

同一种职业可以满足人们不同种类的兴趣需求，但不同职业在这三个方面有不同的侧重。比如，兴趣中以物质兴趣为主的人，适合从事经济效益比较好的工作，在这类职业中，个体能够获得更大的满足。

3. 按照兴趣的深度和发展阶段划分

按照兴趣的深度和发展阶段，兴趣可分为有趣、乐趣和志趣三个阶段，这三个阶段反映了兴趣从初步产生到深度投入的发展过程。

有趣是兴趣发展的初级阶段，通常表现为对某个活动或事物的初步兴趣。这种兴趣常常由新鲜感和好奇心驱动，属于一种表面的、短暂的兴趣。例如，一个人可能因为一时的好奇心而尝试某项活动，这种兴趣往往缺乏深入的思考和长久的投入，随着时间的推移，兴趣很可能会消失。

乐趣是兴趣发展的中级阶段，它通常是对某项活动的深入体验所产生的兴趣。此时，个体不仅仅满足于表面的好奇心，而且通过深入参与和了解，逐渐培养出对该活动的喜爱和专注。乐趣阶段的兴趣具有更强的持续性和专一性，人们会在这一阶段投入更多的时间和精力，提升自身在该领域的能力和专业技巧。

志趣是兴趣发展的高级阶段，它通常与个体的理想、目标和人生追求紧密相关。志趣不仅仅是对某项活动的爱好和乐趣，更多是将其与个人的职业规划、社会责任感、长期目标结合起来。例如，一个人可能从对某项技能的乐趣发展到将其作为职业的目标，并希望将其作为一生的事业来追求。志趣具有明确的社会性和方向性，通常是长期目标和职业选择的内在动力。

（二）性格认知

性格影响着个体在生活中的各个方面，包括认知、情感和行为等。性格对个体的认知方式、情感反应和行为模式起着决定性作用，它们通过影响个体的思维方式、情感调节及应对策略等，塑造个体在日常生活和社会交往中的反应模式。

1. 认知方式

性格深刻影响个体的认知特征，尤其在思维模式、注意力集中程度以及逻辑推理能力等方面展现其独特作用。个体的性格特征不仅决定了他们的思维方向，还塑造了他们对信息的处理方式。外向型个体通常表现出较强的外部刺激接受能力，他们更倾向于通过社交互动和多元环境获取信息，并在思维过程中表现出较高的敏捷性和灵活性。与此相对，内向型个体则更多依赖于内部世界进行认知加工，他们的思维方式较为独立、深刻，善于进行自我反思和内省。性格上的差异导致了个体在处理信息时的不同倾向。例如，外向型个体可能会对快速的情境变化做出更强的反应，而内向型个体可能更注重深度分析和长时间的思考。

性格认知也对个体的注意力集中产生影响。外向型个体可能由于对外界环境的敏感度较高，容易分散注意力；内向型个体可以保持长时间的专注力，减少外部干扰的影响。因此，性格在认知过程中不仅塑造了个体的独特思维方式，还影响了他们对信息的选择、加工和处理方式。

2. 情感反应

性格对情感的表达和调节直接影响个体如何感知、表达和管理情感。不同性格的人在情感的表达上展现出明显差异。外向型个体通常较为乐观，容易展现积极的情感，如愉悦、兴奋和热情，他们更倾向于通过社交活动或与他人的互动来维持情绪的稳定和积极。而内向型个体可能更为内敛，情感表达较为克制，且更多是体验内心的思考与反省。在情感的波动上，外向型个体往往表现出较高的情绪起伏，易受到外部环境变化的影响；而内向型个体的情绪波动可能较为平稳，情感反应更加理性。

性格的差异影响着个体在面对压力和挑战时的情感调节能力。性格较为乐观的人通常具有较强的情感调节能力,他们在面对困难和压力时往往能保持积极的心态,采取有效的应对策略。而那些性格较为悲观或焦虑的人,在遭遇挫折时更加容易受到情绪的困扰,甚至会对未来产生过度的担忧,从而影响情感调节的效果。因此,性格特征不仅塑造了个体的情感表达方式,还在情感调节方面发挥着重要作用,决定了个体在面临外部压力时的反应策略。

3. 行为模式

性格在个体的行为表现上起到了核心作用,决定了个体如何在不同情境下采取行动。外向型个体通常表现出较高的社交动机和冒险精神,他们偏好与他人互动,参与集体活动,并在这些活动中寻求刺激和新奇感。此类个体通常表现得较为主动,善于在复杂和变化的环境中迅速做出反应。在职场或生活中,他们往往能迅速适应新的社交环境,积极寻求机会,并愿意接受不同的挑战。相较之下,内向型个体则更注重自我思考和独立行动,他们更倾向于独处,喜欢在安静的环境中深思熟虑后做出决策。内向型个体通常不易被外部环境干扰,较为谨慎和保守,在面对决策时更倾向于权衡利弊并寻求最佳方案。

性格决定了个体在面对压力和挑战时的行为应对方式。具有冒险精神的个体往往在挑战面前展现出果断和主动的行为特征,他们愿意冒险尝试新事物,寻求解决问题的创新途径。性格较为谨慎的人则更倾向于回避风险,他们在面对未知和不确定的情境时,可能会采取更加保守的策略,避免承担过多的责任和压力。这种行为上的差异在集体决策和危机管理中尤为突出。性格的不同使得个体在面对社会生活中的各种情境时,展现不同的行为倾向和应对策略,从而影响了他们在团队中的角色和社会交往的方式。

二、职业规划中的职业认知

职业是劳动者参与社会分工,利用知识和技能,为社会创造物质财富和精神财富,获取合理报酬,并满足精神需求的一种社会劳动岗位。它是个体与社会相互联系的阶梯或媒介,既是劳动者的生活保障,又是人生的一种精神寄托[①]。

(一) 职业的分类

职业分类是一项基于特定标准和方法的系统性任务,其目的在于根据一系列明确定义的分类原则,对社会中从事各种专门化职业的从业人员进行全面、系统的划分与归类。这一过程旨在更好地理解和组织社会中的职业结构,使其更具可管理性和可解释性。

---

① 许勤,周焕月.大学生职业生涯规划与发展[M].西安:西安交通大学出版社,2017:2.

职业分类依赖于一定的标准和方法,这些标准可能包括教育背景、技能要求、工作职责等方面的要素。通过对这些要素进行分析和综合考量,可以确立一套科学合理的分类体系,有助于明确不同职业之间的关系和区别。

职业分类依据一定的分类原则。这些原则可能涉及职业的性质、行业归属、技能水平等方面的特征,以确保分类体系的合理性和实用性。通过明确定义的原则,可以建立一个清晰而有序的职业分类框架,为从业人员提供明确的职业方向和发展路径。

职业分类的目标之一是对社会职业进行全面、系统的划分与归类。这意味着不仅需要考虑单个职业的特性,还需要考虑不同职业之间的关联和相互影响。通过系统性的划分,我们能更好地理解社会中各种职业的分布和结构,为政府、企业以及个体提供有效的规划和决策依据。

(二) 职业环境的认知

职业环境的认知是个体在职业规划过程中不可或缺的组成部分。一个人的职业生涯不仅受个人能力、兴趣、性格等因素的影响,还深受外部环境,特别是社会、学校和家庭环境的制约与塑造。

1. 社会环境

社会环境指的是个体所处的宏观社会条件,包括经济、文化等多个维度。这些因素不仅影响着职业市场的供求关系,也在不同层次上塑造着个体的职业认知与选择。

社会经济环境直接影响到职业发展的机会与限制。经济发展水平、产业结构调整、劳动市场需求等因素决定了哪些职业会得到优先发展,哪些职业会逐渐消失。例如,在信息技术、绿色能源等行业蓬勃发展的背景下,相关领域的职业需求急剧增加,个体若能够精准把握这一社会经济趋势,将可能获得更多的职业机会。而对于那些受到经济萎缩或行业衰退影响的职业,从业人员则可能面临更大的职业挑战与压力。因此,社会经济环境的变化和发展趋势,要求个体能够敏锐地捕捉职业市场的变化,制定相应的职业规划。

社会文化环境对职业认知和价值观的形成具有深远影响。社会的价值观、文化传统以及对职业的认同度,往往影响个体对不同职业的态度和选择。例如,在一些传统文化中,某些职业可能被视为具有较高的社会地位和声望,而在现代社会,随着文化观念的开放与多元化,职业的评价标准也变得更加多样化。个体的职业选择往往与他们所处的社会文化环境紧密相关,这种环境不仅影响个体对职业的认同,也塑造着他们对职业成功的理解和追求。

2. 学校环境

学校所具备的校园文化、社会网络等,都会直接或间接影响到学生的职业认知和职业选择。

校园文化在很大程度上影响了学生的职业理念和个人价值观。校园文化通常包括学校的教育理念、学术氛围、行为规范等方面，这些文化元素会潜移默化地影响学生的思维方式、行为模式和职业态度。例如，具有创新精神和开放思维的校园文化往往鼓励学生开展创业活动，追求个人职业发展的多样性；强调传统学术严谨性和学术研究的校园文化，则可能使学生更倾向于学术研究和教育事业。校园的文化氛围为学生的职业规划提供了价值导向和思维方式，帮助学生明确适合自己的职业领域和发展路径。

校园的社会网络资源对于学生的职业规划也具有重要的影响。通过校园内的学术活动、社团组织、职业发展中心等，学生能够建立起与业界人士的联系，获得行业信息，参与实习实践等，从而提前接触职业世界，积累宝贵的社会经验。这些社会网络不仅帮助学生了解市场需求和行业趋势，还为他们的职业发展提供了宝贵的人脉资源。尤其是对于一些有志于从事特定行业或职业的学生而言，学校内外的社会网络可以成为他们职业发展的"跳板"，为未来的就业或创业打下基础。

3. 家庭环境

家庭环境是个体成长过程中最基础且最为深远的环境之一。家庭对个体的影响体现在多个方面。

家庭的软环境，包括教育方式、家庭结构、父母的价值观等，直接塑造着个体的性格和行为模式。家庭教育的方式直接影响孩子的自我认知、情感调节、社交技能等，这些因素在职业规划过程中会对个体的职业认知产生重要影响。例如，具有开放性和支持性的家庭环境，能够鼓励孩子发展多元化的兴趣和技能，帮助其形成自主选择职业的能力；而过于保守和控制的家庭环境可能会限制孩子的职业选择，使他们更多依赖于父母的意见而非自身的兴趣和能力。

家庭的硬环境，包括家庭经济状况、资源分配和父母的教育背景等，也在个体的职业规划中发挥着重要作用。家庭资源较为丰裕的个体，可能有更多机会接受更高水平的教育，参加更多的职业培训和社会实践，进而拥有更多的职业选择机会。而家庭经济条件相对薄弱的个体，可能面临更多的职业选择限制，他们可能更多地考虑到职业的稳定性和收入水平，以确保自身的经济独立和家庭的经济支持。

第二节　廉洁在职业生涯中的重要性

在当今社会，廉洁是职业生涯中的核心要素之一，具有深远的意义。无论是个人的职业发展，还是组织的长期利益，廉洁都在其中扮演着至关重要的角色。廉洁不仅体现了个体的道德修养，还关乎职业道德的建设、职业信誉的提升、社会认同的获取以及职业生涯的长远发展。

一、促进职业道德建设

职业道德是职业活动中的行为规范与道德准则,涉及从事某项职业时所应遵循的道德标准和行为要求。廉洁作为职业道德的核心要素之一,对个体职业行为的规范和职业精神的塑造具有深远影响。廉洁不仅是一种外在的行为规范,更是一种内在的精神驱动力,推动个体始终保持清正、廉洁、自律的行为模式。

廉洁有助于加强个体对职业道德的认同。职业道德的建设离不开对诚信、正直、责任感等基本道德价值的坚守。廉洁的个体常常能够在工作中保持诚实守信,遵循法律法规,防范不正当行为,形成良好的职业操守。而廉洁行为不仅限于遵守外部规范,它更反映了一个人内心对"公正"和"诚信"的高度认同与坚持,逐步形成个人独特的职业道德观。

廉洁有助于抵御职业诱惑。在职业生涯中,许多情况下个体可能面临诱惑和压力,如职场中的不正之风、"潜规则"、同事之间的非公平竞争等。这些诱惑可能让个体偏离道德轨道,选择短期获益的路径。然而,廉洁的品格使个体能够坚持自我约束,始终站在道德的高地,抵制诱惑和不正当的利益交换。正是这种廉洁自律的行为,塑造了一个职业人坚守道德底线的品质。

个体通过将廉洁作为职业道德的核心内容加以培养,不仅能提升自身的职业道德水平,也能够在团队和组织中形成正直、廉洁的氛围,促进整个工作环境的健康发展。

二、提升职业信誉与社会认可度

职业信誉是个人在行业、公司、社会中所积累的声誉与信誉度,是评估一个人在专业领域内是否值得信赖、是否具备职业能力以及是否符合道德标准的重要标尺。廉洁行为无疑是塑造职业信誉的基石。廉洁不仅意味着行为上的规范,更是在职业发展过程中,个体始终坚持诚信和自律,遵循行业准则,拒绝不正当的商业行为和利益交换。

廉洁行为能够增强个体的职业信誉。职业信誉的建立离不开长期的诚信积累,而廉洁正是维系诚信的基石。无论是人际交往中,还是职场竞争中,廉洁的个体往往能通过诚实守信、公正无私的行为赢得他人的信任与尊重。职业信誉是一个人职业发展的重要资本,具有长期的积极效应,能够为个人赢得更多的机会、资源和支持。

廉洁行为能够促进社会的广泛认可。在现代社会,尤其是商业和职场竞争日益激烈的环境中,个体的职业形象和社会认同感在职场中扮演着重要角色。廉洁行为使个体在社会和行业内建立良好的形象,不仅赢得同事、领导和客户的尊敬,也获得社会的广泛认可。社会的认可与信任是职业发展的重要保障,它能够帮助个体在职业道路上获得更多的机会和支持,进而实现更高层次的职业目标。

社会对廉洁行为的认同,不仅体现在对个体职业声誉的认可上,还体现在对其工作的支持和赞赏上。当个体始终保持廉洁行为时,他不仅能够在行业内赢得信任,还能够在社会中形成正向的影响力,促进社会的诚信文化建设。因此,廉洁行为不仅是职业信誉的体现,更是个体和社会之间良性互动的纽带。

三、有助于职业长远发展

职业生涯的长远发展,往往受到多种因素的影响,其中包括个体的能力、职业规划、行业变化等。然而,廉洁作为职业发展中不可忽视的道德因素,其作用常常被低估。实际上,廉洁不仅是职业成功的道德基础,还是职业生涯稳步发展的重要保障。

廉洁行为能够确保职业生涯的可持续发展。在职场上,虽然个体可能会面临一些短期利益的诱惑,但长期来看,不诚信和不廉洁的行为往往会带来职业生涯的极大风险。这些行为不仅会导致失去职业声誉,还可能导致法律诉讼、职业停滞甚至失业等严重后果。因此,保持廉洁的职业行为,可以有效避免这些职业陷阱,确保职业生涯的稳步发展和长期稳定。廉洁使个体能够在竞争激烈的职场中,始终保持清晰的道德判断和决策方向,在长期的职业实践中积累经验、提升能力,并最终实现长远的职业目标。

廉洁行为能够促使个人在职业生涯中不断获得新机会。在职场中,个体的职业成长往往伴随着新机遇的出现。那些保持廉洁行为的人,往往能够在职业发展的过程中,获得更多的资源和支持。廉洁行为不仅使个体保持清正的职业形象,还能增强其职场竞争力,获得更多发展机会。反之,不廉洁的行为往往会使个体在职业生涯中面临重重障碍,甚至失去职业发展的机会。

廉洁能够促进个体和组织之间的双向发展。在现代职场中,个人的成长往往离不开所在组织的支持与培养。个体的廉洁行为可以增强组织的诚信氛围,使组织在整个行业中树立良好的形象,从而推动组织的发展,而组织的发展又会为个人创造更多的职业发展机会。因此,廉洁不仅有助于个人职业的长远发展,也对组织的可持续发展起到积极推动作用。

第三节　职业视角开展大学生廉洁教育的措施

常见的校园廉洁文化教育活动形式通常包括观看廉洁主题影片、举办讲座、演讲比赛、辩论赛、制作黑板报和手抄报以及各类展览等。从职业视角出发,大学生廉洁文化教育形式还可以拓展更有针对性和实效性的途径。

一、在职业规划中渗透廉洁教育

职业生涯规划不仅是实现个人职业理想的重要手段，也是培养学生职业素养和道德品质的关键途径。职业规划的核心在于帮助学生根据自我认知和外部环境的实际情况，设定合理的职业发展目标，选择合适的职业道路，并制定具体的发展计划。在这一过程中，科学的职业规划能够有效帮助学生树立清晰的职业定位，挖掘潜能，提升应对未来职场挑战的能力。高校从学生入学起就开始进行职业生涯规划，并贯穿整个教育过程，致力于通过阶段性引导，帮助学生逐步适应和调整职业目标和发展路径。

将廉洁教育融入职业规划的过程中，不仅有助于培养学生正确的职业目标，还能引导他们树立廉洁自律的职业操守，帮助学生理解廉洁在职业发展中的重要性。职业生涯的成功不仅取决于学生的专业技能和知识储备，更与其个人品德和职业道德密切相关。通过在职业规划中融入廉洁教育，学生能够在职业发展初期就认识到廉洁自律的重要性，从而为其未来的职业生涯奠定坚实的道德基础。在这个过程中，高校应通过一系列理论学习和实践活动，引导学生在设定职业目标时，考虑个人的道德规范和社会责任感，培养其高尚的职业操守。

高校通过职业规划中的廉洁教育，能够帮助学生在面对职场诱惑时，做出更为理智和道德的选择。在现代社会，职场中的各种不正之风和腐败现象层出不穷，如何在激烈的职场竞争中坚持廉洁自律，已成为每个职场新人必须面对的问题。通过在职业规划中提前渗透廉洁文化，学生能够在进入职场之前树立正确的职业价值观和行为准则，从而增强其抵御诱惑、保持廉洁的能力。

二、在职业实践教学活动中渗透廉洁教育

高校在开展实践教学时，需要将廉洁教育有效融入实际教学活动。通过在真实的工作场景中进行实践，学生不仅能够提升职业技能和社会适应能力，还能在日常职业行为中逐步内化廉洁自律的理念，将其转化为职业操守的一部分。

实践教学的核心在于将学生置于实际的工作环境中，让其在参与具体工作的过程中，感知和体会职业道德的要求，进而培养其良好的职业行为习惯。高校应通过多样化的社会实践活动，如企业见习、行业调研、现场观摩等，使学生在实践中接触真实的职业情境，提升其解决实际问题的能力。同时，在这些实践活动中融入廉洁教育的元素，能够让学生更直观地感受到廉洁行为的价值，理解廉洁自律对于职业成功与社会责任的重要性。

结合行业特点，高校可以设计与廉洁教育相关的实践教学内容。通过引导学生在参与各类实践活动时，明确职业行为中的廉洁要求，帮助学生在面对复杂的工作任务

时,能够自觉抵制不正当诱惑,树立正确的职业价值观。在这一过程中,学生不仅能体验到职业道德对个人职业生涯的积极影响,还能在实际工作中逐步养成诚实守信、廉洁自律等基本的职业道德素养。

通过将廉洁教育融入实践教学活动,学生能够在工作第一线学会如何应对可能遇到的伦理挑战和职业困境。学生在实际工作中的行为和决策往往受到职业道德和廉洁意识的直接影响,通过实践教学,学生增强自我反思与自我约束的能力,从而在未来的职业生涯中始终坚守廉洁自律的原则。通过这种方式,廉洁教育不局限于理论知识的学习层面,还得到了实践的验证与深化。

三、针对专业培养目标开展廉洁课堂教育

在高等教育中,将廉洁文化教育融入专业培养目标的课堂教学,已成为培养学生职业道德和品格的有效途径。将廉洁教育与专业课程相结合,可以确保廉洁文化教育与学生的专业发展需求紧密契合,进而实现其教育目标的长期性与实效性。然而,廉洁文化教育的实施不能简单地依赖于统一的大班授课形式,这种形式往往缺乏针对性和实效性,无法满足不同专业学生的具体需求。只有根据各专业的培养目标与教学特点,设计有针对性的教学内容和方法,才能真正实现廉洁文化教育的目标。

针对不同专业的学生群体,高校应在课程体系中深入融入廉洁文化教育。结合专业特色和行业需求,量身定制廉洁教育内容,使其能够与学生的职业发展产生紧密的联系。例如,师范专业的学生需要强化师风师德的培养,商科专业的学生则应深入了解现代企业文化和职业道德,特别是在网络交易和企业道德等领域的应用。这样的专业化设计可以使廉洁文化教育更加贴近大学生未来的职业实践,增强大学生对廉洁行为的认同和践行。

在实施廉洁文化课堂教学时,教师应采取灵活且富有针对性的教学方法,注重理论与实践的结合。生动的案例分析和典型的职场情境,让学生在具体的情境中感知廉洁行为的价值与意义。这种教学方式不仅能够增强教育内容的生动性和感染力,还能促使学生在参与过程中形成对廉洁文化的内在认同,并在未来的职业生涯中将这些理念转化为实际行为。与此同时,课堂教学不应仅仅是单纯的知识传授,而应更加注重学生思维的激发和价值观的引导,促使学生在道德困境面前能够做出符合廉洁规范的判断和选择。

高校需把专业教育与思想政治教育有机结合,尤其是在人才培养过程中,通过加强社会主义核心价值观的渗透,培养学生的职业道德与职业素养。通过课程改革和教学方法的创新,高校不仅要注重学生的专业技能培养,还要在这一过程中加强学生的道德教育,提升学生的职业责任感、法律意识和廉洁自律意识。这一系列教育措施的实施,有助于学生未来步入职场时自觉遵循廉洁规范,并将其作为职业行为的核心价值。

高校通过将廉洁文化教育融入专业课程的教学内容,不仅能够提升学生的综合素质,还能促进其成为具有社会责任感、道德操守和廉洁自律的合格职业人。这种结合教育和实践的模式,不仅为学生未来的职业生涯奠定了坚实的职业基础,也为社会培养出更多具有廉洁精神的职业人才,推动社会主义廉洁文化持续发展。

拓展阅读

中共中央办公厅印发《关于加强新时代廉洁文化建设的意见》

2022-02-24 18:47 来源:新华社字号

新华社北京2月24日电 近日,中共中央办公厅印发了《关于加强新时代廉洁文化建设的意见》(以下简称《意见》),并发出通知,要求各地区各部门结合实际认真贯彻落实。

《意见》指出,党中央高度重视廉洁文化建设,强调反对腐败、建设廉洁政治,是我们党一贯坚持的鲜明政治立场,是党自我革命必须长期抓好的重大政治任务。全面从严治党,既要靠治标,猛药去疴,重典治乱;也要靠治本,正心修身,涵养文化,守住为政之本。必须站在勇于自我革命、保持党的先进性和纯洁性的高度,把加强廉洁文化建设作为一体推进不敢腐、不能腐、不想腐的基础性工程抓紧抓实抓好,为推进全面从严治党向纵深发展提供重要支撑。

《意见》强调,加强新时代廉洁文化建设,要坚持以习近平新时代中国特色社会主义思想为指导,全面贯彻党的十九大和十九届历次全会精神,增强"四个意识"、坚定"四个自信"、做到"两个维护",不忘初心、牢记使命,坚持思想建党和制度治党同向发力,坚持依法治国和以德治国相结合,以理想信念强基固本,以先进文化启智润心,以高尚道德砥砺品格,惩治震慑、制度约束、提高觉悟一体发力,推动廉洁文化建设实起来、强起来,不断实现干部清正、政府清廉、政治清明、社会清朗。

《意见》指出,要夯实清正廉洁思想根基,强化理论武装,增强政治定力抵腐定力;坚定信仰信念信心,筑牢拒腐防变思想防线;发展积极健康党内政治文化,引领廉洁文化建设。要厚植廉洁奉公文化基础,用革命文化淬炼公而忘私、甘于奉献的高尚品格,用社会主义先进文化培育为政清廉、秉公用权的文化土壤,用中华优秀传统文化涵养克己奉公、清廉自守的精神境界。要培养廉洁自律道德操守,引导领导干部明大德、守公德、严私德,把廉洁要求贯穿日常教育管理监督之中,把家风建设作为领导干部作风建设重要内容。要发挥廉洁教育基础作用,强化形势教育、纪法意识、警示震慑、示范引领。要弘扬崇廉拒腐社会风尚,运用新媒体新技术传播廉洁文化,丰富廉洁文化优质产品和服务供给,拓展利用廉洁文化资源。

《意见》要求,各地区各部门要担负起廉洁文化建设的政治责任,把廉洁文化建设纳入党风廉政建设和反腐败工作布局进行谋划,建立廉洁文化建设统筹协调机制,久久为功抓好落实,推动新时代廉洁文化建设深入开展。

课后思考

1. 在探讨职业规划中的自我认知与职业认知时,如何帮助大学生准确评估自己的兴趣、能力与职业目标,并将廉洁意识融入其中?

2. 学生如何在理性分析和职业选择的过程中,避免短期利益的诱惑,坚持长远的职业道德和廉洁价值观?

3. 探讨廉洁在职业生涯中的重要性。如何通过实际案例和理论结合的方式,使大学生认识到廉洁不仅是个人品质的体现,更是职业发展的基石?

4. 在现实职场中,廉洁会面临来自各种压力的挑战,如何帮助学生建立应对职场廉洁问题的思维方式和解决方案?

5. 从职业视角探讨大学生廉洁教育的措施:如何设计切实有效的教育活动,将培养廉洁意识与提升职业能力结合起来?

第三部分

廉洁记心中 俯首勤耕耘

第五章
大学生廉洁教育的多维借鉴

学习引言

在当今社会,廉洁教育已成为培养高素质人才不可或缺的一环。本章通过分析其他国家在廉洁教育方面的成功经验,为我国的廉洁教育实践提供有益参考;探讨中华民族传统文化、红色文化如何与大学生廉洁教育相融合;探讨了党的政治生态建设与大学生廉洁教育的关系。

知识目标

通过本章的学习,掌握其他国家廉洁教育的先进理念和实践经验,了解国际廉洁教育的发展趋势,为本土廉洁教育创新提供思路。学生将深入理解中华民族传统文化中的廉洁思想,认识其在大学生廉洁教育中的重要价值,增强文化自觉和自信。学生还将领略红色文化的廉洁内涵,体会其在培养大学生廉洁品质中的独特作用,学生还将了解党的政治生态建设对大学生廉洁教育的要求,明确自身在廉洁社会建设中的责任与使命。

内容学习

第一节 其他国家廉洁教育的经验借鉴

新时代大学生廉洁教育是诠释"三全育人"的新维度,是推进"以文化人"的新载体,是培养"时代新人"的新举措,高校应积极探索新时代大学生廉洁教育的应然路径,以理想信念教育为引领,以诚信教育为根基,以自我教育为依托,以实践育人为载体,切实增强大学生廉洁教育的实效性[①]。

---

① 刘宏宇,熊治东,张涵.新时代大学生廉洁教育刍议[J].学校党建与思想教育,2023(22):75.

一、英国的廉洁教育

英国的廉洁教育体系具有较为成熟的理论基础和实施模式,其核心在于通过系统化的教育与文化传承,塑造公民的道德意识与廉洁观念。英国以法律为框架,以教育为手段,将廉洁教育深度融入社会发展与文化体系之中,体现了预防与培养并重的特点。这种教育体系强调通过道德教育引导行为规范,注重内在的道德约束,而非单纯依赖外部法律制裁,实现了廉洁文化的广泛传播和深入渗透。

在高等教育领域,英国的廉洁教育以学科交叉为基础,整合社会学、心理学等相关理论,形成了一种以人文学科为主导的教育模式。通过课程设计、教材建设和学术研究,高校建立了完善的理论体系与教学实践机制,为大学生廉洁教育提供了坚实的学术支撑。这种教育方式不仅在学术领域发挥作用,同时也通过日常行为规范与制度约束,培养学生的廉洁品德,增强其自律意识。

二、法国的廉洁教育

法国的廉洁教育体系以营造明确的社会导向为核心,强调通过教育与制度建设实现廉洁文化的深度融入,形成了独具特色的多层级廉洁教育体系。法国重视廉洁教育在塑造社会价值观中的重要作用,致力于将廉洁意识转化为社会主流文化,为公务员及其他社会成员提供强有力的道德约束和行为指导,这种社会氛围不仅有助于强化公务员的廉洁自律,还为整个社会廉洁水平的提升奠定了文化基础。

在公务员教育方面,法国以法律为依托,推行系统化的职业培训机制,将廉洁教育纳入公务员职业发展的重要组成部分。职业培训中心则通过专题课程和警示教育,强化公务员对法律法规的理解与执行能力,通过剖析典型案例,增强其反腐败的意识与能力。这种法律与教育相结合的模式,不仅有效减少了腐败行为的发生,也提升了公务员队伍的职业道德水平。

在大学生廉洁教育方面,法国强调预防为主的理念,积极推进高校课程建设,完善廉洁教育的学科体系。高校通过设立专门课程和出版专项教材,帮助大学生树立廉洁意识。同时通过引导学生参与民间组织的相关活动,将课堂教育延伸至社会实践,增强廉洁教育的实效性,扩大覆盖面。这种教育模式不仅注重理论与实践的结合,还通过多样化的教育形式,引导学生主动参与廉洁文化的建设。

三、美国的廉洁教育

美国的廉洁教育以法律约束为基础,通过多层次的制度建设和广泛的社会合作,形成了一套完善的廉洁治理体系。在公务员领域，美国通过严谨的法律框架和行为准则，明确规定公务员的职业操守与行为底线；在高等教育领域，美国高校高度重视学生道德教育与法治意识的培养，通过课程设置与研究项目推动廉洁教育的实施。廉洁教育课程涵盖了腐败现象的研究、反腐败技术的开发以及相关信息的传播与培训等内容，这种课程设置不仅帮助学生深刻理解腐败的本质及危害，还培养了其在未来职业生涯中抵御腐败的能力。

美国高校与社会机构广泛合作，如与媒体、非政府组织以及国际透明组织合作，通过信息透明化改革和多方参与的研讨活动，进一步提升了廉洁教育的效果；美国政府的反腐部门通过与媒体合作，对社会中的腐败行为进行调查和曝光，推动廉洁文化的普及与深化。这种多方协同的模式使廉洁教育不局限于课堂和学术研究，而是延伸至社会实践，增强了教育的广泛性和实效性。

四、新加坡的廉洁教育

新加坡的廉洁教育体系以政府的组织和引导为核心，形成了从基础教育到高等教育的全方位廉洁教育模式，其核心在于将廉洁价值观的培养纳入国民教育的整体框架，通过学校教育与社会文化建设的结合，促使廉洁意识深入人心。新加坡在校园和社会环境中注重廉洁文化的营造，使廉洁教育成为社会主流价值观的重要组成部分。

从基础教育阶段开始，新加坡便系统性地开展廉洁教育，将廉洁价值观的塑造纳入中小学教育内容，确保廉洁意识的培养能够在青少年时期打下坚实基础。这一教育策略不仅重视学生道德观念的建立，还通过课程内容的设计培养其行为自律能力和责任意识。在高等教育领域，新加坡的廉洁教育以儒家伦理教育、品格教育和国民教育为主要内容，这种教育模式不仅强调大学生对廉洁文化的认同，还着力于增强大学生对国家的归属感与认同感，为国家培养兼具廉洁意识与社会责任的高素质人才。

新加坡的高校普遍将儒家传统文化作为廉洁教育的重要内容，以儒家伦理的道德准则为基石，通过课程设计与校园文化建设深化廉洁教育。例如，高校通过组织丰富的文化活动、宣传廉洁理念，使学生在潜移默化中接受廉洁教育；新加坡政府通过广泛开展廉洁主题的社会活动，将廉洁教育扩展到社会各个层面，形成了浓厚的廉洁文化氛围。这一系列教育与文化实践措施，使得廉洁教育在新加坡社会中不仅成为治理腐败的重要工具，还成为构建廉洁社会的文化基石。通过教育与文化的双重作用，新加坡成功地在社会中建立了公民对廉洁行为的高度认同与实践意识，为其他国家提供了值得借鉴的经验。

第二节 中华优秀传统文化与大学生廉洁教育

一、中华优秀传统文化的意义、特性及功能

(一) 中华优秀传统文化的意义

1. 坚定人民的理想信念

中国特色社会主义作为当代中国发展的主要追求方向，深刻扎根于中华文化，是中国人民意志的反映，符合时代发展进步的要求。理解中国特色社会主义的现实基础和历史渊源，以及中华文化在其中的关键作用，对于实现中华民族伟大复兴、推动社会主义道路的繁荣发展具有深远的意义。

理想不只是一种抽象的愿望，更是人们追求美好生活和国家发展的强烈愿望。在中国特色社会主义的框架下，理想成为引领国家发展的精神支柱，激励人们为之奋斗。这种理想不仅包含个人的追求，更体现了对国家和社会的责任与担当。只有通过不懈的努力，始终遵循中国特色社会主义的思想指引，才能为中华民族伟大复兴开辟更为广阔的发展空间。

中国特色社会主义根植于广泛的现实基础和深厚的历史渊源。它以中华文化为基石，是对中国人民意志的反映。这种意志不是空泛的口号，而是经过千百年风雨洗礼的坚忍不拔，体现了中国人对自己和国家发展的深刻认知。中国特色社会主义的形成，是历史的必然，也是对中华文化传统的继承和创新。在这一发展进程中，中华文化的博大精深为社会主义的发展提供了深厚的文化底蕴，成为中国特色社会主义文化的基石。

中华优秀传统文化是中国特色社会主义文化发展的根本源泉。这一传统文化蕴含丰富的道德观念、深厚的历史文化底蕴以及对社会秩序的理性思考，为中国特色社会主义文化提供了继承和发展的基础，为中国特色社会主义发展道路的探索提供重要依据。传统文化的力量并非停滞不前，而是在时代的推动下不断创新，为社会主义事业提供了源源不断的文化动力。

国家精神或民族精神的辩证法构成了世界历史的本质。一个民族或国家独特的文化传统，往往是其在世界舞台上崭露头角的关键因素。中国特色社会主义凝聚了优秀的民族精神和文化传统，使得中国在世界发展中能够引领潮流。只有拥有优秀的文化传统和民族精神，一个国家才能在世界发展的激流中立于不败之地，这种独特性源于中

华传统文化的凝聚作用,是时代发展特征与中华文化相结合的产物。

2. 增强民族凝聚力

中华文化的发展在最高层次上追求的是道德,这一精神追求方向在整个社会的发展中具有不可替代的作用,为社会文化的繁荣提供了基础。道德建设与个人发展紧密相连,中华文化的精髓体现在传统美德中,这些美德蕴含着丰富的思想道德资源,通过个人的为人处世体现出来。在中华传统文化的发展中,追求积极向上的发展心态,培养伟大的品德以及强调天下大同的核心思想,都为中华民族伟大复兴提供了道德支撑。

中华传统美德的核心观点可以在经典文献中找到,比如"修身齐家治国平天下"和《大学》中的"大学之道,在明明德,在亲民,在止于至善"。这表达了在中华文化中追求道德、亲近人民、追求至善的理念,这种理念不只是抽象的思想,更是指导日常生活的具体的行为准则。中华传统美德通过强调修身齐家治国平天下,为社会文化的发展提供了基石,它不仅关注个体的发展,更注重整体社会的和谐与平衡,契合中国特色社会主义的理念。

在中华传统文化的发展过程中,人们始终追求积极向上的发展心态,这种心态并非停留在理论层面,而是通过对传统美德的实际践行得以具体体现。重点关注"天下大同"的核心思想,意味着建设大同社会,追求整体的理想发展状态。中华传统美德的弘扬对中华民族的品德建设产生了深远影响,提升了中国文化发展创造力。尽管中国文化在发展过程中遇到了不小的阻力,但其所形成的高尚人文主义思想对社会的发展起到了积极作用。

中华优秀传统文化作为共同的文化历史和精神,不仅有利于整个民族文化认同的形成,更有助于形成强大的向心力和凝聚力。中华民族历尽沧桑岁月,仍然始终紧密凝聚在一起,这离不开中华传统文化共同培育的道德基础、民族精神和时代精神。在当今时代,为实现"国家富强、民族振兴、人民幸福"的中国梦,必须铸造民族魂,集聚庞大的正能量。在中国特色社会主义道路不断发展的当下,注重道德素养的培养,增强中华文化发展的动力成为至关重要的任务,而文化建设是关键的环节和手段。

(二)中华优秀传统文化的特性

1. 民族性

中华优秀传统文化在其生成和发展的历史脉络中,显现出鲜明的民族性。作为由中国人创造的文化,它具有独特的中国风格和气派,是在满足中国人民精神需要和文化发展需求的长期过程中形成的独特成果。中华优秀传统文化的内容不仅深刻契合中国人民和中华民族的安身立命需求,更反映了中国独有的文化特征。

在中华优秀传统文化中,爱国主义作为核心民族精神贯穿其中,这种民族精神以"家国同构"为特点,区别于其他民族,呈现出鲜明的民族特质。每个国家和民族在政治上都是独立的,文化上也应保持独立性,以保留各自民族文化的特色。中华优秀传统文化所体现的独特民族情感,正是其在这一方面的典型表现。

中华优秀传统文化通过特有的传播形式和样态,更符合中国人的文化心理需求,亦更容易被广大人民群众所接受与传承。这种文化传承方式既包括口头传承,如家族长辈的言传身教,又包括书面传承,如经典文献的传承,不仅有助于保持文化的传统性,还能更好地适应中国人民的文化认知和学习模式。

2. 和谐性

中华优秀传统文化的特征之一即为和谐性。从其产生之初,这一文化便深刻关注人与人之间的关系,并强调"天人合一"的和谐理念以及人际关系的重要性。中华传统文化在形成和发展的过程中,更加直接地关注人与人之间的关系,其饱含人文气息,在探讨人与大自然的关系时,并非强调征服,而是强调合二为一。自中华文化开化以来,人们一直将自己视作大自然的有机组成部分,强调人与自然之间的和谐。

中华优秀传统文化的和谐性不仅在理念上体现,还在实践中得以体现,这种和谐性贯穿于社会关系、家庭观念以及个体与群体之间的互动。在中华传统文化中,强调团结、合作、互助的价值观,使整个社会形成一个相互关爱、相互支持的和谐体系。这一特征为中华文化赋予了深厚的人文底蕴,使其在历史长河中得以传承与发展。因此,中华优秀传统文化的和谐性不仅是一种理念,更是一种融入生活的行为准则,为社会的和谐稳定奠定了坚实基础。

3. 发展性

中华优秀传统文化展现了与时俱进的发展品格,这种发展品格,不仅源于其历史传承,还在现代文明中焕发出新的时代价值,集中体现了其时代性和创新性。在古代社会,中国人强调"天人合一",而在当代社会,这一理念升华为构建人与自然和谐共生的生态文明。古代的"民为贵,君为轻,社稷次之"的民本思想,在中国共产党的传承中逐渐演变为以人民为中心的发展思想,体现为党带领人民群众走共同富裕的道路,这种与时俱进的精神根植于传统文化的基本内容和核心价值。

中华传统文化中的儒家思想强调仁义道德,将"仁"视为其核心理念,这种思想阐释了人与人之间的关系凸显了人性的美好。儒家提倡的"仁者爱人"表达了对人类情感与关怀的重视,为当代社会构建人际关系、弘扬社会正气提供了深刻的文化指导。而"己所不欲,勿施于人"的理念成为处理人际关系的黄金法则,强调相互尊重与理解的重要性。

中华优秀传统文化的发展性在于其不僵化于过去,通过重新诠释传统价值观念并根据当代需求的创新而不断更新,这种发展性使传统文化成为一种具有持久生命力和现实适应性的精神财富,为构建现代社会的价值观提供了深刻的启示。因此,中华传统文化以其与时俱进的品格,为中国社会的发展注入了活力,并在时代的演进中持续焕发着新的文化力量。

(三) 中华优秀传统文化的当代功能

1. 构建与整合功能

宏观安排社会整体秩序,需要借助文化展开制度及价值观念的设计,使得社会成员朝着预期方向及设定的路径推进,从而确保个人、社会及国家三者处于和谐状态,并推动国家实现社会性及阶段性的良性发展。在这一过程中,不仅需要正确看待历史及国家的历史定位,还需要认识到现代及传统、理想及现实、对待重大事件的态度,设定国家及民族命运、把握未来理想等。以主流价值观和思想为主,既要整合各民族不同文化价值及思想,又要整合每个历史阶段各种价值观及主流文化,从而逐渐形成一个统一的有机融合文化体系。

历经千年的中华传统文化,在不断孕育、形成和发展中,已经形成了一个多元化的格局。在一个区域内,优秀传统文化的创作离不开多个民族和地区中劳动人民的辛勤劳动,这造成文化的多元性。民间文化、官方文化、大众文化及精英文化是依据不同的文化阶层而做的划分;主流文化、非主流文化则是依据文化地位而做的划分;西域文化、江浙文化、中原文化等是依据文化地域所做的划分;儒、释、道等则是依据文化流派所做的划分。以上各种文化类型,均是在数千年传统文化发展过程中出现的类型,彼此相辅相成,最终汇聚成如今辉煌灿烂的传统文化。

2. 认同与归属功能

中华传统文化作为民共同的记忆组成,承载着民族共同的心理基因,成为构成民族的核心要素,在这一文化背景下,文化认同显得尤为重要,它是大多数人生命中最有深刻意义的存在。文化认同不仅是民族共同体繁衍不息的精神基石,更是全体民族成员共同的心理基因。关键因素涵盖价值本源和心理意识等方面,从而凸显了决定整个民族凝聚力大小的关键因素即为优秀传统文化。

传统文化的核心要素不仅包括制度、礼仪、风俗、习惯等浅层文化,更涵盖价值内核与思想观念,相较于表面的文化元素,这些内隐潜存、稳定少变的要素更加深入各民族成员的思想中,牢牢凝聚着中华民族的情感。这种内在的凝聚力在每个成员的心里留下不可磨灭的印记。当外界刺激到来时,这种情感将被激发,使得群体更加团结,从而极大地促进中华优秀传统文化的发展。

3. 传承与创新功能

中华传统文化的传承与创新既是一项重要任务,也是中华民族文化保持活力的关键因素,这一过程在多个方面体现了其深刻的社会功能,并对当代文明发展产生积极影响。

第一,传承与创新是中华传统文化维系文化血脉的关键手段。通过代际传承,中华传统文化能够在家庭、学校、社会等多个层面得到传递,确保文化元素的延续。这种传承不仅是对历史的尊重,更是对先贤智慧和思想的珍视。通过不断的创新,中华传统文化得以在新的时代背景下找到更具现代意义的表达方式,保持其时代性与活力。

第二,传承与创新对中华传统文化的大繁荣和大发展具有重要作用。在传承的基础上,文化的创新使得中华传统文化能够更好地适应当代社会的需求,为人们提供有益的思想资源,通过对传统文化精华的挖掘和再创造,人们能够在传统中找到对当前社会问题的思考和解决之道,促进中华文化的不断繁荣。

在全球化的背景下,传承与创新还有助于中华传统文化在国际文化交流中展现更为丰富和多元的一面。通过传承经典,国际社会可以更好地了解中华文化的根脉;通过创新,传统文化在与其他文明的对话中更具说服力和吸引力。这样的文化输出有助于提升中华文化在全球范围内的软实力,促使文化多样性的共生共荣。

二、中华优秀传统文化与大学生廉洁教育

优秀传统文化是大学生应该珍惜和重视的宝贵资源,也是当代大学生理应继承和弘扬的文化财富。将优秀传统文化融入大学生廉洁教育具有重要的现实意义,高校应根据时代发展的要求,积极开展社会实践活动,努力营造良好的校园文化氛围,充分尊重大学生的主体地位,提升优秀传统文化在大学生廉洁教育中的优势作用①。

(一)中华优秀传统文化融入大学生廉洁教育的价值意蕴

1. 增强大学生文化认同与自信

文化认同是个体对群体文化的深刻感知,体现了文化价值与精神内核对个体行为的深远影响。在全球化和信息化的背景下,多元文化的交融和碰撞不仅为大学生提供了丰富的思想资源,也对其文化认同和价值观形成提出了新的挑战。

大学生正处于世界观、价值观和人生观形成的重要阶段,其文化认同的增强需要建立在对中华文化内涵深刻理解的基础上。通过系统地学习和体验中华优秀传统文化,大学生可以深入领会文化中的精神价值与道德规范。这种认知深化有助于他们在多元文化的影响下保持理性判断力,在复杂的文化环境中坚定自身文化立场。

文化认同与文化自信的增强依赖于思想政治教育与文化实践的有机结合。通过思

---

① 朱蒙玲,邱正祥.优秀传统文化融入大学生廉洁教育的路径分析[J].理论观察,2017(7):159.

想引导与实践参与，大学生不仅能够进一步感悟中华文化的独特魅力，还能在实践中将文化价值观转化为实际行动。这种实践性认同过程能有效提升大学生对文化的归属感和使命感，使其在面对外来文化冲击时具备更强的文化自觉和文化担当。

大学生作为未来社会的建设者，其文化认同的高度直接影响着国家文化的延续性与创新性。坚定的文化自信不仅能帮助大学生抵制外来文化的消极影响，还能激励他们在全球文化对话中展现中华文化的独特风采，为实现文化强国目标注入新的活力。

2. 提升高校大学生廉洁教育实效

大学生作为未来社会的建设者和治理者，其廉洁素养直接关系到国家治理体系的现代化水平和社会风尚的健康发展。针对大学生群体的廉洁教育，不仅在于预防性教育的实践价值，更在于以系统化、科学化的教育手段，引导其形成廉洁自律的价值观念和行为习惯。

传统文化中的民本思想、义利观念、法治意识和修身理念为廉洁教育提供了深厚的思想基础，这些文化资源丰富了课堂教学内容，通过情感共鸣和价值认同增强了教育的感染力和渗透力。在廉洁教育过程中，融入传统文化中的核心价值观念，能够使学生从历史智慧中汲取精神力量，从而更加自觉地践行廉洁行为。

大学阶段是大学生世界观、价值观和职业观塑造的关键阶段，通过多样化的实践活动，将廉洁教育从理论层面延伸至行为层面，在实践中强化教育内容的应用性和体验感，有助于学生在真实情境中深化对廉洁理念的理解，并内化为自觉的行为准则。可以通过搭建廉洁文化传播平台和创建廉洁教育实践基地，来进一步扩大教育的覆盖面，提升实际效果。

高校应在传统课堂教学的基础上，结合现代信息技术手段，构建多元化的教育体系。例如，利用新媒体技术打造廉洁教育的全媒体平台，创新教育内容的表达方式，增强学生的参与感和互动性，加强教育评价体系的构建，对教育过程和效果进行动态监测和科学评估，确保廉洁教育的持续优化和高效运行。

通过整合思想政治教育、学科教育和校园文化建设的力量，形成教育合力，能够更系统地培养学生的廉洁意识，特别是在校内制度建设中，通过强化教育内容与管理机制的有机结合，使廉洁教育成为校园生活的重要组成部分，为学生健康成长提供良好的环境支持。

3. 传承和弘扬中华优秀传统文化

中华优秀传统文化作为中华民族的精神血脉，承载着中华民族的思想智慧、道德观念和价值追求，其核心理念与文化精神具有超越时代的普遍价值，不仅是中华民族立足世界的根基，也为当代社会的治理和发展提供了深厚的文化滋养。

在全球化进程不断深化的背景下，传统文化可以为民族认同提供重要的文化标识和精神依托,通过对优秀传统文化的深入研究和阐释,可以更加全面地展示中华文化的独特魅力与内在逻辑,增强民族文化自豪感,激发全社会参与文化传承的热情与动力。

在教育领域,通过将传统文化融入思想政治教育和道德教育,可以引导青年一代在学习优秀传统文化中汲取智慧,树立正确的价值观和人生观。优秀传统文化中蕴含的道德规范与行为准则对培养社会成员的道德修养与社会责任意识具有显著作用,为构建和谐社会注入正能量。

中华优秀传统文化的传承,通过结合现代科技的传播方式,可以更加生动、立体地展现传统文化的内涵与价值,推动传统文化融入现代生活。传统文化的当代转化不仅要在形式上适应现代社会的发展需求,更要在内容上挖掘其与当代社会核心价值观的契合点,增强文化传播的深度与广度。

4. 推动社会主义和谐社会的构建

和谐社会不仅是社会发展的理想状态,也是国家治理体系和治理能力现代化的重要体现,其核心在于协调利益关系、平衡社会发展、促进公平正义。和谐社会的构建需要全社会的共同努力,尤其是思想道德层面的共识与实践,加强思想引领和文化塑造,可以为和谐社会的构建提供强大的精神动力和道德支撑。

公平正义是和谐社会的核心,其要求在经济、政治、文化、社会等多个领域实现资源分配的合理性和规则运行的公平性。以公平正义为原则,可以有效协调社会各阶层、各群体之间的利益矛盾,减少社会冲突,增进社会凝聚力。和谐社会需注重社会诚信体系的建设。诚信作为社会发展的基石,能够促进社会信任的建立,为和谐社会提供稳定的社会心理基础。

在推动和谐社会构建的过程中,通过完善法律体系、强化法律执行,能够保障社会各领域有序运行,维护社会公正,推动社会矛盾的规范化解决。法治与德治的有机结合是和谐社会的治理路径,二者相辅相成,共同作用于社会的健康发展,法治提供了规则的刚性约束,德治通过思想文化的渗透,培养民众的道德自觉,推动形成良好的社会风尚。

生态文明建设是有中国特色的社会主义事业的重要组成部分,其核心在于人与自然和谐共生,通过推动绿色发展、循环发展、低碳发展,可以有效缓解资源环境约束,构建可持续发展的社会形态。生态环境的改善不仅提高了人民的生活质量,也为社会和谐提供了重要的物质基础。

大学生群体在社会主义和谐社会的构建中具有关键作用,作为社会发展的生力军,他们的思想道德素质、社会责任意识、创新能力直接影响着社会的未来走向。加强对青年群体的思想政治教育,尤其是社会主义核心价值观的培育,可以提升其社会担当和道德修养,使其成为构建和谐社会的重要力量。

（二）中华优秀传统文化融入大学生廉洁教育的路径选择

1. 融入课堂教学

（1）融入思政课课堂教学。

第一，课堂教学内容的设计应注重中华优秀传统文化与廉洁教育的深度融合。紧扣时代发展的脉搏与社会需求，充分发掘中华传统文化中蕴含的廉洁思想，如正义、诚信、节俭等价值观，将其转化为大学生能够理解和接受的教育内容，这不仅有助于深化思想政治教育的内涵，也能够为大学生建立廉洁自律的行为规范提供理论依据和文化支持。

第二，课堂教学需要依托高质量的师资力量。教师作为课堂教学的主导者，其理论素养和专业能力直接关系到廉洁教育的成效。教师应系统掌握中华优秀传统文化的核心思想，特别是其廉洁文化内涵，结合党和国家的廉洁教育政策，通过自身学习与实践不断提升理论深度和教学能力，力求教学内容精准化和实用化，确保学生能够从中受益，增强其社会责任感和使命感。

第三，课堂教学应结合当代社会的实际需求，将廉洁文化教育置于更广泛的社会和历史背景之中，通过引导学生分析中华优秀传统文化与当代社会发展的关系，可以帮助他们更全面地理解廉洁文化的重要性，并增强其践行廉洁理念的自觉性。这种教育路径的优化，不仅有助于培养大学生的廉洁意识，更为构建廉洁社会提供了坚实的人才基础。

（2）融入其他课程。

第一，各学科应根据其专业特性，将廉洁文化的相关内容有机融合进课程教学中，特别是在人文学科与社会科学领域，教师可以通过深入分析中华优秀传统文化中的廉洁理念，帮助学生理解与廉洁相关的法律制度和伦理原则。例如，在法学与管理学等课程中，教师可以将古代儒家经典中的廉洁思想与现代法律框架相结合，深化学生对廉洁行为规范的理解，增强其对廉洁制度建设和法律精神的认同。在历史与文学课程中，教师应引导学生从中华传统文化中汲取廉洁精神，从历史人物的清廉事迹到文学作品中的道德探讨，强化学生对廉洁思想的认同，使廉洁文化在学生心中扎根，进一步促进其将廉洁文化转化为个人行为规范。

第二，教师应推动课堂教学的创新，以提升廉洁文化教育的吸引力和效果。通过灵活的教学设计，结合现代教育技术与互动方式，教师能够为学生提供更加丰富的学习体验。灵活运用多媒体、在线平台等工具，不仅能使廉洁文化的学习更加生动，还能激发学生的学习兴趣，增强其参与感和互动性。此外，互动式教学方式，如小组讨论、案例分析等，可以促使学生主动思考、探索廉洁文化的深刻内涵，从而提高其自觉践行廉洁行为的积极性。通过学科融合和创新教学方式，中华优秀传统文化中的廉洁理念可以在各学科领域得到充分体现,这不仅有助于培养学生的道德情操和社会责任感,还能为学生的个人发展和社会贡献奠定坚实基础。

2.融入自主学习

(1)创设大学生自主学习环境。

第一,高校应通过创新课程设计和教学方法,为学生提供充足的自主学习空间。在课程设置上,应注重中华优秀传统文化中与廉洁相关的经典思想,运用启发式教学方法,激发学生的思维和兴趣;通过课堂讨论、专题研究等形式,促使学生主动思考和自主探索,深刻理解中华传统文化中廉洁自律的思想精髓。

第二,结合大学生的学习特点,倡导一种自由探索与反思的学习方式。在这一过程中,高校应创造更加开放和灵活的学习环境,鼓励学生从自主学习中汲取廉洁文化的营养,提升其道德判断和社会责任感;通过为学生提供丰富的学习资源,激发其自我学习的动力,从而使学生在深厚的文化积淀中形成廉洁自律的内在动力。

(2)发挥学生团体的力量。

学生团体作为高校中重要的组织形式之一,具有较强的凝聚力和组织能力,在促进廉洁文化教育方面发挥着重要作用。为了加强团体成员之间的互动与合作,可以有效构建一个传播廉洁文化的良好平台,在此平台上,团队成员共同学习和探讨中华优秀传统文化中的廉洁思想,这不仅能够加深他们对廉洁文化内涵的理解,还能增强他们的认同感。形式多样的团体活动,如主题演讲、讨论会、文化活动等,可以激发学生的参与热情,促进他们在互动中深化对廉洁文化的感悟和思考。

学生团体的力量具有广泛的辐射效应,当团体成员积极参与廉洁文化的学习与实践时,他们能够通过集体活动与交流,将廉洁文化的理念传递给更多的同学,从而在更广泛的群体中激发廉洁意识。这种自发的传播不仅仅限于团体内部,还能扩展到更大的校园群体,形成一个相互影响、相互支持的廉洁文化网络。这类活动不仅能够促使学生自觉践行廉洁行为,还能够在集体主义精神的引导下帮助他们培养社会责任感和道德担当。

学生团体的协作性和组织能力也使得廉洁文化的教育更具深度和广度,通过团体成员共同策划和执行相关活动,能够将中华优秀传统文化中的廉洁理念和道德规范深入人心,促进学生的价值观和行为方式的转变。在这一过程中,学生不仅在理论上领会廉洁文化的精髓,也通过实践活动体会到廉洁精神对社会、对个人成长的重要性。因此,充分发挥学生团体在廉洁文化教育中的作用,对于培育大学生的廉洁意识、道德风尚和社会责任感具有重要意义。

第三节　红色文化与大学生廉洁教育

一、红色文化的基本特征与展现方式

（一）红色文化的基本特征

1. 人民性

人民性代表了文化服务于民众、反映民众需求的核心价值，强调文化的创造性功能必须与人民的实践活动密切相连。在这一框架下，文化不仅是上层建筑的产物，更是全社会广泛参与、共建共享的结果。

文化的发展并非孤立存在，而是不断融入社会的各个阶层，尤其是广大民众的日常生活与精神需求，只有当文化真正成为人民群众精神世界的一部分，才得以生动和持久地发展。人民性使得文化的创造、表达与传承从精英层面拓展至整个社会，通过人民群众的广泛参与与认同，文化的内涵和外延得以更加多元和丰富。

文化的生命力并非停留在静态的传承上，而是通过不断地适应社会变迁、回应人民需求来实现自我更新。人民性为文化提供了源源不断的动力，使文化能够跨越时代的界限，不断适应社会的发展和人民的多样化需求。这种动力不仅源自文化的创新，还来自人民群众的创造性参与和智慧贡献。正是由于人民群众在文化创作中的重要作用，文化才得以成为促进社会和谐与进步的重要力量。

2. 革命性

红色文化的诞生和发展源自革命时代，在民族危机和社会动荡的背景下，革命的火种激发了人们追求解放与变革的强烈愿望，革命性意味着红色文化的根本性质是推动社会进步和实现社会变革的力量，是一种深刻反映社会矛盾和人民呼声的文化表达。

作为民族复兴的精神动力，红色文化始终与时代发展的需求紧密相连，推动社会从封闭与压迫的状态走向自由与解放。通过倡导革命思想、革命实践和革命精神，鼓舞人民群众在困境中不屈不挠，寻求民族独立与社会进步。革命性赋予红色文化一种超越时空的力量，使其不局限于某一历史时期，而是贯穿社会发展的多个阶段，推动国家和人民从一个阶段向更高层次的目标迈进。

红色文化的革命性体现在其思想内容和实践成果上，通过引导人民群众走向觉醒，红色文化鼓励人们打破旧有的束缚，勇于追求新的社会理想和更高的精神境界，它不仅是抗争和斗争的文化象征，更是一种激励人们勇于创新、追求卓越的精神力量。革命性

使得红色文化在任何历史条件下都能焕发出强大的生命力,成为不断推动社会变革与进步的精神源泉。

3. 教育性

红色文化不仅承载着丰富的革命精神和时代价值,而且具有深远的教育意义,其教育性体现在对个体思想道德的培养上,通过传承爱国主义、集体主义等核心精神,能够有效提升学生的思想意识,使其形成正确的价值观和人生观。尤其在当代教育体系中,红色文化的融入对学生道德素质的塑造起到了积极的推动作用。

红色文化的教育性在于其对社会主义核心价值观的传播,通过学习红色文化,学生能够深入理解社会主义的基本理念和核心价值,强化社会责任感和集体主义精神。这种文化教育不仅仅局限于知识的传授,更重要的是帮助学生在实际生活中形成积极向上的社会行为和群体协作意识,推动其成为合格的社会公民。

红色文化的教育性体现在其对民族精神和文化认同的培养上,通过对红色文化的学习,学生可以更加全面地理解中华优秀传统文化的内涵及其在现代社会中的重要作用。红色文化为学生提供了历史的镜鉴,使学生对祖国的历史和发展进程有了更加深刻的认识,从而增强民族自信心,增强为中华民族伟大复兴贡献力量的责任感。

4. 开放性

红色文化的开放性表现为其在历史发展过程中积极吸纳外部文化的精华,并在全球范围内传播和影响。红色文化具有包容性,它在汲取外国优秀文化成果的基础上逐步形成了具有中国特色的革命精神和文化内涵。这一过程体现了文化的开放性,通过不断融合、创新,红色文化得以在多个历史阶段展现强大的生命力和适应性。

红色文化的开放性体现在其与全球文化不断交流和对话中。随着时代的发展,红色文化不应局限于某一地区或民族,而应将自身的思想理念和文化成果推向世界舞台,不仅传递革命精神,更通过文化交流促进不同国家和民族之间的认同与合作,为世界文化的多元发展做出贡献。

红色文化的开放性体现在其与时俱进的特性上。随着社会的不断发展,红色文化始终保持对外部世界的开放态度,积极吸收先进的外来文化和思想,以适应新时代的需求。这种与时俱进的特性使得红色文化在保持自身独立性和特色的同时,能够与全球化趋势相契合,不断推动社会进步和文化发展。

5. 多样性

红色文化在思想层面展现丰富的理论内涵与精神价值,这些思想不仅塑造了民族精神,还为社会变革提供了深刻的指导,然而,红色文化的多样性远不止于思想层面,它通过与不同领域的结合,进一步扩展了其表现形式和功能。

在文化表达方面,红色文化通过丰富的艺术形式展现了多样化的魅力,无论是文学、音乐、戏剧还是美术,都可以传递红色文化独特的革命精神和历史使命感。不同形式的艺术作品各具特色，能够在不同文化语境下产生深远影响。通过不同的艺术手段，红色文化的价值得以多角度、全方位地传递，吸引不同群体的关注和认同。

红色文化的多样性体现在其经济价值和产业化发展上。随着时代进步，红色文化的旅游价值和文化产业价值逐渐显现，通过地域性特色活动和产业的创建，红色文化不仅促进了地方经济的增长，也增强了其文化影响力。不同地区依据自身特色发展出独具地方特色的红色文化产品，使这一文化形式在全球范围内得到了更广泛的传播。

（二）红色文化的展现方式

1. 精神文化

精神文化作为社会发展的内在动力，体现了一个民族、一个国家的文化根基和价值追求。它在历史的进程中逐渐积淀并不断发展，成为支撑社会进步和推动个人成长的重要力量。精神文化的核心在于其传承的价值观念和塑造的社会意识，这种文化力量深刻影响着社会成员的思想、行为及其整体精神面貌。

精神文化的形成是一个社会历史积淀的过程，通常伴随着特定社会实践的推动和历史事件的变化。在不同的历史阶段，精神文化的内容和形式可能有所不同，但其深刻内涵始终与时代的需要、人民的愿望密切相关。无论是在面对艰难困苦时，还是在追求社会进步的道路上，精神文化都发挥着不可替代的作用，它不仅塑造了社会的道德准则，还指引着国家和民族在复杂局势中找到前行的方向。

2. 物质文化

物质文化作为文化的重要组成部分，主要体现了人类社会在物质领域中的创造与积累，它不仅是物质生产与生活方式的反映，还承载着一个社会的历史记忆和文化传统。物质文化的核心在于通过物品、遗址、建筑等有形的存在，记录和传承社会的历史发展和文化成果。这些物质载体往往具有深刻的象征意义，是社会文化精神的具体表现，反映了一个社会在特定历史阶段的集体意识和价值追求。

物质文化的形成与发展是社会经济、科技进步和文化认同的综合产物，它不仅展现了一个民族或国家的物质文明水平，也深刻影响着人们的社会行为和文化认同。对物质文化的研究，能够揭示一个社会在特定历史背景下的文化特征和集体记忆，尤其在历史发展的关键时期，物质文化所承载的象征意义愈发重要，它不仅是文化自信的体现，也是民族精神和历史使命感的物质化表达。

3. 制度文化

制度文化作为文化的重要组成部分，反映了社会在组织与管理方面的基本原则和运行机制，它不仅涵盖社会制度、法律法规、政策方针等方面的内容，还体现了一个国家或社会在特定历史时期的治理理念和价值取向。制度文化的核心在于通过制度安排和规范化管理，建立社会成员之间的行为准则，促进社会的有序运行和整体发展。

制度文化的形成与发展离不开社会历史的积淀和政治经济条件的变化。在一个国家或民族的成长过程中,制度文化不仅体现了对社会秩序的追求,还反映了对公平、正义与效率的深刻思考。通过对制度文化的不断完善和调整,社会能够应对复杂的内外环境变化,推动社会治理能力的提升。

二、红色文化融入大学生廉洁教育的价值意蕴

新时代的大学生是社会主义事业的建设者和接班人,是国家的希望、民族的未来,面向大学生开展廉洁文化教育,对于促进其全面发展、涵养崇清尚廉的社会风气、推进国家各项事业发展意义深远[①]。

(一) 理论价值

1. 加强红色文化教育的多维度构建

红色文化的教育价值为当代大学生的价值观塑造提供了坚实的基础。红色文化中蕴藏的革命精神、集体主义情怀以及崇高的理想信念,能够为当代大学生提供强有力的思想引导,推动其形成积极向上的人生观和培养社会责任感。尤其是在当今社会,大学生面临的价值观冲击与多元化趋势日益加剧,红色文化作为一种精神坐标,能够有效帮助大学生在纷繁复杂的社会环境中坚定理想信念、保持道德底线,增强对国家、民族的认同与责任担当。

红色文化在高校的传播不应局限于课堂教学的范畴,应通过多样化的形式与途径融入校园生活。利用现代信息技术,将红色文化置入网络平台,成为学生日常学习的一部分,极大地拓展了其教育范围。社交媒体、在线学习平台、电子教材等方式的运用,使得红色文化能够在虚拟与现实的双重空间得到传播,从而吸引更多学生主动参与其中,提升了红色文化的影响力。通过校园活动、文化讲座、艺术展览等形式,红色文化的深厚内涵得以生动展示,使得学生能够在日常生活中感知、体验与传承这一文化精神,增强文化认同感。

红色文化的教育功能可以通过思政课堂得到有效发挥。在传统的理论教学中,红色文化的教育内容常常表现为抽象的历史事实与政治理论,将红色文化的具体精神和人物事迹引入教学,可以使理论知识更加生动具体,这种教育方式不仅提升了课堂的吸引力,还使学生在潜移默化中受到思想的熏陶。例如,将革命先烈的英雄事迹、廉洁自律的红色精神与当代大学生的道德修养相结合,可以激发学生自我反思与增强社会责任感,在实践中践行红色文化,培养其廉洁自律、诚实守信的品格。

---

① 侯建雄,傅奕栋,高仁爱.大学生廉洁文化教育探究[J].领导科学论坛,2023(11):155.

2. 拓展大学生廉洁教育的教学载体

廉洁教育对于培养具有高尚道德品质和社会责任感的大学生具有深远的意义。在这一教育过程中，丰富教学载体的多样性是推动廉洁教育深入实施的关键因素。利用多元化的教学手段和途径，可以更有效地激发学生的学习兴趣，深化廉洁教育的内涵，促进其在大学生思想和行为上的转化。

课堂教学作为大学生廉洁教育的传统载体，依然是最为重要的教育形式之一，然而，仅仅依靠传统的理论讲授，往往难以使学生全面而深刻地理解廉洁教育的内涵。因此，丰富课堂教学的载体，是提升教育效果的必然选择。将多种教学手段融入课堂教学，诸如情景模拟、案例分析、互动讨论等，能够帮助学生在参与中更直观地理解廉洁教育的实际意义，不仅能提高学生的学习积极性，还能帮助他们在具体情境中思考廉洁自律的实际问题，促使廉洁教育的理论与实际紧密结合。

随着信息技术的飞速发展，网络平台和新媒体已成为大学生获取信息的重要渠道，因此，将廉洁教育内容融入线上教育平台、社交媒体等新兴载体，可以扩大教育覆盖面，提高教育的时效性和互动性。例如，通过线上专题讲座、廉洁教育视频、社交平台讨论等形式，能够使学生在课外时间继续接触到廉洁教育内容，增强其对廉洁理念的认同感与践行力。这些新兴载体的运用，不仅能使廉洁教育更加灵活多样，也能提高教育的传播效果和吸引力。

红色文化作为一种具有深厚历史底蕴和革命精神的文化形式，为大学生廉洁教育提供了更加丰富的素材与途径。红色文化中的革命先烈和优秀人物的廉洁事迹，不仅具有重要的时代价值，更能够增强大学生的民族自信心与历史责任感。将红色文化中的廉洁思想转化为生动的教学案例、故事或影视作品，能够有效增强学生的情感认同，提升其对廉洁教育的内在动力。

大学生不仅需要通过课堂学习和网络互动来接受廉洁教育，还需要通过参与社会实践、志愿服务等活动，将廉洁自律内化为行为规范。在实际操作中，通过设立廉洁主题的社会实践项目或组织廉洁教育的主题活动，可以让学生在具体的社会场景中体会和践行廉洁的核心价值，不仅有助于提升学生的社会责任感，还能促进廉洁教育与实际生活的深度融合。

（二）实践价值

1. 培养大学生的爱国情怀

随着中华民族伟大复兴的步伐不断加快，社会主义现代化建设的各项事业取得了显著进展，在这一时代背景下，大学生作为国家的未来与社会发展的中坚力量，其思想政治素质的培养尤为关键。爱国主义，作为中华民族的精神支柱，是凝聚国家力量、促进民族团结的重要动力。因此，深化爱国主义教育，尤其是在高等教育阶段对大学生进行系统的爱国情怀培养,不仅有助于增强他们的国家认同感和社会责任感,还为国家的长期发展提供了坚实的人才保障。

爱国主义教育在新时代的社会背景下面临新的挑战和要求,大学生群体正处于世界观、人生观、价值观逐步形成和定型的关键时期,他们不仅需要在学术上取得进步,还需要在思想上培养对国家和民族的深厚情感。新时代的大学生虽然具有更为开放的国际视野,但也需要更加坚定的民族自信心。因此,爱国主义教育应更加注重内涵的丰富性和形式的多样性,以增强其教育的深度和广度。

将爱国主义教育与红色文化的传承相结合,能够有效提升大学生的爱国情感。红色文化是中华民族在近现代历史的抗争与复兴过程中形成的精神文化,它凝结了革命先烈为国家独立、民族振兴所做出的巨大牺牲与贡献。通过对红色文化的学习,大学生不仅可以深刻感受到革命历史中涌现的伟大爱国情怀,还能够从中汲取民族精神的力量,强化对祖国的认同和热爱。学校应通过多样化的形式,将红色文化融入课程体系,结合爱国主义教育内容,帮助学生树立民族复兴的责任感与使命感。

课堂教学中,可以通过专题讲座、课程设计等形式,系统地介绍爱国主义精神和红色文化,帮助学生从理论上认识到爱国主义的重要性。课外活动,如组织学生参观革命遗址、开展红色文化主题活动等,能帮助学生通过实践体验更直观地感受革命历史的伟大与艰辛,从而深化他们的爱国情感。这种课堂与实践相结合的教育方式,不仅有助于增强学生对国家历史的认同感,还能促进他们对国家未来发展的积极思考。

丰富校园文化活动,将爱国主义精神融入日常校园生活,可以在潜移默化中增强学生的国家认同感。例如,学校可以组织红色歌曲的传唱活动,利用广播、墙报等媒介传播红色文化内容,通过校园文化节、主题班会等形式营造浓厚的爱国主义氛围,这些活动有助于激发学生的爱国情感,使其在学习与生活的方方面面都能够感受到祖国的文化力量与精神鼓舞。

2. 加强高校廉洁文化的建设

高校作为知识的殿堂,其文化氛围直接影响学生的价值观、人生观和世界观的形成。大学生处于世界观和人生观的塑造期,良好的廉洁文化建设能够为学生树立正确的道德标杆,培养他们的责任感和担当精神。廉洁文化强调廉洁自律、诚实守信,倡导为人民服务的理念,这种精神不仅能够增强学生的社会责任感,也能帮助他们树立正确的价值观和行为规范。

高校的学术氛围直接影响到教学质量和学术诚信的水平,而学术诚信又是学术研究可持续发展的基础,通过强化廉洁文化的建设,可以有效防范学术不端行为的发生,减少学术不正之风的滋生,进一步优化学术环境。学术研究的廉洁性不仅体现在遵循科研伦理、尊重学术规律上,还表现在维护学术自由与公正方面。高校应将廉洁文化建设纳入学术管理体系,建立健全学术伦理规范和监督机制,确保学术活动的纯洁性与公正性。

在高校中,学生、教职工及管理人员构成了一个多元化的群体,如何在这一群体中营造公平、透明、诚信的氛围,成为高校管理中的一项重要任务。廉洁文化的建设能够有效提升师生之间的信任度和合作精神,增强校园的凝聚力与向心力。加强廉洁文化的传播与教育,能够促使师生在日常交往中秉持诚实守信、平等待人、公正处世的原则,减少不正之风的影响,提升整个校园的文化品位与道德水平。

高校的廉洁文化建设不仅是精神层面的培养,还需要通过具体措施和制度建设予以落实,通过开展专题讲座、廉洁文化主题活动、红色文化教育等方式,可以深化学生对廉洁文化的理解,增强其内心的认同感。将廉洁文化纳入党政工作和学校管理体系,落实到教师的廉洁从教、学生的廉洁修身、干部的廉洁从政等方面,能够形成全员参与的廉洁文化建设格局。这种系统化的管理和教育,能够确保廉洁文化在校园的各个角落生根发芽,为学生的成长和社会的和谐贡献力量。

三、红色文化融入大学生廉洁教育的实践路径

(一) 设计红色文化融入大学生廉洁教育的框架

1. 构建完善的制度

制度建设不仅为教育实践提供了明确的规范和标准,也为各类教育活动的顺利开展提供了有力的保障。要构建完善的制度,必须从制度设计、实践操作及评估机制等多个维度入手,确保各项教育活动在规范的框架内有序高效地进行。

(1) 明确制度的基础框架和总体方向。

红色文化融入大学生廉洁教育的框架应当紧密结合时代发展的要求,顺应社会和教育需求的变化,通过整合国家和地方的政策法规,制定出符合实际的教育制度,确保红色文化能在廉洁教育中得以系统化、规范化地融入。制度的设计要体现出弹性和适应性,能够根据高校不同的教学条件和办学特色进行调整和优化。制度的完备性体现在它能够涵盖各个层面的要求,不仅关注内容的传播,还关注教育方式、教育质量及后续的评估与反馈。

(2) 注重实践性和操作性。

只有通过不断实践,才能检验制度设计的有效性和适应性。因此,高校在构建完善的制度时,应加强对实际操作细节的考虑,确保红色文化和廉洁教育内容能够真正融入整个教学过程。例如,可以通过课程设置、专题讲座、实践活动等多种形式,系统地组织学生参与红色文化和廉洁教育的相关学习,确保教育活动有明确的目标和路径。实践

环节的丰富性与多样性也是制度设计中不可忽视的一部分,这不仅可以增强学生的参与感,也能通过多角度的体验提升教育效果。

(3) 注重结果导向,建立完善的评估和反馈机制。

高校应当定期开展教学评估和学生反馈工作,评估机制不仅要涵盖教学内容的传授情况,还应关注学生的思想转变和行为表现。根据数据的收集与分析,可以及时发现制度实施过程中的不足,并进行针对性的改进。这样的反馈机制能够帮助高校不断完善教育模式,增强教育效果,确保红色文化与廉洁教育内容与时俱进,持续发展。

2. 构建红色廉洁文化教育网络平台

红色廉洁文化教育网络平台应当以弘扬红色精神为核心,通过丰富的历史素材和深刻的思想内涵,强化大学生的思想政治素质,提升其廉洁自律意识。通过高效的信息传播机制,学生可以在平台上随时获取与廉洁文化相关的学习资源,使廉洁教育不再局限于传统的课堂教学,而是融入日常学习生活中,成为潜移默化的思想指导。

平台应当搭建多维互动的教育体系,促进学生与教育内容之间的深度互动。例如,可以通过设置讨论区、在线讲座、案例分析等形式,引导学生深入思考廉洁与个人行为之间的内在联系,帮助他们树立正确的价值观和人生观。在这一过程中,学生不仅能加深对红色廉洁文化的理解,还能通过参与互动,增强其廉洁意识的自觉性和主动性。

红色廉洁文化教育网络平台应关注个性化教育需求,通过智能化的系统分析,提供针对性的教育内容,使每一位学生都能根据自身的成长阶段和认知水平,获取最适合的教育资源。这不仅有助于提高教育的实效性,也能够激发学生在自主学习中的积极性,进一步增强平台的吸引力和教育效果。

3. 以红色文化创新大学生廉洁教育的形式与实践

红色文化具备强大的思想引领作用,其革命精神和廉洁理念能够深刻影响大学生的价值观和行为准则。因此,创新教育形式的核心在于将红色文化的精髓与廉洁教育的需求结合起来,发挥其在塑造学生廉洁品格方面的独特优势,通过设置多元化的教育形式,如红色文化讲座、廉洁文化专题讨论等,激发学生对廉洁理念的深入思考,进而推动他们在日常生活中形成廉洁自律的行为习惯。

红色文化不仅是理论层面的传授,更应通过实践活动来实现其教育功能。高校可以通过开展红色文化主题的实践活动,如组织学生参观红色教育基地、参与廉洁文化志愿服务等,进一步增强学生的实践认知,使学生能够从感性层面更直观地感受到廉洁文化的力量,进而激发其内心的责任感与使命感,促使其在未来的社会生活中践行廉洁自律。

创新红色廉洁文化教育的形式,应关注教育内容的多样性和互动性,通过数字化平台、线上学习资源、互动式学习等方式,可以突破传统教育模式的局限,使廉洁教育更具互动性和参与感,这样不仅能够吸引学生主动学习,还能使他们在互动中加深对红色廉洁文化的理解,并在思维碰撞中形成更加成熟的廉洁意识。

(二) 深挖红色文化中的廉洁元素,拓展廉洁教育内容

1. 引导学生坚定信念,深化红色文化教育价值

高校在推进红色文化教育时,应突破传统教育模式的局限,注重教育内容的深度与系统性,理论知识的传授需要通过生动的案例和现实的需求并与学生的生活经验相结合,帮助学生将红色文化的精髓转化为理想信念的动力。在此过程中,教育内容应具备时代感、实效性和感染力,以增强学生的参与感和认同感,确保学生能够主动接触并深入思考红色文化中的革命精神与理想信念的内涵。

除传统的课堂教学之外,还可以通过多种形式的教学活动,如红色文化主题实践、集体参观、互动式学习等,增强教育的互动性和实践性。通过这种方式,学生不仅能在理论学习中获得知识,还能在实践中触摸红色文化的根脉,感受革命先烈的坚定信念与精神力量。学生党员作为高校思想政治工作的核心力量,他们应在这一过程中充分发挥表率作用,带动全体学生在信念教育中不断前行。

红色文化作为中国特色社会主义文化的重要组成部分,其深厚的历史背景和革命价值观为理想信念教育提供了丰富的资源,高校应构建完善的理想信念教育体系,深入挖掘红色文化,围绕红色文化主题开展系列教育活动,从思想认识到实践应用,全方位促进学生对理想信念的深度认同,培养学生树立远大理想,使其在面对社会诱惑时能够做出正确的道德选择,树立积极向上的人生观、价值观和世界观。

2. 深挖红色文化,丰富廉洁教育内容

红色文化不仅为廉洁教育提供了丰富的素材,还能够有效增强大学生的文化自信,培养其坚定的理想信念和廉洁自律的意识。因此,新时代的高等教育必须将红色文化与廉洁教育紧密结合,深挖其中的教育价值,以适应时代发展的需求。

结合新时代的要求,深入挖掘红色文化中的廉洁教育元素,必须精准找到两者的切入点。红色文化不仅包括革命先辈为民族解放与社会进步所付出的巨大牺牲,还蕴含着深刻的精神力量和鲜明的价值观,在这些革命精神中,廉洁自律、为人民服务的宗旨以及革命先烈的清正廉洁等品质,始终贯穿其中。因此,在新时代的廉洁教育中,应将红色文化的核心思想与当代大学生的思想观念相结合,挖掘其中的廉洁元素,将其转化为当代大学生的思想动力。

红色文化与廉洁教育的有机融合应坚持立德树人的教育理念。立德树人作为新时代高等教育的根本任务,要求在传授知识的同时,加强价值观的引导与塑造。红色文化具有强烈的理想性、革命性和时代性,这些特质与当代大学生的思想需求高度契合。通过深入挖掘红色文化中的廉洁元素,强化大学生的廉洁意识和自律精神,不仅能够提升

廉洁教育的效果,还能够帮助大学生树立正确的三观,培养其辨别是非的能力和坚守道德底线的决心。红色文化中所蕴含的坚韧不拔、勇于担当、无私奉献的精神,将为大学生塑造正确的道德观、人生观和世界观提供源源不断的力量。

在红色文化教育过程中,应注重将其与社会现实相结合,关注时代的需求。新时代的廉洁教育不仅要传承红色文化中的廉洁精神,还要与当前社会中的廉政建设及反腐倡廉的具体实践相结合。将红色文化中的廉洁理念与新时代的廉政实践相结合,能够增强大学生的现实感知和责任意识,使其在面对社会的复杂风气时,能够清晰辨别,坚守廉洁底线,做到明辨是非、拒绝诱惑。

通过深挖红色文化中的相关廉洁元素,进一步充实廉洁教育的内容,将使大学生能够树立坚定的信仰,培养正确的价值观和人生观;在面对当前社会的种种挑战,不仅能够保持清正廉洁的品格,更能够在复杂的社会环境中不迷失方向,始终坚守初心,走好自己的发展道路。通过强化红色文化在廉洁教育中的作用,高校可以在潜移默化中培养出具有高度责任感和使命感的青年人才,为新时代的国家建设和社会主义事业发展贡献力量。

(三)合理运用红色廉洁资源,加强廉洁教育效果

1. 组织教育参观活动,切身体会红廉精神

红色文化具有浓厚的历史底蕴,其精神内涵通过革命先烈的事迹得以具体体现,通过参观革命纪念馆、烈士陵园等地,学生不仅能够了解历史事件的背景,更能体会革命先烈在艰苦岁月中的理想信念和不畏艰难的精神力量。在这些历史遗址和文化场所,学生们能够更直观地感受廉洁精神的核心要义,从而增强传承红色基因的责任感与使命感。这种通过参观和亲身体验获得的认知,比单纯的理论讲解更具有沉浸感和感召力,有助于增强学生对廉洁教育的认同。

通过参观地方廉政教育基地或革命纪念地,学生可以直观地看到历史人物如何在复杂的社会环境中坚持廉洁自律,如何在权力与诱惑面前保持清廉的操守,进而把这些历史人物特别是那些经历过重大历史事件和复杂社会变迁的革命先烈、道德榜样视为自己毕生追求的标杆。学生通过与历史的对话和反思,能够加深对廉洁的理解,明确在当今社会中廉洁自律的重要性,从而在实际生活中自觉践行这一价值。

红色廉洁文化强调的是为人民服务的高尚精神,这种精神不仅体现在个人的行为举止上,更体现在集体的价值追求中,学生在参观过程中能够更加深刻地认识到廉洁自律不仅是个人品质的体现,更是社会责任的担当。参与这些教育活动,学生可以在情感上产生共鸣,在思想上形成自觉,进而在未来的工作和生活中能够积极投身于社会建设与公共事务的清廉事业中。

2. 结合学术科研,强化廉洁教育思想

高校应积极探索将学术科研与廉洁教育融合的路径,通过课题研究的方式,系统地

分析和总结红色廉洁文化的思想精髓。学术科研不仅是推动理论创新和实践应用的重要途径，更是检验和完善教育理念的有效手段，通过对红色廉洁文化相关课题的深入研究，学生可以在探索过程中不断思考和反思自身的价值观，加深对廉洁教育的理解与认同。

学术科研能够为大学生提供丰富的实践机会，强化其对廉洁教育的理解与实践能力，传统的教育模式往往偏重于理论知识的传授，缺乏对学生思维方式和创新能力的培养。当前高等教育改革的核心之一便是培养学生的创新意识与实践能力。通过科研活动，学生能够在真实的学术研究过程中，深入理解和应用廉洁教育的相关理念，提升他们独立思考、解决问题以及学术创新的能力。

将学术科研与廉洁教育相结合，可以为学生提供更广阔的视野和更丰富的学习资源。高校作为知识创新的中心，应当为学生提供充足的科研资源和学习平台，鼓励学生自主探索与学习。在科研过程中，学生不仅能够通过查阅文献、参与讨论等方式拓宽知识面，还能在实际操作中不断提高自己的学术水平和实践能力。结合红色文化的研究，学生能够深入了解中华优秀传统文化的深刻内涵，将其与廉洁教育的具体实践相结合，形成符合时代要求的廉洁教育模式。

3. 创新教育模式，丰富课堂教学内容

课堂作为教育的主阵地，承担着传递知识与价值观的双重任务，在课堂教学中，教师应当将廉洁教育和红色文化有机结合，融入各个教学环节，教师不仅要注重知识的传授，更要关注学生思维的引导和品德的培养。在这一过程中，教师应扮演好引导者和启发者的角色，通过合理设计课程内容，帮助学生更好地理解红色文化的核心精神，树立正确的价值观。课堂教学中应鼓励学生发挥主体作用，积极参与思考和讨论，促进学生对红色文化的深刻理解和内化。

创新教育模式应包括多样化的教学手段和丰富的课堂内容，如可以通过将现代信息技术与课堂教学相结合，打破传统的教学模式局限，利用网络资源和多媒体手段，展示红色文化的经典事例，帮助学生更直观地理解廉洁教育的重要性。课堂教学不应局限于单纯的理论讲解，教师可以引导学生进行自主学习和实践，激发学生的探索精神和学习兴趣。例如，通过设立专题讨论、小组研究、实践体验等方式，促使学生将理论知识与实践能力相结合，深化对红色文化和廉洁教育的认知。

思想道德修养课程可以与红色文化教育有机融合，创造出更加开放和多元的学习环境。在这一过程中，教师不仅要教授理论知识，更应注重学生的情感投入和价值观的塑造。在课堂内外，教师可以通过组织红色文化学习活动、参观红色教育基地、开展社会实践等方式，让学生亲身体验红色文化的精神实质，提升其道德修养和社会责任感。通过这些活动，学生能够更加深入地了解红色文化的历史背景和时代意义，增强爱国情怀，形成积极向上的价值观和行为准则。

(四)推动红色资源融入高校廉洁文化,提升教育环境

1. 组织红廉主题活动,激发学生学习动力

红廉主题活动能够在思想上引导学生,增强其对红廉文化的内在认同,这类活动不仅是形式上的展示,更重要的是通过多样化的形式,深刻触及学生的情感与理性,激发他们对历史与价值观的深入思考。在活动的组织中,可以通过多维度的讲座、座谈、访谈等形式,邀请具有丰富理论素养和实践经验的专家学者以及革命历史研究者,为学生讲解红色文化的历史脉络与价值内涵,帮助学生从更高的学术层面认识到红廉文化的现实意义与深远影响。这种学术交流不仅能够提高学生的理论素养,也能激发他们的思考与探讨热情,促进学生对红廉文化的深入理解。

组织红廉主题活动,学校提供一个互动的平台,让学生参与其中,增强其集体主义精神与社会责任感。活动的组织形式可以多样化,如可以通过开展经验交流会、座谈会等方式,邀请先进人物、社会贤达或革命后代分享他们的亲身经历与感悟。通过这些活动,学生不仅能够接触到革命历史中的精神象征,还能通过与前辈的互动,汲取实践经验与人生智慧。这样的活动有助于培养学生的责任意识和历史使命感,激励他们在自己的成长道路上不畏挑战、勇于创新,提升其综合素质。

红廉主题活动不仅限于学术与思想层面的引领,还能在文化创意与实践层面发挥积极作用。例如,学校可以利用图书馆、文化展厅等资源开展一系列红廉文化相关的阅读与展览活动,通过设立专门的红廉文化书籍区,组织学生开展读书活动、读书分享会等,引导学生深入阅读红色经典和廉政文化书籍,在自我教育的过程中吸收精神养分。学校还可以通过开展文化创作类活动,如征文、知识竞赛、纪录片制作等,激发学生的创作激情和团队协作精神,促进他们在互动中提升自我认知与集体意识。这些活动不仅能够加深学生对红廉文化的感知,还能够锻炼其综合能力,提高其参与社会建设的主动性。

红廉主题活动的组织能通过参与感与体验感的强化,有效提升学生的学习热情和实践能力。学校通过策划各类与红廉文化相关的竞赛活动,采用团队合作的方式,设计丰富多彩的知识竞答、创作竞赛等形式,使学生在趣味性与竞争性中激发他们的兴趣与热情。通过这种寓教于乐的形式,学生不仅能够在愉悦的氛围中提升对红廉文化的认知,还能通过参与强化对这些精神价值的内化,培养出以廉洁自律、勇于担当为核心的品格素养。

2. 建设红色实体空间,融入学生生活场景

红色实体空间的建设是将红色文化从抽象理论转化为具体实践的有效途径。高校通过设置革命文化标识、文化墙以及雕塑等建筑形式,可以将红色历史文化、革命精神融入校园景观营造一个能够体现革命精神、传承红色基因的空间环境。通过艺

术化的手段,红色文化在校园中的呈现不再局限于教室和讲座,而是无处不在,成为学生日常生活的一部分。这种环境渗透性强的教育形式,让学生在接触校园文化的过程中自然而然地接受红色精神的熏陶,进而在潜移默化中形成对革命历史和廉洁文化的认同。

将红色文化与校园建筑相结合,有助于增强学生的历史使命感和集体主义精神。革命历史的文化元素在校园中得以展示,不仅是对过去历史的回顾,更是对学生现实的影响。在教学楼、宿舍区、操场等生活和学习空间,设置与红色文化相关的建筑和标识,学生在日常活动中即能受到革命先烈精神的激励,这种设计不仅有助于增强学生的集体认同感,还有助于培养他们的家国情怀和社会责任感。

红色实体建筑的建设可以促进学生创新思维与实践能力的培养,高校可以在建筑设计中通过美术、建筑学、设计等多学科跨学科合作,让学生通过实践活动参与到红色文化的设计与呈现过程中。这种实践不仅能增强学生的动手能力和创造力,还能使他们在实际操作中加深对红色文化的理解。例如,学生可以参与设计文化墙、雕塑、展览等,将历史事件与文化价值具体化,在为校园注入创新元素的同时,也帮助学生通过实践体验深化对廉洁与革命精神的理解。

红色实体建筑的建设具有重要的象征意义,每一座红色文化雕塑、每一面文化墙,都承载着革命历史的记忆与廉洁精神的传承,这些建筑物不仅是静态的艺术作品,更是动态的教育资源。学生在驻足观赏时,不仅仅是被美丽的艺术形式所吸引,更是在无声地接受着文化的熏陶,潜移默化地培养出忠诚、正直、廉洁的精神品格。通过这种形式,红色文化在师生心中不断生根发芽,形成强大的思想引领力量,促使学生在学习与生活中坚持廉洁自律,增强社会责任感。

第四节 党的政治生态建设与大学生廉洁教育

一、政治生态建设的背景

在中国特色社会主义道路上,党领导下的国家政治体系逐渐成熟,尤其是在推动经济体制改革和政治体制改革的过程中,政治生态的建设显得尤为重要。市场经济体制的逐步确立,使得社会经济得到了飞速发展,随之也滋生了一些不良现象,如利益的过度追逐、腐败行为的蔓延等。政治生态作为对党和社会风气的总体反映,受到社会各阶层利益博弈和政治实践的影响。因此,优化政治生态,尤其是净化党内外的政治环境,成为增强党和政府执行力、促进社会公平正义的必要途径。

随着我国社会经济的快速发展,人民群众的政治参与意识逐步觉醒,民主意识和法治观念的增强使得人们对政治生态的关注度不断提升。政治生态的健康与否直接影响国家治理体系的效率和国家政治生活的和谐稳定，政治生态建设不仅是党内政治文化的改进，更是全社会政治文化的共同进步。

在现代社会，随着全球化的加深和信息化技术的迅速发展，政治生态的建设面临更多的挑战，如何在复杂多变的社会环境中保持政治生态的清明，确保党和政府的公信力与执行力，是新时代政治生态建设必须解决的核心问题。因此，深化政治生态建设，确保党始终保持清正廉洁的政治面貌，是我国党和国家发展的战略目标之一。

政治生态的建设需要通过制度化的保障措施来不断优化，加强政治监督和问责机制、提升公共服务的透明度、强化群众的政治参与等，都是政治生态建设的重要组成部分。通过这些制度性安排，党和政府可以有效遏制腐败现象，防止权力滥用，确保政治体制在健康轨道上运行。政治生态建设还应注重提高政治透明度，强化权力制衡，确保政治决策的科学性和民主性，从而增强社会公众对政治体制的信任感和认同感。

二、政治生态建设与党风廉政建设

（一）政治生态建设是全面从严治党的根本要求

政治生态环境对于党的生命力和国家的长远发展具有深远的影响，任何党内的不正之风、腐败行为，若未得到及时清除，将直接威胁到党和政府的公信力，甚至影响到社会的整体秩序。因此，全面从严治党不仅是党风廉政建设的必要举措，也是政治生态建设的核心要求。通过净化政治生态，党能够有效巩固执政基础，增强党内政治的纯洁性与高效性。

政治生态的健康发展依赖于党内各项制度的有效执行与严格遵守。全面从严治党的核心要义之一就是要加强党内政治生活，确保党内政治生态的良性循环，这一过程不仅包括对腐败现象的清除，还涉及对党内纪律的严格遵守，对党员干部行为的严格规范，以及对党内民主的充分尊重。通过加强纪律建设和党内监督，党能够有效防范权力滥用和腐败问题的滋生，促进党内的自我净化。

政治生态建设要求全面从严治党在实施过程中做到常态化、制度化，仅仅依靠偶尔的反腐斗争或局部的整顿措施难以从根本上改善政治生态，全面从严治党必须在制度设计和执行上形成闭环，建立起长效机制。法律的约束力、纪律的执行力以及监督的力度，都应贯穿于党内生活的各个层面，确保每一位党员干部都能在制度和纪律的框架内行使权力、履行责任。

政治生态建设的最终目标是建设一个风清气正的党内政治环境，确保党的领导权威和执行能力始终保持强大。将全面从严治党作为实现这一目标的内在要求,通过不断深化自我革命,推动党风廉政建设和反腐败斗争取得新突破,这将为党在新时代的发展提供坚实的政治基础。只有通过持续推进政治生态建设,党才能确保在复杂多变的国内外形势下,始终保持健康的政治活力,实现党的事业与国家发展的双重胜利。

(二)政治生态建设是严明政治纪律和规矩的必然要求

政治纪律和规矩不仅是对党员干部行为的规范,它们更代表了党内组织生活的核心要求,确保党的各项方针政策得以顺利实施。政治生态建设的成败,与政治纪律和规矩的落实紧密相联,若政治纪律松弛,规矩不严,必然会为腐败现象的滋生提供温床,进而影响党内政治环境的纯洁性和稳定性。因此,严明的政治纪律和规矩是政治生态建设的基石。

要实现健康的政治生态,党内每一位成员都必须始终如一地严格遵守政治纪律和规矩,保持高度的政治敏锐性与自觉性,党员干部不仅要强化党章党规意识,更要求在日常工作中坚持执行,做到事事有纪律,处处有规矩。在此基础上,对于任何违反政治纪律和规矩的行为,必须坚决查处,毫不姑息,确保纪律的严肃性和权威性。

(三)治理腐败与作风建设是政治生态建设的核心内容

反腐败斗争是全党政治工作的核心任务,只有通过严格的反腐败机制,才能有效净化党内政治生态,确保党始终保持先进性和纯洁性。腐败行为的存在不仅损害党的形象,还会破坏党同人民群众之间的信任基础。因此,必须始终保持高压态势,对腐败现象零容忍。

党风廉政建设通过强调领导干部的责任与示范作用,强化党内的监督机制,使党组织的作风建设成为落实反腐败政策的基础。作风建设强调纪律和规矩的执行,要求党员干部时刻自省,自觉抵制不良风气,确保每一位党员都能够在政治生态建设中发挥应有的积极作用。

三、党的政治生态建设与大学生廉洁教育的关系

(一)政治生态的净化为廉洁教育创造条件

在政治生态良好的环境中,透明、公正的制度能够有效防止腐败行为的发生,推动廉洁从政、从业的价值理念得到落实。政治生态的净化通过强化法治和制度建设,明确责任界限,确保权力运行的透明性和公正性,为廉洁教育提供了更加坚实的基础。

在健康的政治生态下,社会风气更加清正廉洁,腐败行为受到严格制约,为廉洁教

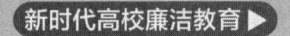

育的顺利实施创造了更加有利的社会氛围。政治生态净化,社会环境更加清明,廉洁教育的传播和认同便能得到更广泛的支持。反过来,政治生态的净化使得廉洁教育的价值观念更加深入人心。

(二)政治生态与廉洁教育相辅相成

政治生态与廉洁教育之间存在密切的互动关系,两者在反腐倡廉的框架中相辅相成、相互促进,共同推动反腐败事业的深入发展。政治生态的建设为廉洁教育提供了外部环境的支持,廉洁教育为政治生态的健康发展奠定了思想基础。政治生态的净化为廉洁教育的有效实施创造了条件,提供了一个廉洁行为得以广泛认同和实践的社会氛围,在这一良好环境下,廉洁教育能够获得更多的社会认同与支持,提高其实施的效果。廉洁教育通过深入人心的思想传播,能够在个体层面塑造清正廉洁的价值观,为政治生态的健康发展提供内在动力。

政治生态建设与廉洁教育的关系是相辅相成的,彼此互为依托,健康的政治生态有助于营造清正廉洁的社会氛围,防止腐败行为的滋生;廉洁教育通过提升公民的廉洁意识,强化其抵制腐败的能力,确保政治生态的长久健康。

四、党的政治生态建设融入大学生廉洁教育的策略

在当前社会背景下,党的政治生态的清明与否,直接关系到国家的长治久安和社会的和谐稳定,因此,将党的政治生态建设融入大学生廉洁教育,不仅是培养具有高尚品德和廉洁自律意识的新时代青年的需求,也是推动全面从严治党向纵深发展的必然要求。具体而言,可以通过丰富多样的教学方式,如课堂讲授、案例分析、实践体验等,将党的政治生态建设的核心理念和价值观念传递给大学生,在教学过程中,注重引导大学生深刻理解党的政治生态建设的内涵和意义,增强他们对党的纪律规矩的敬畏之心,以及对廉洁自律的自觉追求;充分发挥校园文化的熏陶作用,营造风清气正的校园氛围,通过举办廉洁文化主题活动、设立廉洁教育宣传栏、开展廉洁主题征文比赛等形式,让廉洁文化渗透到校园生活的每一个角落,使大学生在潜移默化中受到廉洁教育的熏陶和感染;鼓励大学生积极参与社会实践,将廉洁理念转化为实际行动,通过组织大学生参与志愿服务、社会调查等活动,让他们在实践中锻炼廉洁自律的品质,增强社会责任感和使命感。

拓展阅读

时代专论丨加强廉洁文化建设 夯实廉政思想根基

反对腐败、建设廉洁政治,是我们党一贯坚持的鲜明政治立场,是党自我革命必须

长期抓好的重大政治任务。党的二十大报告要求"加强新时代廉洁文化建设，教育引导广大党员、干部增强不想腐的自觉"。党的二十届三中全会和二十届中央纪委二次、三次全会都对加强新时代廉洁文化建设做出重要部署。我们要深刻认识加强新时代廉洁文化建设的重大意义、丰富内涵和实践要求，更加注重正本清源、固本培元，筑牢拒腐防变的思想道德防线，培育风清气正的政治生态，涵养求真务实、团结奋斗的时代新风，为推动党风廉政建设不断向纵深发展打下坚实思想文化基础。

充分认识加强新时代廉洁文化建设的重大意义

党的十八大以来，以习近平同志为核心的党中央坚定不移推进党风廉政建设和反腐败斗争，坚决清除一切损害党的先进性和纯洁性的因素，清除一切侵蚀党的健康肌体的病毒，反腐败斗争取得压倒性胜利并全面巩固，消除了党、国家、军队内部存在的严重隐患，党在革命性锻造中更加坚强。习近平总书记多次强调，要夯实党员干部廉洁从政的思想道德基础，营造崇廉拒腐的良好风尚。加强新时代廉洁文化建设，对于教育引导广大党员干部坚守理想信念、牢记初心使命、增强抵腐定力、保持纯洁本色，具有十分重要的意义。

加强廉洁文化建设是坚守党的性质宗旨的必然要求。我们党是始终代表最广大人民根本利益的马克思主义政党，党的性质宗旨决定了我们党除了国家、民族、人民的利益，没有任何自己的特殊利益，也从来不代表任何利益集团、任何权势团体、任何特权阶层的利益。所有腐败现象，本质上都是运用职务职权和影响力为个人或小团体谋取私利，自然也都同党的性质宗旨格格不入。习近平总书记指出："我们入了党，就认定了马克思主义，认定了社会主义和共产主义，认定了全心全意为人民服务的宗旨。坚守这份理想信念，是拒腐防变的思想根基。"革命战争年代，党员干部经常受到血与火的洗礼，理想信念经过反复锤炼，普遍能够自觉抵制各种消极腐败现象。现在，许多党员干部没有经历过生死考验，缺乏严峻斗争和艰苦环境的磨砺，容易追求安逸享乐而意志消沉、不思进取，容易在糖衣炮弹面前失守变质、腐化沉沦。加强廉洁文化建设，对于增强党员干部党性意识、宗旨意识，夯实不忘初心、牢记使命的思想根基，守牢清正廉洁的政治底线，具有十分重要的意义。

加强廉洁文化建设是塑造风清气正政治生态的重要方面。历史和现实都告诉我们，为政者能否清廉自守同所处的从政环境密切相关。在构成从政环境的各种因素中，政治生态起决定性作用。政治生态好，就会正气充盈；政治生态不好，就会邪气横生。领导干部是公权力的行使者，公共资源的分配者，如果身边的政治生态出现问题，就容易受到不良风气侵蚀，"久入鲍鱼之肆而不闻其臭"，逐步滑入违法犯罪的深渊。加强廉洁文化建设，大力弘扬忠诚老实、公道正派、艰苦奋斗、清正廉洁的价值观，有助于引导党员干部旗帜鲜明抵制和反对关系学、厚黑学、官场术、"潜规则"等庸俗腐朽的政治文化，营造风清气正的政治生态。

加强廉洁文化建设是一体推进"三不腐"的基础性工程。坚持系统观念、综合施治，一体推进不敢腐、不能腐、不想腐，是新时代党风廉政建设和反腐败斗争的突出特点。不敢腐、不能腐、不想腐是相互依存、相互促进的有机整体，"不敢"是前提，"不能"是关键，"不想"是根本。如果做不到"不想"，"不敢"的震慑就会打折扣，"不能"的防线就有被突破的危险。习近平总书记指出："我们强调的不想腐，侧重于教育和引导，着眼于产生问题的深层次原因，对症下药、综合施策，让人从思想源头上消除贪腐之念。"加强廉洁文化建设，有助于党员干部在思想深处不断进行检视、剖析、反思，不断去杂质、除病毒、防污染，把"外在的纪律"内化为"自觉的纪律"，真正做到公正用权、依法用权、为民用权、廉洁用权。

开展廉洁文化建设具有深厚的文化基础

中国共产党自成立之初，就牢牢确立起对廉洁政治的价值追求。一百多年来，我们党坚守无产阶级政党革命本色，把马克思主义廉洁政治观同中华优秀传统文化相结合，实现对中国古代廉政文化的创造性转化和创新性发展，为新时代党风廉政建设奠定了坚实文化基础。

党的革命文化中蕴含着宝贵廉政资源。我们党领导人民进行革命建设改革，推进伟大社会革命的历史，也是党不断自我净化、自我完善、自我革新、自我提高，实现伟大自我革命的历史。党始终高度重视自身廉洁建设，将清正廉洁作为共产党人的基本准则。1926年8月，党中央发出关于坚决清洗贪污腐化分子的通告，这是党的历史上第一个惩治贪污腐败的文件。中央苏区时期，设立了工农检察部，督促各级机关积极开展工作、肃清腐化贪污等行为。1941年5月，《陕甘宁边区施政纲领》明确规定："厉行廉洁政治，严惩公务人员之贪污行为，禁止任何公务人员假公济私之行为，共产党员有犯法者从重治罪。"针对新的历史环境下贪污、浪费和官僚主义等现象，我们党及时果断开展了"三反""五反"、整党等运动，严肃查处了刘青山、张子善案件，对防止腐败现象滋长蔓延起到了强烈震慑作用。面对市场经济条件下的新情况新挑战，我们党围绕经济建设这个中心，把反腐败同改革、发展、稳定有机结合起来……在准确把握新形势新任务中，我们党不断深化对党风廉政建设和反腐败斗争的长期性、复杂性、艰巨性的认识，始终把党风廉政建设和反腐败斗争放在突出位置来抓。持之以恒抓廉政建设，使我们党形成了崇廉尚廉的党内文化，涌现出许多感人至深的廉洁事迹，教育和影响了一代又一代人。第五次反"围剿"失利后，时任江西省苏维埃政府主席刘启耀背着金条乞讨数年寻找党组织，不动用分毫党的经费；周恩来同志用"十条家规"告诫进京做事的亲属"完全做一个普通人"；焦裕禄不让孩子"看白戏"，将票款如数交给戏院；杨善洲赶一百里夜路，也要给群众补交两角饭钱；等等。老一辈共产党人的廉洁作风、廉洁精神，永远不会过时，永远要发扬光大，是新时代廉洁文化建设必须坚守的价值追求。

中华优秀传统文化中具有丰富的廉政思想。中华文化自古以来就倡导廉洁政治，修身立德、崇廉尚俭、戒贪戒腐是对为政者最基本的道德要求。早在先秦时期，我们的祖先就有为政以廉的劝诫。《尚书》提倡"简廉"之德。《礼记》提出"廉以立志"。管子认为礼、义、廉、耻是国之四维，"四维不张，国乃灭亡"。晏子提出，"廉者，政之本也"。老子《道德经》讲，"祸莫大于不知足，咎莫大于欲得"。孔子把"欲而不贪"作为为政的必备条件，指出"其身正，不令而行；其身不正，虽令不从"，强调为政者要起到表率作用。韩非子提出，"修身洁白而行公行正，居官无私，人臣之公义也；污行从欲，安身利家，人臣之私心也"。先秦以降，历朝历代有作为的统治者，出于维护封建统治的需要，都会对官吏提出廉洁要求。士大夫阶层尤其以廉洁为政德之要，留下许多引人深思的警句。宋朝吕本中在《官箴》中说："当官之法，惟有三事，曰清、曰慎、曰勤。"明代理学家薛瑄在《从政录》中将清廉自守分为三种境界：见理明而不妄取者，上也；尚名节而不苟取者，其次也；畏法律、保禄位而不敢取者，为下也。清代张伯行留下著名的《却赠檄文》："一丝一粒，我之名节；一厘一毫，民之脂膏。宽一分，民受赐不止一分；取一文，我为人不值一文。"这些思想具有历史进步意义，展现出穿越时空的永恒价值，为新时代推进廉洁文化建设提供了重要思想源泉。

清正廉洁是当今社会共同的价值追求。在权威机构进行的多次民意调查中，人民群众最痛恨的就是腐败现象，最拥护的就是党中央正风肃纪、铁腕反腐、激浊扬清。如果不能有效遏制腐败现象，不但会严重破坏社会公平正义，严重损害人民群众切身利益，也会严重影响党和政府的形象。近年来，我们党在深入推进党风廉政建设和反腐败斗争的过程中，在廉洁文化建设方面采取了许多创新性举措，受到社会各界高度关注、起到良好效果。归根到底就是因为反腐倡廉是中国社会的主流价值。人民群众对清风正气、清廉政治的共同向往和追求，为新时代廉洁文化建设营造了良好社会氛围。

以廉洁文化建设为推进全面从严治党向纵深发展提供重要支撑

深入推进全面从严治党，必须坚持标本兼治，加大治本的工作力度。加强廉洁文化建设，发挥廉洁教育基础作用，从思想上固本培元，从源头上有效预防腐败，是治本的重要内容。我们必须站在勇于自我革命、保持党的先进性和纯洁性的高度，把加强廉洁文化建设抓紧抓实抓好，为推进全面从严治党向纵深发展提供有力支撑，推动实现干部清正、政府清廉、政治清明、社会清朗。

强化理论武装，筑牢思想防线。理论上坚定清醒是思想政治上坚定清醒的前提。在纷繁复杂的社会现实和形形色色的利益诱惑面前，领导干部要炼就"金刚不坏之身"，就必须用科学理论武装头脑，不断厚植自己的精神家园。马克思主义经典作家奠定了无产阶级政党自身建设的理论基础。党的历史上对党风廉政建设进行了深入理论探索。习近平新时代中国特色社会主义思想，不仅包含着治国理政、管党治党的重要思想,也贯穿着对中国共产党人政治品格、价值追求、精神境界、作风操守的要求。这些都是我们开展廉洁文化建设的宝贵理论资源。要坚持思想建党、理论强党,加强对马克思主义理论的学习,特别是要深入学习习近平新时代中国特色社会主义思想,运用党的科学理论检视自身思想作风和精神状态,牢固树立正确的世界观、人生观、价值观和权力观、政绩观、事业观,使自己的精神世界正气充盈,铸牢清正廉洁的思想之魂。

坚定理想信念,增强抵腐定力。坚定理想信念,坚守共产党员精神追求,是共产党人安身立命的根本。理想信念滑坡,精神上"缺钙",就会得"软骨病",从而丧失党性立场,经不住权力、金钱、美色的考验。这些年查处的众多腐败案件告诉我们,那些蜕变分子、腐败分子之所以走上歧途、走上不归路,无不是从理想信念发生动摇开始的。开展廉洁文化建设,必须把坚定理想信念作为首要任务,教育引导全党牢记共产主义远大理想和中国特色社会主义共同理想,牢记全心全意为人民服务的根本宗旨,挺起共产党员的精神脊梁,这样才会有强大的免疫力和抵抗力,才能防止歪风邪气附体。要把理想信念教育作为必修课、常修课,充分利用好党史上的各种红色资源、廉政资源,引导党员干部不忘初心、牢记使命,大力发扬红色传统、传承红色基因,始终保持共产党人清正廉洁的政治本色。

赓续文化传承,坚持道德操守。文化浸润人心、启迪心灵,是引领风尚、教育人民的重要载体。廉洁理念熔铸于中华民族传承数千年的价值观念之中,是全民族共同的道德规范和道德基础。推进新时代廉洁文化建设,必须坚定文化自信和历史自信,不断从中华优秀传统文化中汲取廉洁思想、廉洁理念、廉洁价值,涵养克己奉公、清廉自守的精神境界。要积极借鉴我国历史上反腐倡廉的宝贵遗产,充分挖掘历史文献、文化经典、文物古迹中的廉洁思想,系统整理古圣先贤、清官廉吏的嘉言懿行,梳理总结古代廉政建设形成的规律性认识和制度性成果,不断丰富发展中华廉政文化的思想内涵和时代价值,使之与党内政治生活、政治文化、社会主义法治文化相融相通,成为党员干部的思想共识和价值追求。

弘扬清风正气,引领社会风尚。党的作风是党的形象,关系人心向背,关系党的生死存亡。如果不注重作风建设,听任不正之风侵蚀党的肌体,党就有失去民心、丧失政权的危险。要把廉洁文化建设同党的作风建设紧密联系起来,加强思想教育,狠抓风气养成,推动形成风清气正的政治生态。党员干部的家风直接影响党风、政风。领导干部要把家风建设作为践行廉洁文化的重要内容,在管好自己的同时,严格要求亲属子女和身边工作人员,坚决反对以权谋私、反对特权现象,真正做到廉洁修身、廉洁齐家。党风、政风和社风、民风相互联系、相互影响。要大力弘扬社会主义核心价值观,把实践中比较成熟、可践行的廉洁要求转化为制度规范,与乡规民约、行业规章、团体章程等相结合,发挥教化、指引和规范作用,在全社会共同形成廉荣贪耻、向上向善的良好氛围。

加强制度建设，形成长效机制。坚持思想建党和制度治党同向发力，是新时代全面从严治党的一条重要经验。推进新时代廉洁文化建设，既要靠党员干部的自我修养和自觉行动，又要建立有效管用的制度机制。要坚持抓在日常、融入经常，充分利用理论学习中心组学习、"三会一课"、主题党日等形式，广泛开展廉洁文化教育，激发共产党员高尚道德追求。要把政德教育作为干部教育的重要内容，在课程体系中增加革命文化、中国古代廉政文化等相关内容，帮助领导干部明是非、辨真伪，养正气、祛邪气。要把廉洁文化内涵融入法律法规和党纪之中，使遵守党纪国法的过程成为自觉守廉、护廉、倡廉的过程。要充分利用媒体资源，积极宣传廉洁理念、廉洁人物、廉洁故事，使廉洁价值深入人心，让每一个公民都成为清廉社会的营造者和维护者。

（来源：中国纪检监察报，有删减）

课后思考

　　1. 如何有效地将其他国家廉洁教育的成功经验本土化，以适应我国大学生廉洁教育的实际需求？

　　2. 中华民族传统文化中的廉洁思想如何与现代教育理念相结合，更好地融入大学生廉洁教育体系中？

　　3. 红色文化的廉洁内涵如何在新时代背景下得到传承和发扬，以激励大学生树立正确的价值观？

　　4. 党的政治生态建设对大学生廉洁教育提出了哪些新要求，我们该如何积极响应并践行？

第六章
大学生廉洁教育的体系构建

学习引言

在当今社会,大学生廉洁教育已成为高等教育不可或缺的一环,对培养具有高尚品德和社会责任感的未来人才具有重要意义。本章深入探讨大学生廉洁教育的体系构建,旨在为读者提供一个全面而系统的理解框架。从课程设置的角度出发,详细剖析廉洁教育内容的科学性与实用性。通过话语转换,探讨如何使廉洁理念深入人心。管理机制与保障体制的构建能为廉洁教育的长效发展提供了坚实支撑。

知识目标

通过本章的学习,全面掌握大学生廉洁教育的整体框架与核心要素,理解廉洁教育的课程设置原则与内容设计,掌握话语转换在提升教育效果中的作用与策略。同时,明确管理机制在保障廉洁教育有序开展中的关键地位,以及构建完善的保障体制对于推动廉洁教育持续发展的重要性。力求大学生通过学习,在实际工作中能够有效运用所学知识,促进廉洁意识的形成与提升,培养高尚品德和廉洁操守。

内容学习

第一节 大学生廉洁教育的课程设置

大学生廉洁教育是开展大学生德育的重要组成部分,是构建社会主义核心价值理念,贯彻党的廉政建设方针、培养合格廉政建设主体的重要任务。大学生廉洁教育通过课程构建有利于更好地落到实处[①]。在推进大学生廉洁教育的进程中,高校需重视廉洁教育课程的科学设置。此举措旨在为大学生奠定坚实的廉洁文化知识基础,塑造其行为规范,进而提升其廉洁素养,强化其抵御腐败侵蚀的能力。为此,高校需从多个维

---

① 田小凤.大学生廉洁教育的课程建构体系[J].科技信息,2011(22):38.

度入手，明确课程设置的原则与思路，精心规划第一课堂与第二课堂的互补结构，并建立有效的课程效果评价体系，以确保廉洁教育的全面性和深入性。

一、大学生廉洁教育课程设置的原则

在探讨大学生廉洁教育课程设置的原则时，必须认识到课堂教学作为理论知识传授的核心途径，其重要性不容忽视。为确保廉洁教育的有效实施，需不断优化和完善高校课堂教学中的廉洁教育课程体系。依据课程设置的整体化、阶段性和个性化特征，大学生廉洁教育课程设置应遵循以下原则。

（一）大学生廉洁教育与师德师风建设相结合

大学阶段是大学生塑造正确人生观、价值观及世界观的关键时期，此时期对其知识体系的完善、道德认知的深化、情感经验的积累以及心智与思维模式的成熟起着至关重要的作用。在这一关键阶段，高校教师与教育管理者作为大学生日常接触最为频繁的角色，不仅承担着传授专业知识、解答学术疑惑的基本职责，他们的日常言行举止、思维模式及价值导向亦在潜移默化中对学生的世界观构建、道德观念形成、人生哲学理解及价值取向确立产生深远影响。可以说，教师的内在道德品质与专业素养具有同等的重要性，甚至在某些方面，道德品质的影响力更为凸显。教师的言传身教是一种无形的教育资源，能够显著影响大学生的思维方式、行为模式及生活态度的塑造。因此，强化师德师风建设，并将其与大学生的廉洁教育有机结合，提升高校教职员工和行政人员的职业道德水平和行为规范性，不仅能够优化教育环境，还能够有效促进大学生廉洁品质的培育，为培养具备高尚品德和廉洁自律精神的新时代人才奠定坚实基础。

1. 廉洁教育与教师道德相结合

在推进廉洁教育与教师道德深度融合的过程中，高校需采取积极措施，确保师风师德成为评价教师及管理工作者的重要指标。具体而言，应将其纳入各类评优表彰体系，通过举办道德讲堂、模范宣传报告会及主题教育活动，并借助校园媒体与外部新闻平台，广泛传播正面典型，营造积极向上的舆论氛围。同时，也应选取行业内的违纪案例进行剖析通报，实施警示教育，以实例为鉴，促使教育者时刻保持廉洁自律。

2. 廉洁教育与完善教师管理工作机制相结合

廉洁教育需与教师管理工作机制革新相结合，围绕立德树人根本任务，将师风师德教育贯穿于教师管理各环节，构建科学完善的管理体系，助力高校治理能力现代化。这要求将廉洁文化融入高校管理章程与制度之中，使之成为科学民主管理、校风学风建设及师德塑造的重要支撑。同时，廉洁文化应融入教师培训机制，通过规定廉洁教育课程学时学分，确保其在各类学习活动中的常态化。

针对师风师德教育的特殊性,应加大研究力度,鼓励申报相关课题,完善辅导员与班主任的轮训制度,并特别关注青年教师群体的师德建设,通过系统的职前培训和继续教育,强化其教书育人的责任感与使命感,促进年轻教师以德立身、以德施教。

3. 廉洁教育与完善教师管理监督考评机制相结合

师风师德是道德领域的重要组成部分,根植于人类理性,依赖于个体的认同与实践,本质上属于自律的范畴。然而,廉洁文化与师风师德的建设同样离不开他律的有效约束。从某种程度上看,遵循他律规范亦是自律精神的体现。为此,构建系统的考核评价机制对推动廉洁教育与师风师德建设至关重要。

(1) 制定规范的师风师德考核标准,综合考量教师与管理者的师德表现,细化量化评价指标,并将考评结果与绩效、资格认定、职务晋升等关键环节挂钩,确保执行力度。

(2) 建立全面的师德师风监督机制同样不可或缺。通过多元化渠道,如调研座谈、社交媒体、问卷调查、监督热线及平台等,广泛吸纳高校学生、家长及学术组织的参与,形成密集的监督网络,实时掌握教育者的行为与师德状况。

(3) 实施严格的惩戒机制为维护师德师风至关重要。对于考评未达标的教师,采取批评教育、诫勉谈话、责令检查及限期改正等措施;对于严重背离师德甚至违法违纪者,依法依规予以惩处,并对查实的违纪行为进行公开通报。此举不仅有助于纠正教师的不当行为,更能触动学生,引导他们树立勤俭节约、廉洁奉公的价值观,为未来的廉洁自律奠定坚实基础。

拓展阅读

中纪委怒批中国高校!

新洞察 2024-06-26 20:51 上海

《中国纪检监察》杂志刊文披露高校中存在的不同程度官僚主义问题。

有些高校行政机构效率低下,部分行政干部颐指气使,把校园变"衙门"。有的学科所谓"大佬"徒子徒孙遍地,以师生、同门为纽带互相提携,形成封闭的"圈子"。个别高校领导和老师把社会上的商品交换原则带进"象牙塔",把学术资源作为攀附权贵的手段。

要深刻认识到"象牙塔"里的官僚主义造成的危害尤甚,绝不能放任,必须重拳出击、露头就打,彻底铲除官僚主义滋生的土壤。

十九届中央第七轮巡视向教育部党组和31所中管高校党委进行巡视反馈,其中一半以上高校被指存在不同程度官僚主义问题。"象牙塔"不扫,一样藏污纳垢;学术圈不加强作风建设,亦然歪风侵蚀。与党政机关相比,"象牙塔"里的官僚主义既有相似性,又有独特性,还有隐蔽性,带坏校风、师风和学风,危害不容小觑。

现象一:"官气"十足,衙门做派

有些高校行政机构效率低下,部分行政干部颐指气使,把校园变"衙门"。有的师生在去盖章签字时,遇到"门难进、脸难看、事难办"。华北某高校学生说,学校教务处老师一周只有半天时间对学生办理业务,遇到急事只能"干着急"。有的高校办事流程繁杂,一些事务性工作需要职能部门盖好几个章,有学生为补办学生证到不同部门来回跑10趟。

行政权力掌握资源分配,导致一些教职人员追逐"官职",有人为此还大费周章。如内蒙古某大学一名教研室主任为竞聘校处级干部,竟然向时任学校党委书记行贿。在一些学术资源有限的高校,经费审批权大多集中在校领导手中,行政领导往往在经费划拨、项目申请、入选各类人才计划等方面起决定性作用。某高校理工科院系一名副教授表示,普通教授也许拿项目不容易,可如果有了行政职务,情况可能就不一样了。

还有一些人官学一体,美其名曰"双肩挑",实则"两头吃"。有的一边占据领导干部位置,一边又经常以学者身份外出参加学术活动等,既头顶领导光环参与学术资源分配,与普通教师争利,又利用领导身份排挤学术竞争对手,引发干群矛盾。

现象二:门户林立,近亲繁殖

以同门情谊打造利益圈子的现象在一些高校不时存在。有的学科所谓"大佬"徒子徒孙遍地,以师生、同门为纽带互相提携,形成封闭的"圈子"。一些重大科研基金、重要科技奖项和人才项目评审深受"大佬"及背后"圈子"影响。有的高校在招收研究生时执行"双重标准",对外校报考者从严从难,对本校本院系报考者青睐有加。

"圈子"不加约束,就会演变成派系,派系之间不单是学术上的分歧,还有行政权力和项目利益上的争夺。某高校一名研究生介绍,自己所在学院人数不多却存在好几个由不同教授为首的派系。如果派系间相互争斗,互不买账,对学科建设和学校发展都会带来不小的伤害。

在年轻学生话语中,课题组内"大老板""小老板"称呼不时出现,有的"大导"掌控一切,以家长作风扭曲学术传承。一些学术权威掌控学术话语权,在一个门派中不允许有不同于"师傅"的左见,打压排挤不同学术观点的人。个别人还把学生视为附属品、免费劳动力,学生不仅在实验室里加班加点帮导师做课题项目,还要频繁打杂、跑腿干一些与学术研究无关的事情。更有甚者以通过论文、顺利毕业等条件来要挟学生,搞学术霸凌。

以靠校吃校进行利益交换,是近亲繁殖的另一种形式。有的高校领导干部和教职工想方设法把配偶子女等亲属安排进高校圈子工作。近年来,北京在巡视市管高校时就发现有的高校"干部人选个别酝酿沟通不够,领导干部违规兼职、返聘,夫妻、亲属在学校任职现象比较突出"。有的高校教职工互相请托关照亲朋子女。西南省份某高校教务科长就因私下接受同事请托,为其女在缓考中弄虚作假,提高研究生推荐免试课程成绩,最终被严肃查处。

现象三:不务正业,攀附结交

对于高校教师来说,潜心治学应是本务,一些人却为争项目经费削尖脑袋。跑项目、要经费的时间多了,潜心研究、教书育人的时间就少了;找门路、搞经费的时间多了,躬身研究、与学生在一起的时间就少了。有的甚至在项目到手后立马分包给课题组的年轻老师或学生,自己动嘴不动手,出钱不出力,成为"学术包工头",把师生间"授"与"学"的关系异化为老板与员工的雇佣关系。

常言道"板凳甘坐十年冷",一些重大科技创新成果往往会耗费科学家毕生的心血。但是个别高校老师却沉不下心、静不下气,忙交际应酬无暇教研。比如,有的不重教学重创收,频繁外出授课、演讲、做兼职,只想把高额出场费"收入囊中";有的穿梭于各式会场,四处露脸捞"声名"、拓"圈子",对学生无暇顾及;有的成为领导干部后热衷觥筹交错、迎来送往,在交际场中长袖善舞,不把心思花在学校管理和建设上。

个别高校领导和老师把社会上的商品交换原则带进"象牙塔",把学术资源作为攀附权贵的手段。有的领导、富商乐于"攻读"在职硕士、博士,一些教授也乐于招收这样的"学生",甚至不惜降低学术要求,有的高校则热衷邀请一些没有教学经历和学术研究成果的"名流"担任客座教授。

现象四:好高骛远,贪图虚名

高校发展建设需要求真务实的工作作风,然而一些高校领导对大学的基本特征、发展规律和办学特点等不认真研究,闭着眼睛唱高调,高校发展贪大求全。有的高校盲目提创建世界一流,热衷炒概念。有的高校办学特色不明显,办学定位、学科以及专业建设、人才培养存在类同现象,只为"赶热门"一哄而上,或一门心思把规模做大好升格,学科专业盲目求全,造成重复建设和资源浪费。有高校教师对此评价说:"有的学校仅注重'量'的扩充,缺乏'质'的提升,导致'饼'摊得太大,人力和财力很难保证正常的教学质量。"

一些高校在"赶浪潮、抓热点、贴标签"的氛围中,学科建设急于求成。例如,内部各类研究机构成立了一家又一家,对外合作院所搞了一个又一个,效果如何无人过问。这样的高校对基础研究工作重视不够,只重视短期效应,忽视长远建设。"对解决国家重大需求、卡脖子技术等支持不够",某高校教师直言,这些项目长期攻关才能出成果,纯属前人栽树后人乘凉,所以有的人不愿干不去干。

一些高校领导干部习惯高高在上,不愿深入师生和教研一线。有的制定政策不征求意见,独断专行;有的缺乏调查研究,"拍脑袋"决策;有的管理僵化,脱离实际。一位高校教师就抱怨学院出台的有关科研经费规定只顾降低经费滥用风险,忽视科研工作实际,"每个学科乃至每个项目的科研都有其特点,学院却把经费用途规定很'死',比如多少钱买书、多少钱用于学术交流、多少钱用于办公用品,操作执行不便"。

追权逐名贪利致使浊气难除

长久以来,"象牙塔"里的官僚主义难以根治,自有其适宜生长的"土壤"。

官僚主义的表现各式各样,但背后都与权力二字息息相关。行政权力很好使,是催生官僚主义的一个重要原因。一些高校习惯以行政命令统领学术。少数人不学却有"术",将社会上拉关系、搞钻营的不良风气带入高校并从中获利,不但掌握了大量学术资源,还能轻易获得学术地位和荣誉。如此环境浸染下,一些高校教师逐渐产生了"教授不如处长"的想法,认为与其坐冷板凳搞科研,不如走出实验室搞关系,实现名利双收。

高校过度行政化,一方面,高校管理人员以行政逻辑来处理学术问题,阻碍学术正常发展;另一方面,高校教师处理行政事务挤占大量时间精力。更值得警惕的是,行政权力的诱惑让一些教师变得浮躁,侵扰校风学风,甚至让一些学生也有样学样,少数学生干部"官气"十足,从中可见一斑。

高校里同学、同门、同乡等关系复杂,属于典型的"熟人社会",背靠"山头"有底气助长近亲繁殖。有的高校老师长期深耕一地、深耕一域,容易滋生"一个人单打独斗,比不上一群人合起伙来"的想法。"山头"树大根深,一荣俱荣、一损俱损的利益圈就此形成。

讲究门户之分、圈子文化盛行,扰乱了正常的学术科研秩序,损害了高校选人用人公平性,伤害了那些想干事、能干事的教职人员积极性。此外,"人情大于天"的环境造成一些人认为,如果自己不随波逐流就会被排挤、淘汰,因此想方设法拉关系、进圈子,产生"劣币驱逐良币"的现象。

有些人对官僚主义睁一只眼闭一只眼,因为"朝中"有人得实惠,在利益驱使下接受甚至利用这种歪风谋利。对于高校教师来说,职称评定、职务晋升、成果评奖等均与个人职业发展密切相关。在这些方面学术权威拥有很强的话语权,导致很多教师特别是青年教师不得不投靠"大导"以求"庇护"。

某高校教师举例说,在监管不到位、资源不充裕的情况下,如果导师或者关系好的人是评选委员会的成员,自己就有"优势","我认识的导师多一票,关系好的又可以多一票"。因此,在唯学历、唯资历、唯论文等"多唯"倾向下,混脸熟、贴名字、求提携、认门户、攀交情、搞关系等现象随之出现。

在职称评定指挥棒驱使下,学术话语权一定程度上被掌握在少数权威手中,容易导致学术"同质性"强,甚至演化为学术垄断,影响创新思维和创新人才培养。此外,科研成果唯少数学术权威的"票数"论,评审以亲疏作标尺,长此以往影响科研质量。

"象牙塔"里的官僚主义歪风具有很强的隐蔽性,有时并不引人注目,在监督乏力不到位的情况下,很容易悄然滋长。当前,高校"四风"主要依靠纪检监察部门来管来纠来治。除人手有限外,还存在监督措施不多、方式单一、办法不灵等问题。

有的高校对"四风"问题的监督执纪问责偏软,压力传导不够。还有的高校抓"四风"多集中在吃喝收礼等显性问题上,对形式主义、官僚主义等问题涉及较少。某高校教师坦言:"查处的官僚主义问题数量微乎其微,有的问题传播到社会上,造成不良影响,才会去查。"

监督执纪问责高高举起、轻轻放下,怕伤和气、怕掀盖子,让官僚主义在高校有了生存空间和蔓延土壤。缺乏正风肃纪的强力震慑,一小部分人产生"高校特殊论"想法,致使隐藏在"象牙塔"里的官僚主义歪风难以祛除。

还菁菁校园一片净土

高校担负着为党育人、为国育才的历史使命。根治"象牙塔"里的官僚主义,有助于落实立德树人的根本任务,塑造时代新人。因此,要坚持"当下改"与"长久治"相结合,凝聚合力构建风清气正的校园生态。

驳高校"特殊"

一段时间以来,一些人秉持"高校不是党政机关、知识分子不是领导干部"的论调,认为高校里的官僚主义没有那么严重、纠治起来可以不那么较真,对这种错误观点必须坚决驳斥。全面从严治党,高校不能例外。

首先,要深刻认识到"象牙塔"里的官僚主义造成的危害尤甚。高校是人才培养的重要阵地,如果任由官僚主义蔓延,既对青年危害极大,更严重损害党和国家持续发展、兴旺发达,绝不能放任,必须重拳出击、露头就打,彻底铲除官僚主义滋生的土壤。

其次,要深刻认识到高校并非真空地带。对社会上存在的官僚主义问题,高校不能独善其身,时刻有被不良风气包裹、侵蚀的风险,整治官僚主义不能把高校置身事外。

再次,要深刻认识到一些已查处案件暴露出劣迹斑斑,警示整治刻不容缓。北方工业大学原党委常委、副校长沈志莉,上海工程技术大学原校长夏建国,西南林业大学原党委书记吴松等人的违规违纪行为令人触目惊心。"象牙塔"一旦变黑,对民众心理冲击、党的治理效能影响都是无法估量的,必须坚决清除高校内的污染源,还"象牙塔"以洁白清正。

去行政衙门

去行政化、破除官本位有利于树立一切为了科研、一切为了教育的导向。

一要拆庙,精简行政管理机构,对原有内设机构进行优化整合,把工作职能与工作性质基本相近的职能部门进行合并或重组,避免叠床架屋、衙门林立。

二要减人,参照教育部施行的生师比,把行政干部数和师生数比例纳入统计评比,对行政干部进行核减,严防因人设岗、滥设副职、虚职和闲职等现象。

三要限权,严控行政部门对学术工作过多干预,控制内部会议数量、发文数量、检查评比次数等,切实减轻科研人员的非业务性工作负担。

四要架桥,畅通高校师生沟通机制和渠道,通过设立校长信箱、校领导接待日、组织座谈等形式听取师生意见建议,践行高校领导每学期全流程体验学校具体业务,切实为师生办实事解难题。

破学术依附

打破相互封锁、彼此封闭的门户之见,营造开放的学术生态。

一要建立回避制,严把入口关,培养学缘结构多元化的师资队伍,实施"控制本校毕业生留校任教制度",打造差异化、梯队式人才"蓄水池"。

二要建立追责制,严格规范专家评审行为,严防感情票、利益票,一经发现立即取消评审等资格,强化责任追究,扭转评选时"一窝蜂"上、出问题时没人负责的乱象。

三要建立信誉制,健全专家选聘与退出机制,如发现相关问题,按照调查核实、公开公示、惩戒处理等程序建立专家黑名单制度,对纳入名单的严重失信主体实行"一票否决",从专家名单中剔除。

强监督质效

推动高校纪检监察体制改革落地落实、监督有形有效。

要攥指成拳,充分发挥上级纪委的领导和指导作用,加强驻教育部门纪检监察组与高校纪委联动,运用督办、领办等方式,逐步解决高校纪检监察机构"人太熟不好办、人太散办不了"等问题,形成查纠官僚主义合力。

要精准出拳,注重拓展问题线索来源,多请师生"把脉",运用实地督查调研、个别访谈、问卷调查等方式强化监督检查,对反映的问题线索跟进处置,通过开展谈话提醒、约谈批评、诫勉谈话等,常态化对党员干部和教职工进行"咬耳扯袖",把日常监督做到位。

要重拳出击,依规依纪依法、从严从重从快,发现一起查处一起,决不能让"象牙塔"里有害群之马。建立通报曝光制度,坚持定期公开发布官僚主义问题查处情况,召开警示教育大会或专题民主生活会,编印警示教育读本等,推动规范化、制度化、常态化,让耍官僚主义的人不仅丢权,还要丢人、丢脸,切实加强震慑效应。

(二)大学生廉洁教育与法治教育相结合

在高校廉洁教育过程中必须将法律法规和法理知识乃至违法案例融入其中,使大学生深刻认识到只具备廉洁意识还不足以使他们在未来的工作中抵御腐朽思想的诱惑,只有保持对法律法规的敬畏、严守法律法规,才能防微杜渐、廉洁修身、变他律为自律,守好底线,把握好人生。

1. 培养大学生廉洁意识的前提是夯实法治观念

针对高校这一知识密集型社群,尤其是当下我国高等教育广泛覆盖、学生规模位居全球之首的背景下,深化法治教育显得尤为迫切。此举旨在促使大学生在情感、认知及知识结构上全面接纳法律法规,形成系统的法治意识与观念,从而自然过渡到知法、学法、懂法,直至守法、用法、护法的行为模式。此过程不仅关乎个体法治素养的提升,更是推动全民法治意识觉醒与加速国家法治化进程的关键。法治观念的内化,能够使大学生在面对诱惑时,坚守道德及行为底线,树立不腐之志。

2. 提升大学生法律素养是培养廉洁意识的关键

在新时代中国特色社会主义建设的征程中,法律素养已成为大学生社会适应力的核心要素之一。他们作为未来建设的中坚力量,其法律素养水平直接影响新时代中国特色社会主义法治建设的成效。鉴于当前大学生违法犯罪现象时有发生且呈现增长态势,强化法治教育,确保学生知法、懂法、守法,显得尤为重要。在此过程中,教师的作用举足轻重,其教学能力、人格魅力等因素直接关系到法治教育的效果。因此,教师应通过多元化的教学手段,向大学生传授法律知识,引导其以法律为准绳规范行为,同时强调守法的重要性,只有尊崇法治、维护法纪,方能彰显正义,捍卫公权。

二、大学生廉洁教育课程设置的思路

在强化大学生廉洁教育中,课堂教学是实现这一目标的重要载体。应充分利用课堂课程设置的导向作用,将其精准定位为廉洁品质培养的起点,促进廉洁教育目标与教学内容的深度融合与优化。基于此,构建大学生廉洁教育课程体系的策略如下:强化思想政治理论课的引领作用,在传统文化课程中有机融入廉洁元素,借助社会实践课程深化教育成效,促使廉洁自律成为学生的内在行为准则。让"正心修身"的廉政观念深深烙印于学生心中,成为其人格特质的一部分,从而培育具有中国特色的廉洁文化根基,为营造清廉公正的社会氛围奠定坚实基础。

(一)大学生廉洁教育融入思想政治理论课

近年来,党和国家高度重视大学生思想政治理论课的开展,并明确提出在全国范围内推进该课程的教学改革。在此背景下,将廉洁教育融入高校思想政治理论课体系,被视为落实建立健全惩治和预防腐败体系的关键举措,与当前高校思想政治教育的改革方向相契合,且紧密贴合中央党风廉政建设和反腐败斗争的总体战略。此举旨在通过整合教育资源,引导大学生形成积极正向、健康向上的理想信念体系,从而有效提升其廉洁公正素养及对抗腐败侵蚀的能力。

从知识内容的维度审视,思想政治理论课与廉洁教育展示了显著的匹配性。传统廉洁教育侧重于心理引导、道德培育、法律普及与党规党纪教育,而高校思想政治理论课涵盖了道德伦理、民族精神、心理健康及理想信念等多个方面。尽管廉洁教育在大学生群体中有着特定的教育目标和内容,但两者在知识架构上呈现出高度的一致性,为两者的有机结合提供了坚实的理论基础。

教育对象的代际特征也为两者的结合提供了可能。当前大学生群体对腐败案例保持高度关注,通过案例分析法能够有效增强学生的社会责任感,使其深刻认识到腐败行为的危害性，从而树立正确的价值导向。同时，面对腐败现象频发带来的负面影响，部分大学生可能会出现价值取向功利化、政治认同模糊等问题，这恰好构成了廉洁教育与思想政治教育共同关注的焦点，为两者的协同发力提供了现实依据。

思想政治理论课的教育功能与廉洁教育的价值追求高度契合。前者的核心在于培养大学生以马克思主义为指导，形成正确的世界观、人生观和价值观，以及规范的行为模式；后者则着重于塑造大学生在面对复杂政治环境时的廉洁自律意识，坚定社会主义理想信念，为成为合格的社会主义建设者和接班人奠定坚实基础。两者在教育目标上的高度一致，进一步突显了廉洁教育在高校思想政治教育体系中的重要地位，为培养具有高尚品德和廉洁精神的新时代大学生提供了有力支撑。

（二）大学生廉洁教育融入各类文化课程

廉洁修身作为中华民族的传统美德，自古以来便深深植根于中华优秀传统文化之中。这一文化蕴含丰富的廉洁理念及廉洁教育资源，其核心内容围绕道德修养与礼义廉耻等展开，历经千年积淀，成为民族文化的重要组成部分。将新时代传统文化课程与廉洁教育相融合，把廉洁文化渗透于传统文化教育之中，对塑造新时代大学生的人生观、价值观及世界观具有重要的规范与导向作用。此举不仅有助于大学生深入理解并传承传统文化精髓，而且能够促使他们以正直廉明为准则，对社会行为进行评判与约束，在面对不正当经济利益时保持"不苟取"的态度，并以自尊自爱的德行主动承担社会责任与义务。因此，高校教师在教授传统文化时，应着力挖掘其中的廉洁教育资源，结合各学科的廉洁观与道德观，并依据大学生的个性特点，有条不紊地推进传统文化课中廉洁教育的实施。

1. 廉洁教育与传统文化课程相结合

在人文社会科学的教学体系中，廉洁文化的内容已在不同程度上融入了诸如伦理学、教育学等核心学科之中。这些学科因其内在的道德伦理属性，自然成为廉洁教育的重要载体。鉴于此，强化这些学科中廉洁文化的教育力度，不仅是对既有教学内容的深化，更是对培养学生廉洁自律品质的直接促进。通过细化廉洁文化在伦理学中的讲解，以及在教育学中探讨廉洁教育的方法论，可以更有效地提升学生的道德认知与行为实践能力。

尽管传统文化课程普遍聚焦于人文道德议题，但并非所有课程都直接包含廉洁文化的要素。部分人文课程，如专注于爱情抒发的文学作品分析，其主旨往往偏离廉洁主题。针对此类情况，将廉洁文化的相关内容巧妙融入教学过程显得尤为重要。例如，在管理学教育中，不仅要强调廉洁理念的理论学习，更要通过案例分析、模拟演练等方式，引导学生理解并实践廉洁原则在职场环境中的具体应用，从而实现理论与实践的深度融合。

2. 廉洁教育与理工科课程相结合

传统上，自然科学与技术类专业课程较少直接涉及廉洁教育。然而，随着社会对工程师与科学家职业道德要求的提升，将廉洁教育融入理工科课程已成为国际趋势。鉴于理工科教师的专业背景可能偏重技术而轻视人文社科知识，加强理工科教师在廉洁文化方面的培训成为必要之举。通过系统的培训，可以提升理工科教师跨学科整合能力，特别是在挖掘专业课程中的廉政观、道德观、伦理观方面，使他们在传授专业知识的同时，能够自然而然地融入廉洁与道德教育，实现廉洁理念在学生中的内化于心、外化于行。这种跨学科的教育融合，不仅丰富了理工科学生的知识结构，更为培养其成为具有高尚道德情操和社会责任感的未来科技人才奠定了坚实基础。

三、大学生廉洁教育课程育人评价

为了了解大学生廉洁教育推行、落实的情况以及产生的效果，需要通过一系列有效的育人评价体系对教育模式、教育方法及教学效果进行检视，以不断推动廉洁教育课程内容和教育方法的完善，从而提升大学生的廉洁文化素养。

（一）大学生廉洁教育课程育人的评价原则

对大学生廉洁教育的实效性做出比较科学的评估是一项困难而重要的工作。为保证大学生廉洁教育课程育人评价工作的合理有效，必须确立严谨的评价原则。

1. 坚持政治性原则

廉洁教育作为中国共产党运用广大民众认同的价值观、道德观念以及政治立场与取向，面向全体国民推行的思想政治教育的重要组成部分，其核心旨趣在于塑造大学生群体，使其秉持与我国主流意识形态相契合的政治信念、具备崇高的道德修养及严谨的道德伦理体系。在廉洁教育的评价流程中，每一环节均需高度重视思想政治理论的引领功能，确保以社会主义核心价值观为基准，作为评判的标尺，这不仅彰显了大学生廉洁教育的导向性，还进一步强化了教育内容与国家发展要求的紧密结合，为培养具备高尚品德与坚定政治立场的新时代青年提供了坚实的理论与实践支撑，具有重要的参考价值与实践意义。

2. 坚持科学性原则

在探讨廉洁文化课程育人效果的评价工作时，应将理论联系实际、实事求是的马克思主义方法论作为核心指导原则，坚决摒弃任何主观臆断与猜想，尊重并遵循客观规律。这一过程中，需紧密结合高等教育机构的实际情况以及大学生的身心发展特点，全面、科学、精准地构建评价的指导思想框架、指标体系和操作流程。评价工作需坚守客观、公开、公平、公正的基本原则，以求真务实的精神贯穿始终。

在评价工作的各个环节,应秉持全面、发展、联系的观点,避免孤立、僵化、片面的形而上学倾向。这意味着,在评价廉洁文化课程的教育成效时,不仅要关注知识掌握和技能提升等显性层面,更要深入考查学生的价值观塑造和道德情操的培育等隐性层面。评价手段应兼具定性与定量,两者相辅相成,以综合评定的方式确保评价的全面性和准确性。此外,实施回避制度和保密制度,确保评价过程的独立性和结果的公正性,且在评价完成前不得泄露任何相关信息。

科学合理的评审程序是确保评价真实有效的基石。大学生廉洁教育效果的评价应依据预先设定的合理程序,运用现代技术手段进行细致入微的精准分析。鉴于廉洁教育的受众群体为在校大学生,评价方案的设计、标准的设定以及信息的反馈等环节均需体现出高度的针对性、合理性和可操作性。例如,设计问卷时应确保问题内容为学生所熟悉并能准确理解,表述清晰具体,以免误导学生,影响数据的真实性。在问卷的实施过程中,应选取具有代表性的样本,根据教育内容的差异,对不同年级、不同学术层次的学生进行分类调查,充分考虑专科生、本科生、硕士研究生及博士研究生在学识和能力上的差异。

为进一步增强评价的客观性和有效性,可以探索建立由学院、专业教师、大学生共同参与的内部评价体系,并引入同级别院校间的互评机制。这种多方共评的模式不仅提升了评价的客观性,还促进了不同群体和院校间的交流与学习,为廉洁教育的实施与评估工作注入了新的活力,进一步增强了其科学性和实效性。总之,通过这一系列严谨而细致的评价措施,可以更有效地评估廉洁文化课程的育人效果,为持续优化教育内容与教学方法提供坚实的数据支撑。

3. 坚持以人为本原则

中国特色社会主义核心价值观高度重视并强调个体全面而自由的发展理念。在此框架下,将以人为本的原则作为廉洁教育课程育人评价工作的核心出发点与最终落脚点,显得尤为关键。这一理念要求在教育评价的全过程中,深刻体现对高等院校师生主观感受及主体地位的尊重。具体而言,需细致入微地关注并尊重师生的兴趣偏好、思维观念及个性特质,通过深切的人文关怀与精心的教学引导,致力于激发他们的内在潜能。同时,积极引领师生以正确的价值观与世界观为指引,面对生活中的各种诱惑时能够坚守原则,运用理性思维妥善处理疑难问题,从而有效促进并切实保障其综合素质的全面提升。这一系列举措对于培养具有高尚品德与卓越能力的时代新人具有重要意义。

(二)大学生廉洁教育课程育人的评价方法

大学生廉洁教育课程育人的成效评估,需通过科学规范的评价方法来全面审视其教育过程与成果。

首先,在课程内容与形式的评价上,应采取量化手段,即利用课程考试的方式,来检测学生对廉洁知识的掌握程度及学习成效。这种以考促学、以考促记的模式,能够借助廉洁教育课堂的平台,激发学生的学习动力,促使他们在学习过程中不断深化理解,巩固记忆。

其次,构建学分制评价体系,是检验廉洁教育课程实效性的又一关键举措。通过将参与廉洁教育社会实践活动设定为在校生毕业的必要条件之一,并计入其学分,可以激励学生主动投身于廉洁教育的社会实践,在活动中检验他们是否树立了扬善抑恶的价值观念,是否养成了"崇廉拒腐"的道德品质。同时,借助活动的开展,进一步强化党规党纪教育,促使学生在心理层面实现从"不敢腐""不能腐"到"不想腐"的转变。学分制评价方法的运用,不仅促进了廉洁教育"教、学、管、评"四位一体的实现,还显著提升了大学生廉洁教育课程的育人效果与质量,具有积极的推广价值。

第二节 大学生廉洁教育的话语转换

时代的发展为大学生廉洁教育提供了全新的背景,传统廉洁教育模式因严肃性与单一性,其效能正面临挑战。在此背景下,推动大学生廉洁教育的话语革新,成为增强教育实效性的关键举措。故而,深化对大学生廉洁教育话语转换的研究,系统性地探索其话语变迁,成为教育者亟待完成的紧迫使命,也是提升廉洁教育成效的必由之路。廉洁教育的话语革新需紧扣大学生主体,融入鲜明的时代特征,构建生活化、个性化的表达体系,确保话语兼具延展性与开放性,同时强化教育者的话语构建能力,使之更加贴近大学生的日常学习与生活实际。

一、话语与大学生学习生活相融合

廉洁教育的话语转换是针对大学生而言的,因此,转换的话语要与大学生的学习生活相融合,具体包括以下方面。

(一)提高教育者的话语转换能力

教育者在开展教育时,要不断进行自我完善,及时发现并解决问题,不断提高自身素质和能力,进而更好地开展教育活动。一位优秀的教育者首先要具备高话语能力和道德素养,教育不能只停留在言语上,要坚持言传身教的教育理念,将言语和行动密切结合,不断提高个人修养,增强个人魅力,利用科学真理知识说服和引导他人,并需要付诸实践,使受教育者心服口服。想要正人,必先正己,运用自己的人格魅力去打动学生。

提升教育者的大学生廉洁教育话语权有以下途径。

1. 提升教育者媒介素养，增强话语时代性

在当前时代背景下，深入了解时代发展趋势、交际新型媒介以及信息传递方式的变革，对于教育者而言至关重要。唯有持续学习并精进自身在新媒体技术领域的掌控能力，方能有效融入大学生的生活圈层，进而在日常的思想政治教育中，潜移默化地渗透廉洁文化理念。教育者可通过集成化的班级事务管理系统，如利用微信等网络平台，高效发布学习资料、信息通告及紧急事务，确保信息的即时传递。同时，教育者需对网络文化保持高度的重视与清醒的认知，紧跟其发展步伐，并将其视为教育话语体系中不可或缺的一部分。通过吸纳网络空间中的积极元素，不断丰富和完善教育话语内容，使之与时代发展同频共振。

由于信息传播渠道的多元化和传播速度的提升，新媒介发布信息的真实性与健康性难以一概而论。因此，教育者需承担起正确引导的职责，努力降低网络化信息传播对大学生可能产生的负面影响。此外，针对网络谣言泛滥的情况，教育者应加强对大学生网络行为的规范，提升其辨别信息真伪的能力，防止其误入歧途，并引导大学生成为网络化廉洁文化传播的中坚力量。

2. 挖掘廉洁教育素材，拓展话语空间

新媒体时代的降临，从根本上打破了传统交流互动模式的空间限制，为思想政治话语教育开辟了一个更为广阔的天地。在此背景下，教育者需跨越书本教育的传统藩篱，认识到仅凭单一的书本知识已难以契合当代社会发展的多元化需求及对学生的全方位期待。因此，教育内容的范围亟待拓展，需涵盖政治、经济、文化、社会以及网络等多个维度，通过深入分析与综合提炼，形成一系列新颖且富有价值的话语体系，并将其有机融入思想政治教育实践之中。

教育者应勇于突破封闭性思维的束缚，采取多维度、多视角的研究方法，持续深化对廉洁教育的理解与探索，力求将其融入日常生活的各个方面，实现廉洁教育的生活化转型与话语体系的创新。这一过程中，尤为重要的是要剔除大学生廉洁教育话语体系中陈旧、枯燥的内容，紧密贴合社会发展的最新趋势，针对现实问题做出及时回应。具体而言，可将实际发生的腐败案例作为生动教材，通过以小见大的方式，进行精准有效的教育引导，以此激发大学生对廉洁教育话语的浓厚兴趣与深刻共鸣，从而促进廉洁价值观的内化与外化，为培养具有高尚道德情操和社会责任感的新时代青年打下坚实基础。

（二）尊重学生个体差异，增强话语针对性

在微信社交平台与微博网络空间中，每位用户均构成了话语表达的核心主体，凭借其鲜明的个性化特征，在各自的社交圈内占据一席之地。这一现象同样映射于大学生

廉洁教育的实践活动中。基于"多元智能理论"的视角,鉴于家庭背景、社会环境及个人经历的多样性,每个大学生均展现了独有的个性特征。因此,教育者在策划并实施大学生廉洁教育活动时,若欲深入学生的精神世界,必须高度重视并尊重学生的个体差异。这要求教育者对学生的情况进行细致分析,进行合理的层次划分,进而探索出适宜的大学生廉洁教育话语体系与内容知识。通过实施个性化的指导策略,采用具有针对性的教育话语,不仅能够精准对接学生的实际需求,更是大学生廉洁教育得以有效落实与深化的关键所在。

(三)结合学生现实生活,扩大话语延展度

在推进大学生廉洁教育的进程中,教育者需注重在教导和学习互动的同时,还需实现教学与培养的深度融合,确保理论知识能够有效转化为实践操作。大学生廉洁教育不应局限于形式化的学习层面,而应紧密联系现实生活,确保各项措施切实落地。因此,教育者在进行廉洁文化教育时,需以大学生的实际学习生活为出发点,积极引入社会热点与实际问题,及时发现并解决问题。在此基础上,不断发展实践话语,运用贴近生活的语言来传达廉洁教育的内容,使廉洁教育话语更加鲜活有力。这种回归现实生活的教育方式,不仅能够拓宽教育的广度与深度,还能增强大学生廉洁教育与生活化教育之间的联系,对大学生产生潜移默化的积极影响,通过富有情感的话语表达,有效触动大学生的内心。

二、话语与大学生现实需求相结合

话语与大学生的现实需求相结合主要体现在大学生对话语的接受和认同。

(一)坚持开放和科学引导理念,改变传统话语模式

"文化自觉"这一概念深刻揭示了文化主体对自身文化认知深度与历史洞察的清晰度,其在大学生廉洁教育领域的应用,同样强调了教育主体对廉洁文化的内在认同与深刻理解。面对日新月异的社会变迁与不断提升的高等教育标准,传统思想政治教育模式已难以满足当前社会对高校人才培养的多元化需求,其滞后性日益显现。因此,探索并构建符合时代特征的大学生廉洁教育模式,成为亟待解决的问题。网络时代的蓬勃发展为教育者提供了前所未有的话语空间,促使教育者必须积极拥抱变革,革新话语观念,实施开放式教育策略。这意味着要打破传统封闭式教育环境的桎梏,主动吸纳新兴知识与文化元素,使大学生廉洁教育的话语体系能够跨越传统束缚,彰显其时代价值与现实意义。大学生群体作为网络时代信息接收的主力军,其信息需求趋向多元化与丰富化,教育者需密切关注这一变化,既要对各种思想冲击与不良影响保持警觉,又要通过科学引导,帮助大学生树立正向的主流价值观。同时,教育者还需不断提升自身的教学与研究能力,以更好地适应网络时代的教育需求,实现教育话语的有效创新与传承。

（二）坚持平等互动，建立"双主体"型话语模式

传统教育话语体系往往强调主客体界限的明确划分，知识传授过程呈现出单向灌输的特点，缺乏真正的平等对话与互动，这在一定程度上抑制了大学生的主动学习积极性，甚至可能引发抵触情绪。雅斯贝尔斯关于教育本质的论述，即教育是人与人之间精神的相遇与契合，强调了文化传递过程中的双向沟通与相互理解。廉洁教育作为培养个体廉洁意识与道德品质的关键环节，其目标在于塑造既具备社会责任感又注重个人修养的全面发展人才，而非仅仅培养被动接受知识的个体。因此，在大学生廉洁教育的实践中，教育者应摒弃传统的强制教育模式，转而尊重每一个大学生的独立人格与话语权，鼓励他们勇于表达个人观点与见解，并提供相应的表达平台与机会。通过构建"双主体"交流模式，教育者与学生共同成为教育活动的主体，双方围绕共同话题展开深入探讨，构建和谐的话语关系，促进廉洁意识的内化与升华。此外，网络平台作为信息传播的重要渠道，其交互性特点为教育者与被教育者之间的双向沟通提供了便利，通过这一媒介，可以实现群体间的多向交流，创造出多样化的交流模式与立体化的教育场景，进一步丰富大学生廉洁教育的内涵与形式，提升教育的实效性与吸引力。

（三）精炼大学生廉洁教育话语

新媒体时代依托大数据技术的信息传播，极大地加速了生活节奏，也极大地促进了人际关系的便捷性，使得人际交流变得更为畅通无阻。在此背景下，大学生群体尤为青睐这种直接且高效的交流模式，相较于繁复沉重的沟通方式，他们更乐于参与简洁明快的对话。因此，在大学生廉洁教育的语境中，教育者的话语承担着关键的导向作用，其话语运用具有深远的启发性。有必要从纷繁复杂的话语体系中提炼精髓，精简大学生廉洁教育的核心内容，创造出既符合时代潮流又贴近学生特性的廉洁教育表述体系。此外，教育者需持续提升个人素养，这既包括对文化精髓的提取能力，也涉及思维逻辑的严谨性，确保在认识问题时能直击要害，避免冗长无物的堆砌，从而生成精练且富有价值的廉洁文化信息。

（四）使用幽默的沟通技巧传递大学生廉洁教育话语

为提升大学生廉洁教育的吸引力与参与度，教育者应采用幽默风趣的沟通技巧，从而激发学生的学习热情，深化他们对廉洁教育话语的理解，并将深刻的道理以轻松的方式传达。由于辅导员与大学生年龄相近，因而易于建立无障碍沟通，幽默的语言更能拉近师生距离，为教育活动增添活力。大学生具有较强的自我意识与认同感追求，渴望得到外界认可。针对这一特性，辅导员可通过多样化的语言形式表达肯定，同时，以恰当的话语指出错误，让学生在轻松氛围中接受指正，避免尴尬与冲突。此举不仅提升了辅导员的语言艺术，更有助于大学生树立正确价值观，塑造良好性格。

三、创造大学生廉洁教育话语转换的条件

话语转换的条件需要进行创造,通过整合资源,转换沟通模式,发挥话语情感作用,使话语更加丰富、形象和生动,且富有情感,从而与大学生拉近距离,促使他们主动接受廉洁教育。

(一) 整合有效资源,丰富话语形式

大学生廉洁教育话语体系的优化与强化,关键在于有效整合各类资源并不断丰富其表达形式,以确保在新时代背景下能够稳固占据核心地位,充分发挥其教育引导功能。鉴于微信、微博等社交媒体已成为当代校园内主流的信息交流与互动平台,深刻影响着大学生的日常学习与生活,并逐渐成为首选的沟通渠道和活动空间,大学生廉洁教育传播策略必须与时俱进。这要求教育者深入剖析微信、微博等平台的特性,据此调整教育话语的呈现方式,创新性地构建多样化的网络流行语、生活语境下的日常用语以及富含幽默元素的话语体系,旨在贴近学生的信息接收偏好,提升教育的亲和力与吸引力。通过将廉洁教育的内容有机融入网络平台,实现教育话语与网络生态的深度结合,采用大学生喜闻乐见的话语形态进行教学,可以显著增强廉洁教育话语的传播效能。

同时,教育者应当珍视并持续优化既往积累的教育方法与手段,尤其强调实践教育在大学生廉洁教育中的不可或缺性。实践是检验真理的唯一标准,也是提升道德修养的有效途径。过度依赖理论说教往往难以达到预期的教育效果,唯有通过具体的实践活动,才能让廉洁理念深入人心,实现大学生廉洁教育从理论到实践的转化,促进教育成果的实质性提升。因此,构建一个理论与实践并重、形式多样的大学生廉洁教育体系,是实现教育目标、提升教育实效性的必由之路。

(二) 借助话语转换沟通策略,实现联动教育

为达成廉洁教育的预期成效,借助话语转换的策略,并结合现代信息技术的优势,构建了一种教育联动的综合模式。微信、微博等新兴社交媒体的兴起,有效突破了大学生廉洁教育在空间上的局限性,使得教育活动的覆盖范围得以拓宽。在此基础上,针对不同受众群体,定期实施分层的教育策略,既涵盖面向全体学生的群体性教育,也包括针对特定个体的个性化教育。同时,为深化廉洁教育的内涵,灵活运用多样化的教育手段,以多种形式展现廉洁教育的内容,所有这些努力都指向一个共同目标,即人才培养与综合素质的提升。

推进廉洁教育的过程中,必须坚实地融合传统教育与现代教育方法,以此为基础不断完善廉洁教育的模式框架。教育者应当视这些新兴平台为重要载体,持续创新思维,探索新的教育路径与方式。依托信息化发展的浪潮,教育者需要形成与时俱进的新思

维,与学生构建起高效、互动的沟通模式。在此过程中,教育者需要将多种教育方式方法进行有机整合与深度融合,以确保大学生廉洁教育的话语体系既符合时代要求,又具有内在的逻辑合理性。通过这种方式,不仅能够提升廉洁教育的针对性和实效性,还能进一步促进大学生廉洁品质的塑造与提升。

(三)发挥情感话语,提升廉洁教育实效性

要使大学生廉洁教育信息的传播具备实效并顺利推进相关教育活动,离不开精准且适宜的话语表达策略。话语不仅承担着基本的信息传递功能,还构建了情感交流的桥梁,充当着情感沟通的媒介。鉴于此,在构建大学生廉洁教育模式时,情感因素应被视为话语表达的核心要素,旨在通过教育过程中的情感传递,使之成为话语运用的关键所在。这一理念主要植根于心理学领域,是对心理学原理的深入应用。具体而言,通过情感共鸣机制,采用倾听、互动对话及心灵交流等多样化语言策略,可以促使教育者与大学生之间形成深层次的情感联结。

因此,教育者需持续关注大学生的心理健康状况,深入剖析学生的思想观念变迁及知识接纳程度,高度重视并回应学生的情感诉求。通过采取角色互换的思考方式,运用贴近大学生生活、富有活力的语言风格进行教育引导,以情感共鸣而非强制手段作为话语交流的基础,可以有效促进大学生在情感层面上的接纳,增强其对教育者的认同感。这一过程不仅能够提升大学生廉洁教育话语的吸引力,还能显著增强其感召力,为廉洁教育的深入实施奠定坚实的情感基础。

第三节 大学生廉洁教育的管理机制

一、大学生廉洁教育任务分解机制

为了更好地开展大学生廉洁教育,高校所有的职能部门以及工作人员,都应该积极地承担起对大学生廉洁教育的责任,这样才能形成全方位的廉洁教育。高校的各个职能部门所负责的任务不同,教育任务分解机制就是为了实现各个职能部门职能的最优组合。将课堂教育、校园主题教育、社会与家庭教育、学生自我教育结合在一起,每个部门都有自己所需承担的责任。为了有效地推进大学生廉洁教育,需要将总目标分解为若干个具体任务,并合理分配人员和资源,确保各项任务顺利完成。

(一)课堂教育

课堂教育是大学生廉洁教育的最主要的方式。要充分发挥课堂教育在大学生廉洁教

育中的主导作用,利用高校思想政治课程的思想引领功能,思想政治课教师应充分利用课堂,认真备课、组织教学活动、开展相并的调研等,以增强廉洁教育的系统性与综合性。

廉洁教育要与学科教育以及实践活动相结合。大学生廉洁教育不仅是一种理论教育,更是一种实践教育。任课教师不仅要承担教书的责任,更要承担育人的责任,在言行举止等各个方面都为大学生做出表率。教师要善于发掘书本中的教育资源,与社会的发展相结合,将廉洁教育与高校教育相结合,逐渐地渗透进大学生的头脑之中。在教学过程中,还要安排廉洁教育的相关实践课程,将理论教育与实践教育相结合,更有利于培养大学生积极、健康的思想观念与社会责任感,切实提高廉洁教育的积极意义。

(二)校园主题教育

校园主题教育是大学生廉洁教育活动中,最具积极性的教育。制定大学生廉洁教育计划,定期举行相关活动,利用好在校大学生集体活动的关键时期,有针对性地开展大学生廉洁教育活动。高校相关部门应对廉洁教育活动做好充分准备以及后续工作安排,以有效完成高校的廉洁教育活动。

充分发挥宣传的作用,做好大学生廉洁教育活动的主题宣传,将校园广播、校内刊物、宣传橱窗等利用起来,拓宽廉洁教育的宣传渠道,加大廉洁教育宣传的力度,增强廉洁教育对大学生的影响力。

开展丰富多彩的廉洁教育主题活动,将廉洁教育与班会、学生社团等活动结合,丰富廉洁教育活动形式。通过组织活动,扩大廉洁教育的影响力,营造廉洁教育的和谐氛围,增强廉洁教育的吸引力。

(三)社会和家庭教育

社会与家庭教育是教育格局中的重要影响力,需要社会教育、家庭教育、学校教育三方共同努力,形成教育合力。三者之间相互协调,共同努力,为大学生的廉洁教育贡献力量。发挥社会与家庭教育的优势,与当地相关教育部门合作,共同开展教育活动。与当地的媒体资源取得联系,开发有利于高校大学生的廉洁教育发展的相关教育资源,为广大的学生提供优质的教育资源以及丰富的精神食粮。与学生家长进行定时的联系,保持双向的信息沟通,共同致力于大学生的廉洁教育,形成廉洁教育的综合效应。

(四)学生自我教育

对大学生来讲,自我教育是一种内化的教育,如果发挥得好,效果会更好。实现高校大学生的自我教育,一定要尊重高校学生发展的个性,并且强调大学生自我学习、自我教育的重要意义。从正面与侧面引导大学生学习廉洁教育知识,坚定反腐倡廉的决心,引导高校大学生掌握科学的理论知识,认识到反腐工作的重要性与艰巨性,深刻地认识到国家风气与国家发展之间的关系,全方位地激发学生对廉洁教育重要性的认识。

引导高校大学生将廉洁教育内化为个人的道德修养，在社会实践中逐步形成廉洁自律的品质。提升学生自我教育的能力，引导学生树立正确的价值观念，有明辨是非的能力，有正确的行为方式，理清国家、集体、个人的关系，将个人利益与国家利益相结合，自觉形成良好的道德习惯。加强自己学习成果的反思，不断激励自己，朝着更高的道德水平迈进。

二、大学生廉洁教育督导机制

高校的教育督导机制由党委直接负责，由高校的纪检监察部门以及教务处与学生处的工作人员组建督导小组，主要工作内容是负责大学生廉洁教育工作的教学、管理，对人员的实施情况等进行督察，进一步加强廉洁教育实施过程的组织与协调。

（一）督教

督教主要负责两个方面的内容：一是督查高校的相关部门对大学生廉洁教育活动开展的实施情况，保障活动的全面实施，加强高校内相关活动开展；二是对任课教师开展廉洁教育教学情况进行监督与检查。督导小组通过检查任课教师的教学方式、备课情况、教学活动、教学态度、教学效果等方面，促进高校教师有效实施廉洁教育，确保廉洁教育的顺利推进，提升教学质量，实现教学目标。

（二）督学

督导小组通过各种各样的方式，来了解学生对廉洁教育的认知和态度，评估开展廉洁教育的效果。对取得的成绩及时表扬，对存在的问题进行改正，将出现的问题及时反馈给相关部门和任课教师，督促他们针对出现的问题进行分析，并采取相应的措施予以解决，构成教与学的双向交流，切实提升廉洁教育的效果。

（三）督管

督导小组要及时督促相关部门对大学生廉洁教育进行管理。完善管理制度，对相应职能部门进行督察。不断提高大学生廉洁教育的管理水平，规范大学生的思想意识以及行为方式，促进廉洁教育不断发展。

第四节 大学生廉洁教育的保障体制

开展大学生廉洁教育是新形势下加强和促进大学生思想政治教育工作的重要内容，也是推动高校教育进一步发展的有效载体，不仅关系到学生的健康成长，还关系到社会的和谐稳定,因此高校必须重视并做好大学生廉洁教育工作。为保障廉洁教育工作的有效开展,高校必须进一步构建廉洁教育长效机制,创新工作思路和方法[①]。

一、加强大学生廉洁教育规划

大学生廉洁教育规划是根据国家的大政方针和现行法律法规制定的一系列实现廉洁教育目标的规划。主要是针对大学生廉洁教育活动而展开的,政府与高等教育部门针对高校的实际情况,制定大学生廉洁教育规划。大学生廉洁教育规划作为大学生廉洁教育的主要指引,不仅规范大学生廉洁教育的方向与路线,更是将实施方案不断地细化,使大学生廉洁教育朝着更加规范化与制度化的方向迈进。

(一) 宣传学习、统一思想

宣传学习、统一思想是大学生廉洁教育规划的首要一步。只有将高校大学生廉洁教育规划传达给大学生,才能发挥其真正的作用;否则,再好的规划,没有人知道,也只不过是一纸空文。加强大学生廉洁教育的宣传工作,争取让大学生更容易理解宣传的内容,了解规划的内涵与意义,让更多的大学生积极参与到廉洁教育的活动中,统一思想,更好地落实大学生廉洁教育规划的内容,共同为实现大学生廉洁教育的目标而努力。

(二) 组织、落实执行机构

相关部门制定好具体的大学生廉洁教育的规划之后,需要由相应的、完备的执行机构来落实,这样才能确保大学生廉洁教育活动的顺利实施。对于高校来说,组织、实施执行机构主要包括校党委、纪委、学生处、各级院校的分党委、分团委等部门。每个职能部门都需要有与自己部门所配套的目标与任务,最终完成大学生廉洁教育工作。但是,就现实来看,高校的大学生廉洁教育的组织,都属于直线型的职能结构。

(三) 检查评估、研究调整

检查评估是对高校大学生的廉洁教育工作实施情况的重要保障,针对廉洁教育的现实情况,对不足之处进行调整。检查评估是大学生廉洁教育的时效性以及过程性的重要保障。目前来说,检查评估主要包括以下四项内容:

第一,学校的各个部门对大学生的廉洁教育的方向与内容是否一致,学校的领导部门是否形成了统一的教育理念。

第二,将已经实施的教育情况与当初预想的工作情况进行比较,总结经验。

---

① 叶宁.如何进一步构建大学生廉洁教育长效机制[J].中国多媒体与网络教学学报(中旬刊),2019(7):239.

第三,对大学生进行廉洁教育的各个部门之间工作的配合情况。

第四,面对出现的问题时的态度与解决方案之间的一致性。

二、构建大学生廉洁教育组织

大学生廉洁教育组织,是指为了实现大学生廉洁教育的目标,将相关人员安排在一起,完成个人所不能完成的任务。

(一)大学生廉洁教育组织要素

高校大学生廉洁教育的组织架构主要由组织目标、组织成员和组织资源三大核心要素构成。

组织目标作为活动的基石与行动指南,发挥着至关重要的导向、激励与约束作用,确保教育活动有的放矢。

组织成员是该体系的主体力量,包括具备高尚道德情操与廉洁教育专业素养的个人,以及年龄和专业层次多样的群体,共同支撑起教育的深度与广度。

组织资源涵盖物质与精神两大层面,物质资源(如资金、设施、资料等)为教育活动提供坚实基础;精神资源则涉及校园文化、组织氛围、历史传承等,为组织运行注入精神动力。

高校应充分利用并整合这些资源,以促进廉洁教育的有效实施与持续发展。

(二)大学生廉洁教育组织结构

组织结构作为组织内部各要素及其相互关联的模式,构成了高校大学生廉洁教育队伍架构的核心环节。包括校党委、团委、组织部及院系分党委等多个关键部门,这些部门共同承担着推动大学生廉洁教育活动的重任,是确保教育顺利实施的基础性组织架构。大学生廉洁教育组织应充分利用其组织优势,促进各部门间的协同合作,形成合力。

1. 战略决策系统

高校战略决策系统以学校党委为核心,负责统一规划与部署大学生廉洁教育工作。针对廉洁教育的发展方向及全局性战略议题,校党委通过集体讨论形成决策。在制定决策过程中,须严格遵循预测性、民主性、系统性、可行性、信息充分性及反馈及时性等六项基本原则,以确保决策的科学性与有效性。

2. 指挥监督系统

指挥监督系统,是大学生廉洁教育工作的重要保障。由校党委的主要负责人领导,学校的学工部、宣传部、团委等相关的领导以及工作人员共同构成。指挥监督系统,主要通过领导、计划、控制等手段对大学生的廉洁教育工作进行管理。

3. 执行系统

执行系统是指直接为学生服务的教职工群体，也是高校大学生廉洁教育的技术支持。不仅包括相关任课教师、学生，还包括院校中的各部门、组织群体的人员。执行系统的各部门相关人员为了更好地实现大学生廉洁教育的工作任务，应该贯彻落实相关政策，不断提升自身的廉洁素质。

4. 反馈系统

对大学生廉洁教育效果进行考核，并收集学生、家长、教职工的评价等能够真实反映大学生廉洁教育工作成效，为大学生的廉洁教育提供真实的信息来源，也是对大学生廉洁教育工作不足之处进行改进的重要依据。

三、强化大学生廉洁教育队伍

大学生廉洁教育队伍，是指大学生廉洁教育组织中直接从事大学生廉洁教育工作的人员。大学生廉洁教育队伍在本质上与学校其他教学队伍有区别，他们不仅要对大学生进行廉洁教育知识的传授，进行规范化管理，还要帮助学生树立正确的价值观念。这是大学生廉洁教育队伍的核心工作，也是将大学生廉洁教育的社会性、政治性、人本性、专业性相结合的典范。

（一）作风建设

良好的工作作风，是工作与生活的重要体现，更是思想道德素质的综合表现。良好的工作作风建设主要包括三项内容：① 艰苦奋斗的作风；② 积极投身于实践、与群众相联系的作风；③ 实事求是的工作作风。

（二）制度建设

制度建设是大学生廉洁教育队伍建设的重要内容，主要包括选聘、培训、评价三方面的内容。

首先是选聘。通俗来讲就是选对人。想要做到选对人，还是有一定挑战的。对大学生廉洁教育队伍建设来讲，必须要按照专业化的标准来实行，要对参加工作的人员进行严格筛选，避免让不专业或者是心术不正的人进入队伍。按照一定的标准，对入职者进行专业知识、思想道德、廉洁意识、职业素养等考核，可以采取笔试加面试的方式，也可以采用情景测试等方式对入职者进行测试，为打造一支合格的大学生廉洁教育队伍提供保障。

其次是培训。培训是大学生廉洁教育队伍建设的必经之路。使入职者充分了解大学生廉洁教育队伍，树立持续学习的理念。不仅需要培训专业知识，还需要培训与大学相关学科的知识，具备扎实的知识素养，才能更好地理解廉洁教育的意义。

最后是评价。评价的作用就是让大学生的廉洁教育工作更完善，保持优势，改正劣势。对于目前的工作情况有基本的认识，提升自己的工作效率。通过评价，可以对大学生廉洁教育有初步的认识。评价是基于客观事实得出符合廉洁教育工作实际的评价结论。坚持实事求是，认真地进行科学调研，坚持用发展的眼光来看待工作与生活。要将评价与社会的需求相联系，看是否与我国建设发展的步调相一致，是否与文化发展的步调相一致，是否与国际接轨。评价结果可与廉洁教育队伍的工作量、薪酬相挂钩，以提升工作效率。

（三）能力建设

能力建设构成了强化大学生廉洁教育队伍的关键基石，同时也是提升大学生廉洁教育工作效能的先决条件。其核心在于全面提升廉洁教育队伍成员的个人素质与能力框架。具体而言，这一能力建设涵盖以下六个核心维度：

第一，政治素质的提升是基础，要求成员具备坚定且正确的政治导向与理想信念，持有明确的政治立场，保持清醒的政治头脑，并展现高度的政治敏锐性。

第二，思想素质的培养同样重要，这包括培养良好的道德品质，培养辩证思维与深度思考能力，以及鼓励创新思维的发展。

第三，业务素质的提升不可或缺，教育者需要掌握与廉洁教育紧密相关的多学科知识，如政治理论、哲学、心理学、社会学、教育学及伦理学等，以构建全面的知识体系。

第四，心理素质的优化对教育队伍同样关键，良好的心态、健康的人格特质、情绪稳定性及坚强的意志力是提升工作效率与应对挑战的重要保障。

第五，身体素质的强化也不容忽视，鉴于大学生廉洁教育工作的特殊性，教育者需具备适应工作要求的健康身体。

第六，政策水平的提升是确保教育工作有效性的关键，它要求教育者深入理解并贯彻执行党的方针政策，精准把握政策精髓，同时具备高效解决问题与灵活应变的能力，从而真正成长为既有道德情操，又具备专业素质和实际工作能力的廉洁教育队伍核心成员。

在大学生廉洁教育队伍中，不仅要有专业的教师，还应该包括大学生廉洁教育的相关工作人员，既要专业素质过硬、品德高尚，还要有良好的廉洁素养以及对专业理解与研究的能力，这样才可以真正地做到言传身教，为学生的发展形成良好的带动作用。这样的教育才会使学生的发展具有正能量，教育效果才更具说服力。

（四）文化建设

文化建设构成了大学生廉洁教育不可或缺的基石，对于构建卓越的廉洁教育队伍具有关键作用。强化高校的文化和学术氛围，提升整体文化素养，是推进大学生廉洁教育队伍建设的有效途径。在此过程中,需着重营造积极向上的校园文化环境,为廉洁教育队伍的发展提供坚实的支持。同时,加强文化创新,能够持续为该队伍的文化建设注入活力,推动其不断发展,展现积极正向的态势,具有较高的参考价值。

课后思考

1. 如何进一步优化廉洁教育课程内容,使其更具针对性和实效性,从而更好地引导学生树立正确的廉洁观念?

2. 在廉洁教育中,如何更有效地进行话语转换,使廉洁理念更贴近大学生的生活实际和思想实际?

3. 如何建立健全廉洁教育的管理机制,确保各项教育措施得以有效落实?

4. 为保障大学生廉洁教育的顺利开展,需要哪些具体的制度支持和资源保障?如何不断完善这些保障体制?

第七章
大学生廉洁教育的创新发展

📖 学习引言

随着社会经济的快速发展和教育模式的不断变革,传统的廉洁教育方式已难以满足现代大学生的需求。因此,如何创新教育主体、教育方法、教育载体和教育模式,已成为提升大学生廉洁教育效果的重要议题。本章将深入探讨大学生廉洁教育中教育主体创新,探讨如何通过多元化主体的参与,推动教育力量的有效整合;进一步研究教育方法的创新,分析互动式、体验式等新兴教育方式的实践价值;同时,着重探讨如何利用现代信息技术、网络平台等创新教育载体,提高教育的吸引力与实际效果;最后,探索廉洁教育模式的创新,提出适应当代大学生特点的教育模式,以期为大学生廉洁教育的长远发展提供理论依据和实践指导。

📣 知识目标

本章旨在探讨大学生廉洁教育的创新发展路径,分析在当前社会环境中,如何通过创新教育主体、教育方法、教育载体和教育模式,提升廉洁教育的实效性和影响力。通过本章的学习,理解廉洁教育创新的重要性,掌握创新实践的具体方式,增强学生的廉洁意识与自我约束能力。通过创新驱动,大学生廉洁教育能够更好地与时代接轨,培养出具有高度社会责任感和道德素养的优秀人才。

📚 内容学习

第一节 大学生廉洁教育的教育主体创新

大学生在其成长过程中逐步形成独立的思想观念和价值观,自我教育则是其中不可或缺的重要环节。自我教育不仅能够增强大学生的自我意识,还能够激发他们在多种教育方式中积极主动地参与,从而提高其对廉洁教育的认同感和行动力。在大学生廉洁教育中,充分发挥学生群体的主体作用,通过自我组织、自我教育的方式,不仅能够使教育内容更具针对性和实效性,也能够提高大学生在实践中的自我觉察与自我约束能力。

一、延伸大学生的廉洁教育空间

随着信息技术的迅猛发展,大学生群体已成为网络世界的重要参与者和推动者,互联网不仅为他们提供了丰富的学习资源,还为他们的社会活动提供了广阔的平台。因此,大学生廉洁教育团队应充分利用这一媒介,拓宽廉洁教育的空间与维度。借助互联网平台,大学生廉洁教育不仅可以在传统课堂之外进行延伸,还可以通过在线互动,激发大学生的自主学习兴趣和积极性。

互联网平台作为一个开放的、互动性强的空间,能够为大学生提供多种参与廉洁教育的途径。例如,大学生廉洁教育团队可以邀请学生设计廉洁教育的在线课件、专题网站和互动平台,吸引学生的参与。这种参与不仅能够帮助大学生更好地理解廉洁教育的理论内容,还能够促使他们在实际操作过程中提高自身的廉洁意识。通过参与设计和策划,大学生能够将廉洁教育的理念与自己的生活实际相结合,从而将理论知识转化为自我教育的动力和行为。

利用互联网平台开展廉洁教育的优势,不仅在于其广泛的传播效果,还在于其强大的互动性。通过网络平台,学生之间可以随时进行交流与讨论,分享彼此的学习经验和心得体会。这种互动式的学习方式,不仅能够加深大学生对廉洁教育内容的理解,还能够帮助他们在相互启发中,形成更加完善的廉洁价值观。此外,借助网络平台开展廉洁教育,能够进一步提升教育内容的时效性和针对性,使其能够迅速响应社会热点问题,及时满足大学生的学习需求。

二、培养大学生的自我教育意识

自我教育不仅仅是对外部教育的被动接受,更是对个人思想、行为的主动塑造。在大学生的自我教育过程中,廉洁教育作为一种重要的道德教育内容,应当覆盖大学生日常生活的方方面面。学生应当认识到,廉洁教育不仅仅是学校或家庭的任务,而应成为个人内在素养的一部分,是自我成长和自我实现的重要途径。

自我教育的核心在于大学生能够通过内心的反思和自我约束,形成积极向上的价值观和生活态度。这一过程需要大学生具备较强的自觉性和责任感,而这种自我教育的能力正是在大学期间得到有效培养的。因此,高校应当通过多种形式的教育活动,引导大学生认识到廉洁教育的重要性,并鼓励他们在日常生活中主动践行廉洁行为。通过建立正向的价值导向,大学生能够更加自觉地通过自身行为塑造廉洁形象,最终形成健康的生活习惯并提升社会责任感。

大学生通过社团、网络平台参与廉洁教育以及进行自我教育意识的培养，不仅能够提高教育的普及率和渗透力，还能够实践中的实现在自我提升。大学生在参与廉洁教育的过程中，不仅能够获得知识和经验，还能够在内心深处认同廉洁的价值，进而影响其未来的行为方式，提升社会责任感。

第二节　大学生廉洁教育的方法创新

大学生廉洁教育是大学生思想政治教育的重要内容，既是一个关乎党和国家反腐倡廉建设成效的重大工程，也是一个具有综合性、长期性和复杂性的系统工程。因此，从大学生廉洁教育的重要程度和系统育人的战略高度出发，去推动大学生廉洁教育系统内部各要素之间的协同，才能有效提高教育的时效性及针对性[①]。

一、教师的廉洁教育方法

教师的廉洁教育方法是指以教师为主体，积极、有针对性地对学生进行廉洁教育的一系列方式和手段。廉洁教育旨在培养学生的廉洁价值观和行为规范，促进其形成正直的道德品格，并且通过系统化、个性化的教育方法使这些价值观念内化为其行为准则。这些教育方法具有较强的可控性和直接性，能够有效地引导学生树立正确的廉洁观念和养成良好的行为习惯。廉洁教育不仅仅是一个简单的知识灌输过程，更是一个思想、行为及价值观念塑造的动态过程。以下将分别探讨几种常见的廉洁教育方法。

（一）全员全程教育法

全员全程教育法是一种强调多方参与、全方位教育的廉洁教育方法。其核心理念是通过高等教育部门、大学、社会、企业、社区、家庭等各个单位的共同努力，注重青年学生在不同阶段的廉洁素质培养，确保廉洁教育贯穿学生的整个教育过程。特别是在高校层面，全员全程教育法要求大学各职能部门密切配合，从低年级到高年级，甚至包括研究生阶段的教育和管理服务，形成一种全方位、全过程的廉洁教育体系。

在全员全程教育法的实施过程中，学校应着力营造一个积极向上的廉洁校园环境，推动校园舆论和文化的健康发展。这不仅包括课堂教学，还应通过课外活动、校园文化建设等途径渗透廉洁教育的内容。教师的职责不仅限于课堂教学，还应当通过学校管理、社会实践等形式，将廉洁教育落实到学生的日常生活中。值得注意的是，尽管这种教育方法具有较强的普遍性和全面性，但其实施过程通常较为复杂，涉及的教育主体众

---

① 孙润华.新时代大学生廉洁教育协同性研究[D].青岛：青岛理工大学,2024:1.

多,参与程度和意识形态水平参差不齐。因此,如何协调各方力量、克服复杂的实施环境,确保教育目标的实现,成为这一方法实施中的重要课题。

(二)说服推理教育法

说服推理教育法是一种通过事实陈述、逻辑推理和启发性引导,帮助学生理解和接受廉洁教育内容,从而引导其行为的一种教育方法。这种方法强调理性思考和逻辑推理,教师通过解释、论证、讨论等方式引导学生形成对廉洁的正确理解,并通过有效的说服手段激发学生的行动力。说服推理教育法通常是通过报告、课堂讲授、讨论等形式进行,力求通过理性和情感的双重引导,使学生在理解廉洁教育理论的基础上,主动地将这些理论转化为实践行动。

说服推理教育法的优势在于其较强的针对性和互动性。教师可以根据学生的实际情况、思想动态和认知水平,灵活调整教育内容和形式,以提高教育效果。然而,需要注意的是,这种方法存在一定的局限性,即容易陷入单向的灌输式教育中。如果没有充分的互动和反馈,学生的思维可能变得被动,教育效果也可能受到影响。因此,在实施过程中,教师应注重与学生的互动,确保教育内容的合理性和学生的主动参与。

(三)榜样示范教育法

榜样示范教育法是通过教师或社会上的杰出人物的行为示范,影响学生的道德观和行为规范的一种方法。大学生正处于价值观和行为习惯形成的关键阶段,他们通常具有较强的模仿心理和榜样效应,因此,榜样示范法成为廉洁教育中一项重要的方法。通过展示典型的廉洁模范,教师可以让学生通过观察和模仿,形成正确的价值观和行为模式。

榜样示范教育法的核心在于选择具有代表性和感召力的榜样,并通过具体的行为示范让学生感受到廉洁行为的力量。这种方法不仅限于个别人物的示范,更重要的是在校园内营造一种廉洁的文化氛围,使学生在潜移默化中受到榜样行为的熏陶。特别是通过具有实际影响力的学生、教师等人物的榜样作用,可以在大学校园内形成一种正直、公正的氛围。值得注意的是,榜样的选择应具有广泛的代表性和真实性,避免形式化或牵强附会,否则可能导致教育效果的反效果。

(四)知行合一教育法

知行合一教育法强调理论学习与实践行动的有机结合,是进行大学生廉洁教育的重要途径之一。这一方法要求学生不仅要通过学习了解廉洁的概念和原则,更要在日常生活中将这些理念转化为实际行动,从而在实践中检验并加强廉洁教育的效果。知行合一教育法强调的是知识与行动的统一,认为只有在实践中得到锤炼的廉洁品质,才能真正成为学生的内在品格。

在知行合一教育法中,知识的传授和行为的引导是相辅相成的。教师应当通过教学、实践活动和社会服务等多种方式,让学生在实际生活中应用所学的廉洁理念。在这一过程中,及时的反馈和反思尤为重要,只有通过不断的自我评估和纠正,学生才能将廉洁教育真正转化为个人行为准则。为了确保知行合一教育法的有效实施,教师应当建立完善的评估机制,定期检查学生的廉洁行为表现,并通过适当的奖励和引导,鼓励学生在实践中不断进步。

二、大学生的廉洁教育方法

大学生廉洁教育是社会参与反腐倡廉的重要举措,也是高校思想政治教育工作的重要环节[1]。在当代高等教育体系中,廉洁教育已成为培养学生良好道德品质和社会责任感的重要组成部分。廉洁教育的核心目的是通过系统的教育手段,使大学生树立正确的价值观,增强其廉洁自律的意识,并促使其在未来的职业生涯中坚守廉洁底线。

(一)实践教育法

实践教育法是一种通过有目的、有计划地引导学生参与各种实践活动,帮助学生在实践中培养良好思想道德素质和行为习惯的廉洁教育方法。这一方法的核心在于通过实践活动将廉洁教育与社会、集体生活紧密结合,从而达到思想和行为的双重塑造。在社会主义建设的过程中,实践教育法得到了广泛的应用,并证明了其在培养具有良好道德素质和高度社会责任感的人才方面的重要作用。通过实践教育法,大学生不仅能够将理论知识应用于实际,更能在真实的社会环境中感受和体会廉洁的内涵,从而形成更加坚实的廉洁品质。

1. 进行青年志愿者服务活动

青年志愿者服务是实践教育法的重要组成部分,是大学生参与社会、了解社会、服务社会的有效途径。组织学生深入企业、社区、政府监管部门等社会机构,开展廉洁教育相关的社会实践活动,使大学生能够在真实的社会环境中感受廉洁文化,并通过与社会的互动,形成正确的价值观和行为规范。

社会实践活动不仅是大学生廉洁教育的重要平台,更是增强学生社会责任感、促进其思想道德建设的有效手段。例如,学生可以通过参与廉洁调查、反腐倡廉教育宣传等活动,了解当前社会中廉洁与腐败的现状,从而增强廉洁意识。通过与社会上有经验的老干部、先进人物的交流,大学生可以从他们的经历和故事中汲取廉洁的精神力量。这些实践活动能够帮助学生从实际出发,感受到廉洁的现实意义,并且激发他们通过实际行动践行廉洁的信念。

---

[1] 余俊渠.浅谈当代大学生的廉洁教育[J].广东技术师范学院学报(社会科学版),2012,33(4):40.

参观革命纪念场所(博物馆)、警示教育基地等,大学生能够直观地感受到廉洁的历史和现实意义。参观这些具有教育性质的场所,学生能够更加清晰地了解廉洁文化的历史背景和社会价值,进而增强自身的廉洁素养和道德操守。这种通过参观、交流和实践相结合的方式,能够更好地引导大学生在思想上产生共鸣,增强廉洁教育的深度和广度。

2. 开展第二课堂教育活动

第二课堂教育活动是指在课堂之外,通过一系列的课外活动,为学生提供更广泛的教育机会。对于廉洁教育而言,第二课堂的作用尤为重要。通过这种形式,学生可以在轻松愉快的氛围中接受廉洁教育,培养廉洁行为习惯,形成廉洁理念。

在大学中,学生会活动通常作为组织和实施第二课堂教育活动的重要平台。学校可以通过组织演讲比赛、辩论赛、戏剧表演、图片展览、短视频制作与展播等活动,让学生在参与过程中接触和学习廉洁文化,提升他们对廉洁理念的认知与理解。通过组织主题鲜明、内容充实的演讲和辩论活动,学生能够更加深入地讨论与廉洁相关的社会现象,并在辩论中增强对廉洁行为的认可和支持。戏剧表演和图片展览等形式则能更形象、生动地展现廉洁文化的意义,使学生在参与的过程中产生更强的情感共鸣。

学校可以通过短视频展播等现代化的传播手段,让学生通过自媒体形式表达对廉洁的理解与思考,促进廉洁文化的互动传播。这不仅能够提升廉洁教育的吸引力,还能在校园内营造出浓厚的廉洁文化氛围,使廉洁教育在潜移默化中渗透到每个学生的生活中,激发他们自觉学习和遵守廉洁行为规范的热情。

(二) 自我成长法

自我成长法是大学生廉洁教育的一种重要方法,强调在教师引导下,学生通过独立规划和主动实施成长策略,逐步实现思想观念的转变和行为规范的自我控制。其核心在于通过自我教育和自我完善,形成内在的廉洁意识,并在日常生活中自觉践行。这一方法的本质是通过培养学生的自主性,使其在社会、学术和个人层面上都能达到自我约束和自我提升的目标。

自我成长法的实施依赖于明确的成长目标和持续的自我实践。通过自主学习和自我修养的方式,学生能够逐渐培养起明确的廉洁价值观,并将其转化为内在的行为规范。此方法有别于传统的外部驱动教育模式,更多地依赖于学生自身的动机和对目标的认同。这种方式能够促使学生在日常行为中主动进行自我检视和修正,从而在自我监督中不断增强廉洁意识。

在实施自我成长法的过程中,学生往往通过设定个人发展目标、进行自我批评与反思,以及确立个人座右铭等方式,明确并巩固廉洁行为的内涵。在此过程中,学生不仅通过自我学习和自我评估获得反馈,还通过自我约束强化个人行为的规范性。这样的自我教育机制不仅有助于学生塑造独立的廉洁思维，还能提升其解决问题和应对挑战的能力，从而在复杂的社会环境中做出正确的价值判断和道德选择。

自我成长不仅仅是思想和行为的调整，更是一种内在兴趣和热情的激发。教师应通过多样化的教育手段和活动，引导学生发现并培养对廉洁的兴趣，并将其作为个人成长的一部分。这种兴趣的培养有助于增强学生对廉洁教育的内在动力，使他们在追求个人发展的过程中自觉地将廉洁作为核心价值观之一。

自我成长法的关键在于其灵活性和个性化。每个学生的背景、经历和需求不同，因此，教师应根据学生的特点，设计适合的成长路径和方法，因材施教，帮助学生理解并认同廉洁教育的深远意义，使其能够根据自身的成长节奏和需求，选择适合的自我发展方式。

在自我成长法的实施过程中，学生的积极性和自律性是成功的关键。学生通过自我设定目标并为之努力，不仅能在学业和个人生活中实现自我提升，还能够在逐步实现廉洁自律的过程中，培养坚定的道德信仰和高度的社会责任感。这种基于自主学习和自我管理的教育方式，既能增强学生的自我约束力，又能培养其在社会环境中主动承担责任的能力，最终帮助其在复杂多变的社会生活中保持廉洁操守。

三、组织部门的有效教育方法

大学生廉洁教育是一项系统工程，涉及教育的各个方面。为了有效推动这一教育过程，组织部门必须采取多种措施，以确保大学生能够在良好的教育环境中成长，并通过合理的引导和支持，帮助学生树立正确的价值观。在这一过程中，政策引导法、条件保障法和过程评价法等作为关键的教育方法，扮演着至关重要的角色。

（一）政策引导法

政策引导法是通过国家和地方政府的政策导向，推动大学生廉洁教育的实施。政策不仅能为高校提供明确的教育目标和方向，还能够通过制定具体的奖惩机制，引导学生树立廉洁观念。在这一过程中，政策的作用不可忽视。通过政策的引导，可以在制度层面规范大学生廉洁教育的实施方式，使其有据可依，形成长效机制。

政策引导法的一个显著特点是其强制性和权威性。国家出台的一系列政策文件，如《教育部关于在大中小学开展全面廉洁教育的意见》明确了廉洁教育在整个教育体系中的重要地位。这些政策文件明确了大学生廉洁教育的目标、原则和实施途径，要求各级教育机构严格执行，形成全社会共同关注和支持大学生廉洁教育的局面。

政策引导法通过具体的评优选拔机制，将廉洁教育与学生的成长路径紧密结合。例如，在评选"三好学生"、评选"优秀学生干部"评定国家奖学金、选拔入党积极分子等过程中，可以增加"廉洁品质"这一维度，设置具体的标准和条件，鼓励学生在日常学习和生活中展现廉洁自律的行为。通过这种政策引导,不仅能够激励学生的积极性,还能确保廉洁教育融入学生的成长过程中,使廉洁成为学生价值观的一部分。

政策引导法的灵活性体现在可以根据不同的时代背景和社会需求进行适当调整和优化。各级教育部门可以结合实际情况,制定更加符合当地实际的廉洁教育政策,以确保政策能够在各类高校中顺利实施,并产生良好的社会效果。

(二) 条件保障法

条件保障法强调通过为大学生廉洁教育提供必要的条件保障,确保教育的顺利实施。具体而言,这种方法通过政府、学校、教育组织等多个层面的协同合作,增加对大学生廉洁教育的资金投入,并从硬件设施和软件支持两方面提供条件保障。廉洁教育作为一项长远的事业,其教育效果通常是隐性且延续的,必须通过不断完善教育条件来逐步推进。

条件保障法强调基础设施的建设。在教育过程中,硬件条件的支持至关重要。例如,大学应当设立专门的廉洁教育课题研究室,建设包含廉洁教育的教学平台和资源库,为学生提供丰富的学习材料和实践机会。同时,高校可以通过建设廉洁文化氛围浓厚的校园环境,如设置廉洁主题的文化墙、宣传栏等,让廉洁教育成为校园生活的一部分。基础设施的完善不仅是学生学习廉洁文化的基础,也是促进其理解和认同廉洁教育理念的前提。

条件保障法关注软件建设,特别是师资队伍的建设和教学质量的保障。廉洁教育不仅仅依赖于课堂教学,还需要有专业的教师作为引导者。高校应当加大对教师,特别是思想政治课教师、班主任以及其他与学生日常生活密切相关的教师的培训力度,他们应当具备开展廉洁教育的基本素养,并能够灵活运用各种教育手段。此外,高校还应鼓励教师通过参与社会调查、交流会等方式,进一步拓宽自身的教育视野,使其能够在教育实践中更好地引导学生形成廉洁意识。

政府部门应根据高校的需求和实际情况,增加对廉洁教育的资金投入,并出台相关政策以保障教育措施的实施。通过政府的政策和资金支持,高校可以有足够的资源来开设更多的廉洁教育课程、组织丰富的廉洁文化活动,确保大学生廉洁教育能够有效落实。

(三) 过程评价法

这一方法的核心在于对廉洁教育的实施过程进行科学的评估,及时发现问题并加以改进,从而确保教育活动的长期有效性和可操作性。

过程评价法的实施,依赖于评价指标体系的建立。评价指标体系的设计应考虑到大学生的身心发展特点、社会环境的变化以及教育目标的多样性。一个科学的评价体系不仅能够帮助教师全面了解大学生廉洁教育的现状,还能够为后续的教育改进提供可靠依据。例如,指标体系应包括学生对廉洁知识的掌握程度、廉洁行为的自觉性以及廉洁思想的内化程度等方面,从而实现对学生廉洁教育效果的全方位评估。

过程评价法还强调评价维度和指标设置的科学性和针对性。评价维度应根据大学生廉洁教育的具体要求进行分类和分层,确保每个维度能够准确反映学生在不同层面的表现。评价过程应避免简单的量化评分,而应结合学生的具体情况,进行有深度的分析,确保评估结果的真实性和有效性。

过程评价法不只是一个评价工具,它还应作为推动大学生廉洁教育持续改进的动力来源。通过评估结果,高校能够发现教育过程中的薄弱环节,并及时调整教育策略。同时,评估结果也能够为政府相关部门提供决策依据,从而加强政策的实施力度,确保大学生廉洁教育得到更加充分的支持。

第三节 大学生廉洁教育的载体创新

廉洁教育是建设廉洁政治和廉洁社会的重要保障。大学阶段是大学生人生观、世界观、价值观形成的关键时期,对大学生进行廉洁教育,既是一项具有前瞻性、从源头上预防腐败滋生蔓延的基础工程,也是一项高素质人才培养的建设工程[1]。

一、开展廉洁教育主题活动

在现代高等教育体系中,廉洁教育作为思想政治教育的重要组成部分,具有不可或缺的地位。通过开展一系列主题教育活动,能够帮助大学生树立正确的价值观、人生观和世界观,引导他们在日常生活和职业生涯中保持廉洁自律,承担社会责任。开展廉洁教育主题活动有助于培养学生的良好的思想政治素质、高尚的道德修养和高度的社会责任感。在这一过程中,通过多种形式的教育活动,包括主题讨论、课堂教育、专题讲座等,可以更好地激发学生的参与感和认同感,使廉洁教育融入学生的学习和生活中。

(一)组织主题讨论活动

主题讨论活动是一种有效的互动式教育形式,它通过师生、同学之间的互动与讨论,促进学生对廉洁价值观的深入理解与认同。大学生廉洁教育的主题讨论活动可以围绕"当代大学生核心价值观"展开,旨在通过集体讨论和交流,帮助学生思考和分析如何在现代社会中树立正确的理想信念和价值观,尤其是如何在个人行为和社会实践中践行廉洁自律。

活动的组织形式通常是小组讨论,学生分成8到10人一组,围绕"当代大学生核心

---

[1] 彭文英,胡浩.大学生廉洁教育探析[J].教育与职业,2014(12):70.

价值观"进行座谈和交流。通过标准化提纲引导学生讨论，可以更清晰地了解学生对社会主义核心价值体系的认知情况，以及他们在日常生活中如何自觉践行这些核心价值观。通过座谈讨论，学生不仅能够分享自己对于廉洁和道德的理解，还能从同伴的分享中获得启发，从而在思维碰撞中深化对廉洁教育的理解。

活动结束后，每个小组需要总结讨论成果，并形成代表性表述。例如，可以提炼出诸如"爱党爱国、立德力行、敬师尚学、自信自强"等表达本校学生核心价值观的语言。通过这种方式，不仅增强了学生对核心价值观的认同，还通过共识形成凝聚力，提升了校园廉洁文化氛围。

（二）组织课堂教育活动

课堂教育活动是高等教育中普遍采用的教育形式。廉洁教育应与大学生思想政治教育有机结合，在思想政治课堂中融入廉洁教育的内容，使廉洁教育成为学生成长的一个重要组成部分。通过思想政治理论课程这一主渠道，高校可以将廉洁教育的核心理念与社会主义核心价值体系相结合，从而实现学生思想的深刻转变和行为的自觉规范。

1. 以思想政治课为途径

思想政治课是培养学生理想信念、价值观和道德观的重要课堂。为了实现廉洁教育的有效性，教师可以将"中国梦"的理念融入课程中，通过讲授"中国梦"的奋斗目标及其实现路径，引导学生思考廉洁教育与个人发展、社会进步的关系。同时，借助视频教育片、社会案例等，深化学生对廉洁教育内涵的认识，帮助学生从多个角度认识廉洁自律的重要性。在课堂教学中渗透廉洁教育，不仅能够帮助学生树立正确的价值观，还能够增强他们的社会责任感和历史使命感，使学生理解廉洁不仅仅是个人行为的规范，更是国家社会发展的基石。

2. 采用嵌入式教学

嵌入式教学是一种将廉洁教育与学科专业知识有机结合的创新形式，尤其适用于法学、管理学等专业领域。在这些专业的课程中，教师可以通过案例教学、专题讲座等方式，引导学生理解廉洁教育与专业知识的关联。例如，在法学专业的课上，可以邀请法院、检察院等相关部门的专家进行专题讲座，向学生传授如何在法治建设中践行廉洁理念，培养学生的法治意识和廉洁自律的职业操守。可以结合实际案例进行教学，尤其是司法领域的腐败案件，通过分析案例中的廉洁问题，帮助学生明确法律的边界和纪律的底线。这样的教学方法不仅能够强化学生的专业能力，还能够有效培养他们的廉洁意识，确保学生在步入社会后能够坚持正确的职业操守。

3. 举办专题讲座

专题讲座是一种形式灵活、内容丰富的廉洁教育方式。通过邀请专家学者、党政机关的领导干部等举办专题讲座，帮助学生从更高层次、更广视野了解廉洁教育的理论基础和实践意义。学校的党校培训班也可以将廉洁教育作为必修内容,通过专题报告会、主题演讲等形式,提升学生的廉洁意识。讲座内容可以涵盖廉洁教育的多维度主题,如廉洁文化、反腐败斗争、职业道德等,通过多角度的讲解,引导学生理解廉洁教育不只是个人行为的规范,更是国家治理和社会公正的基础。通过讲座,学生不仅能学习到廉洁教育的基本理论,还能深入思考如何在未来的职业生涯中保持清正廉洁。

4. 开展时效性强的主题教育活动

廉洁主题教育活动应结合当前社会热点与校园实际需求,及时设计和组织具有针对性和教育意义的内容。时效性是确保教育活动产生实际效果的重要因素。当前社会中与廉洁相关的问题往往具有动态性和复杂性,通过及时开展相关主题活动,可以在第一时间内引发学生的关注与思考,从而将社会热点转化为教育契机。

廉洁主题教育活动可以围绕反腐倡廉的核心议题展开,将理论讲解与社会案例相结合,使学生能够认识到廉洁教育的重要性与现实意义。通过探讨普遍存在的价值取向问题,引导学生理解廉洁不仅仅是道德要求,更是一种社会责任与文化传承。这种方式能够打破传统的不良价值观念,为传播廉洁理念提供实践基础。教育作为一种具有深远影响的社会工具,在这一过程中展现了其不可替代的作用,不仅能够促进价值观的转型,还能在全社会形成崇尚廉洁的氛围。

为了增强活动的吸引力和参与度,教育内容应当在形式上灵活多样,可以采取专题讲座、讨论会、校园展览等方式,结合学生的兴趣点和认知规律,提高活动的互动性和感染力。同时,在活动的宣传与组织过程中,应注重利用现代信息技术手段,如线上直播、社交媒体推广等,使廉洁教育能够覆盖更广泛的学生群体,提升其时效性和传播效果。

5. 在日常的学习生活中推进廉洁教育实践

廉洁教育的成效不仅体现在课堂与活动中,更应融入学生的日常学习和生活实践。将廉洁教育纳入教学计划是必要的一步,但仅靠课堂教育难以实现思想观念的真正转变。通过在日常生活中推进廉洁教育实践,可以使其成为学生价值观和行为规范的重要组成部分,从而达到潜移默化的教育效果。

廉洁教育可以与学生的利益相关环节紧密结合。例如,在入党积极分子的培养中,应突出廉洁纪律的要求,通过严格的选拔与培养机制,树立榜样形象,使学生在追求个人目标的同时,将廉洁作为自身发展的基础。在奖学金评定、优秀学生评选等过程中,可以通过公平、透明的评选机制,强化廉洁理念的教育与实践。通过这样的方式,学生能够在切身经历中体会到廉洁的重要性,并在行为中自觉遵守相关规范。

高校可以将廉洁教育融入学生干部的选拔和管理工作中。学生干部在校园中具有一定的影响力,通过对其廉洁素质的严格要求,可以在全体学生中起到示范作用。在选举和管理过程中,应注重对候选人廉洁观念的考察,并通过持续的教育培训,增强学生干部的廉洁意识,使其在工作中主动践行廉洁精神。

廉洁教育实践的推进需要与校园文化建设紧密结合。例如，通过在学校内部设立廉洁文化宣传长廊、举办廉洁文化艺术展等形式，将廉洁教育融入学生的日常活动空间，营造健康向上的校园氛围。同时，通过社会实践活动，如组织学生参与社区廉洁宣传、志愿服务等，将廉洁教育从校园延伸到社会，使学生在实际活动中理解廉洁的内涵与意义。

二、利用社团文化推进大学生廉洁教育

大学生廉洁教育社团作为一种学生自发组织的形式，在大学生廉洁教育中发挥着至关重要的作用。研究表明，同学、室友及朋友对大学生思想和行为的影响远远超过其他群体，如教师或辅导员。此类同伴教育的影响力不容小觑，尤其在涉及思想道德和廉洁教育时，学生之间的交流与互动更加贴近现实，更能产生实效。因此，大学生廉洁教育社团作为一个自主发起、自我组织、自我发展的团体，在促进大学生廉洁意识的形成和巩固方面发挥着独特的作用。

大学生廉洁教育社团通过学生自主策划和组织的活动，能够将廉洁教育的理念以更加生动、灵活且富有吸引力的方式传播给广大同学。这种教育模式不仅内容上贴近大学生的日常生活，还能够通过同伴之间的影响力，达到潜移默化的教育效果。社团成员在规划、组织和实施各类活动的过程中，既是学生，也是教育的推动者，这种互动式的学习方式能够大大增强教育的实效性。

（一）大学生廉洁教育社团活动的形式

大学生廉洁教育社团活动的形式是实施廉洁文化建设的重要方式之一。这类活动通过多样化的形式和创新的内容，不仅能够有效地提高学生对廉洁教育的关注度和参与度，还能为学生提供一个表达思想、展示才华、培养团队协作的良好平台。通过校园内外的互动，大学生廉洁教育社团活动可以充分利用校园内外的资源，丰富教育手段，深化廉洁教育的内涵，从而在全校范围内营造出崇尚廉洁的良好氛围。

1. 开展廉洁文化主题活动

廉洁文化主题活动是大学生廉洁教育社团活动中的核心内容之一。其主要目的是通过富有创意和感染力的宣传形式，使廉洁文化理念深入人心，促使广大学生在潜移默化中接受并践行廉洁教育。这类活动的形式多样，内容丰富，通常以"廉洁文化进校园"为主题，聚焦校园廉洁文化的建设与发展。

在具体的活动形式上，通常会采取创作比赛的方式进行，组织学生参与廉洁文化宣传品的设计与创作。通过设置不同的创作形式，如中国传统书画、广告招贴等，学生可以通过艺术创作的方式表达他们对廉洁文化的理解和认同。此类活动的意义不仅在于

增强学生对廉洁教育的感知,更在于通过艺术形式提升学生的创造性思维与文化修养。活动中,教师通常会根据创作的主题和形式,进行相关的讲座和指导,帮助学生掌握艺术创作的方法与技巧,并对廉洁文化的内涵进行深度阐释,确保学生的创作能够准确传达廉洁教育的核心价值。

参与者以小组为单位进行创作,每组由3到5名学生组成。学生们在合作的过程中,不仅需要展示各自的艺术才能,还需要通过集体讨论和协作凝聚出对廉洁文化的共同理解。每组在创作过程中都会积极探讨如何通过艺术作品展现廉洁文化的多维度特征,从而增强作品的表达力和传播力。最终,各组的作品将在校园内进行展示,以此激发全校师生的关注和参与。

2. 开展新媒体下的廉洁文化创作活动

随着信息技术的飞速发展,尤其是智能手机和移动互联网的普及,传统的廉洁文化宣传方式正在逐步向新媒体形式转型。在这种背景下,新媒体下的廉洁文化创作活动成为廉洁教育的一种创新方式。通过将廉洁文化融入短视频、社交媒体等新兴平台,不仅能够提高活动的参与度,还能激发大学生的创作潜能,使廉洁教育理念更加贴近学生的日常生活和兴趣点。

在新媒体环境下,短视频已成为最具影响力的传播形式之一。通过手机等移动设备,学生可以轻松地拍摄并分享清廉文化短视频作品,借助社交平台传播廉洁教育的核心思想。这一活动形式为大学生提供了一个展示创新思维和实践能力的平台。活动以小组为单位进行,每组由2到3名学生组成,学生们需要在规定的时间内完成一个主题为"廉洁进校园"的视频短片。视频创作的内容不仅要围绕廉洁文化的传播展开,还可以结合校园生活中的实际问题,如考试诚信、学术不端、校园选举等,引发学生对廉洁行为的深入思考。

除了拍摄和制作视频短片外,新媒体平台的优势还体现在其广泛的传播性和互动性上。每组完成的视频将通过校园内的社交平台进行分享,其他学生可以在平台上进行评论、点赞、转发,形成一个积极的讨论氛围。通过这种方式,学生不仅可以在创作过程中表达自己的廉洁观念,还能通过互动交流,进一步强化对廉洁文化的认同与践行。

(二)增加大学生廉洁社团和活动的数量

在廉洁教育的实施中,大学生社团和相关活动的数量增加是扩展教育广度与深度的重要途径,这一方式通过学生的主动参与和群体互动,为廉洁教育提供了多元化、互动性强的实践载体,有助于提升教育效果和社会影响力。在高校环境中,社团活动作为学生课外生活的重要组成部分,能够充分发挥教育延展和补充的功能,将廉洁教育从课堂延伸到校园生活的各个方面。

增加廉洁社团的数量,可以为学生提供更多的参与渠道和发展平台。在设立和管理社团时,应确保其运行机制具有规范性和持续性,以便充分发挥其组织优势。廉洁社团的活动主题应围绕廉洁文化建设展开,通过多样化的活动形式促进学生对廉洁理念的深刻理解。社团在具体运作中,既要注重成员间的团队合作和任务分工,又要积极引导社团与校内外其他组织建立联动机制,扩大廉洁教育的传播范围。

廉洁教育活动的数量和质量同样具有重要意义。在增加活动数量的同时,需注重活动内容的科学规划与精心设计,使活动具有思想性、教育性和趣味性。活动的形式可以涵盖知识竞赛、主题演讲、艺术创作和社会实践等,通过不同的方式满足学生的多样化需求,并实现教育目标的精准覆盖。通过高频次、高质量的活动设计,能够在校园内形成浓厚的廉洁文化氛围,潜移默化地影响学生的行为和观念。

廉洁社团和活动的有效开展需要教育资源的支持与整合。高校在此过程中应提供必要的经费支持、场地保障和指导服务,并注重从全校范围内整合资源,将廉洁教育融入学生组织、课程实践和校园文化的建设中。教育管理部门还应定期评估社团和活动的效果,对表现优秀的组织和个人给予奖励,从而增强学生参与的积极性和教育的吸引力。此外,通过引入外部资源,如政府部门、社会机构和公益组织的协助,可以进一步拓展廉洁教育的资源边界,提升社团活动的专业性和社会影响力。

增加廉洁社团和活动的数量不仅可以扩大教育覆盖面,还能够通过学生的自主参与激发其对廉洁主题的兴趣和关注。在这一过程中,学生作为活动的策划者、组织者和参与者,可以在互动与实践中深化对廉洁教育内涵的理解。同时,群体活动的形式能够营造良好的教育氛围,增强学生之间的学习和监督效应,从而更有效地将廉洁理念内化为个人行为准则与价值观念。

(三)大学生廉洁教育社团的管理和活动组织

大学生廉洁教育社团的管理和活动组织是实施廉洁教育的重要组成部分,其目的是通过有效的组织管理和系统的活动设计,引导学生树立正确的廉洁价值观,提升学生的道德素养,强化集体意识和责任感,从而为建设廉洁的校园文化和社会环境奠定基础。

1. 制定社团章程

社团章程是大学生廉洁教育社团管理的基础性文件,规范了社团的运作机制、活动形式以及成员行为的标准,是确保社团各项活动有序开展的核心文件。章程的制定应当遵循公平、公正、公开的原则,注重凝聚集体智慧、听取广泛意见,并充分结合学校的思想政治工作要求和廉洁教育的实际情况。

(1)"诚信优秀班集体"评选标准。

班级作为社团活动的基本单位之一,班级的廉洁氛围对学生的行为规范和集体意识具有重要影响。通过每学年评选"诚信优秀班集体",可以有效激励班级成员之间相互监督、相互促进,形成良好的班级风气。评选的标准应包括班级成员的个人行为规范、班务公开透明情况、重大考试中的诚信表现等方面。具体而言,班级成员在重要考试中的诚信行为是评选的关键标准之一。此外,班级活动的组织与管理是否透明,财务是否公开也是评选的关键要素。这些标准通过对班级的系统评估,确保学生在日常生活和学习中自觉遵守廉洁规范,从而在集体中形成良好的廉洁文化。

(2) 深入班级与宿舍调查廉洁诚信问题。

廉洁教育的效果不仅仅体现在课堂上,更应通过对日常生活的深入了解与实践来落实。社团管理应当关注学生日常生活中的廉洁诚信问题,因此,开展班级和宿舍的调查研究显得尤为重要。通过深入调查学生在日常学习、生活中出现的诚信问题,社团可以准确掌握学生的行为特点和存在的诚信风险,及时给予有针对性的教育与引导。例如,学生是否存在考试作弊、作业抄袭、团体活动中的不诚实行为等,都是诚信教育应关注的重要方面。通过调查征集意见,社团可以进一步明确诚信教育的重点和方向,并结合学生的需求进行改进。

(3) 诚信考试试点。

为了更好地推动校园诚信文化的建设,可以选取一些班级或课程作为诚信考试的试点,开展无老师监考的诚信考试。这一措施不仅是对学生诚信水平的实际考察,也能够增强学生自我约束和自我管理的能力。通过无监考的形式,学生将更加意识到诚信考试的重要性,进而从自我行为上落实诚信要求。试点的成功实施,可以为校园其他考试的诚信管理提供经验和模式,也能够为广大学生树立良好的榜样。

(4) 班级财务公开。

诚信教育不仅仅是对学生个人道德行为的要求,还应包括对集体管理的规范。各班班委应当定期公布班级财务收支情况和每学期组织活动的情况,确保班级财务和活动管理的透明化。这一做法能够有效防范不正之风的滋生,确保学生干部履职尽责的同时,也增强全班同学对班级事务的参与感和责任感。财务公开的制度化,将为学生干部树立起榜样,培养学生在未来工作和社会活动中的责任感与廉洁意识。

2. 组织廉洁教育读书会

廉洁教育不仅仅需要通过理论的讲解,还应通过深入的思维讨论和个人的心灵洗礼来实现。组织廉洁教育读书会是一种富有成效的教育形式,它能够让学生通过阅读经典书籍,思考其中的廉洁理念,并在集体讨论中加深对廉洁价值观的理解。通过此类活动,学生能够在实践中理解廉洁教育的真正含义,并将其转化为自觉的行为规范。

(1) 书籍选择与内容讲解。

教师在组织廉洁教育读书会时,首先需要选择适合学生阅读的廉洁教育书籍。这些书籍不仅要有深刻的思想内容,还应具有较强的现实意义和可读性。在书籍内容的讲解过程中,教师可以简单介绍书籍的基本情况,如书名、作者、主要内容及其反映的廉洁主题。同时,教师应鼓励学生主动思考和探索,结合书中的案例分析廉洁文化的实际应用,进而提高学生的辨别力和批判性思维能力。

(2) 小组讨论与展示。

学生在读书会中应通过分小组讨论的形式进行交流,分享自己对书籍内容的理解和感悟。小组讨论不仅能够提高学生的思维能力,还能够促进学生之间的相互学习和合作,增强团队意识。每个小组可以选派一名代表进行发言,通过制作PPT等形式展示他们讨论的成果。这样不仅能提高学生的表达能力和团队合作能力,也能通过多元化的展示方式使廉洁教育更加生动和丰富。学生通过展示自己的见解,不仅能提升个人的认知水平,也能促进全班同学对廉洁教育理念的进一步理解。

(3) 教师总结与点题。

在每次读书会结束时,教师应当进行总结发言,对学生的发言进行评价和引导,并从理论高度加深对廉洁教育的讨论。教师应通过理论的升华,使学生能够从更深层次理解廉洁文化的核心理念,并明确廉洁教育在当代社会中的重要意义。教师的总结不仅能够巩固学生的学习成果,还能为学生提供更多的反思和思考空间,帮助学生进一步提升个人的思想认识和道德素质。

第四节 大学生廉洁教育的模式创新

随着信息技术的飞速发展,数字化已全面渗透到教育领域,推动教育模式从传统的线下课堂向线上线下融合的方向转变。在大学生廉洁教育中,信息化与数字化的引入不仅能够打破时间和空间的限制,还能使教学内容更加生动形象,有助于提升教育的吸引力和实效性。廉洁教育需要根据大学生群体对数字化技术的接受度较高的特点,通过信息化与数字化手段,实现精准化传播和深度交互,从而促进廉洁观念的内化与实践。信息化与数字化驱动大学生廉洁教育模式创新的核心内容包括以下方面。

一、开发廉洁教育网络课程与资源平台

网络课程和资源平台是信息化教育的核心组成部分之一,尤其是在高等教育中,网络课程不仅能够打破传统教学中的时空限制,还能提升学生的学习兴趣和自我驱动学习的能力。在廉洁教育的开展中,网络平台的优势愈加突出,既能系统化地整合廉洁教育的内容,也能为学生提供更加丰富和便捷的学习体验。

(一) 模块化课程设计

模块化课程设计是一种根据不同学科需求和学生学习层次进行的系统化课程结构

安排。其核心理念是通过将课程内容分解为多个独立又相互联系的模块,确保各类学生在不同的学习阶段都能获得符合其需求的教育内容。模块化设计能够精确地根据学生的基础、能力以及学科特点,制定出不同的学习路径,进而提升教育效果和学习效率。具体而言,课程模块的划分可以从理论知识、应用实践、技能训练等多个维度进行设计,形成一个综合且具有层次感的教育体系。

每个模块都有明确的教育目标和学习成果,并且能够与其他模块形成有机联系。基础理论模块通常是课程的起点,旨在帮助学生构建坚实的理论框架,掌握学科的基本概念和核心原理。这一模块注重理论的系统性和逻辑性,强调从基础知识入手,确保学生能够掌握学科的基本素养和思维方式。随后的模块,如案例分析和实践指导模块,则更加侧重于应用层面的能力培养。案例分析模块通过实际案例的讨论,帮助学生提高解决问题的能力,培养他们在复杂情境中运用理论知识的能力。实践指导模块则着眼于将理论与实践相结合,为学生提供具体的操作性指导,使其能够在实际生活和工作中有效地落实所学知识。

模块化课程设计不仅有助于提升课程内容的结构化和系统性,还能够确保学生在不同学习阶段获得适当的教育资源。这种设计方法强调个性化和灵活性,使学生可以根据自身的学习进度和需求选择合适的学习模块,从而在整个学习过程中保持较高的学习动力和较好的学习效果。同时,这种结构化设计还能为教师提供明确的教学指引,帮助他们在教学过程中更好地进行内容的讲授与引导。通过模块化设计,课程不仅能实现对知识点的全面覆盖,还能增强教育的针对性和实用性,确保学生在完成学习任务的过程中得到有效的支持与帮助。

(二)丰富的多媒体资源

随着数字化技术的迅速发展,教育内容的呈现方式经历了显著的变革。传统的单一文字教材逐渐无法满足现代教育对学习方式和教学效果的多元化需求,而多媒体资源的广泛应用,正是推动这一变革的重要力量。通过图文、音频、视频、动画等多种形式的有效结合,教育内容的传递不仅在形式上更加丰富,还在内容表达、学习参与度以及学生感知体验上产生深远影响。对于廉洁教育而言,多媒体资源的运用更是能够显著增强课程的互动性与实践性,从而提升教育的整体质量和学生的学习效果。

多媒体资源为教育内容的呈现提供了更为生动和直观的方式,帮助学生在多感官的刺激中更好地理解和掌握知识。相比于传统的文字教材,图像、视频、音频等多种媒介的结合,不仅丰富了信息传递的渠道,还能够激发学生的学习兴趣和探索欲望。尤其是动画、视频等形式,通过动态展示和形象表达,使得复杂的思想或历史事件更易于理解和接受。其次,多媒体资源的引入能够有效激发学生的学习积极性和参与感。在传统教育模式中,学生往往处于被动接受知识的状态,多媒体技术的使用则鼓励学生更加主动地参与学习过程,无论是通过互动式视频、在线讨论,还是通过虚拟仿真等手段,都能有效调动学生的学习积极性和创造性思维。

数字化时代的多媒体资源不仅在知识传播上起到了辅助作用，还在文化传承和价值观塑造上发挥了重要功能。在廉洁教育中，通过多媒体手段展示廉洁文化的历史背景与深厚积淀，不仅有助于学生了解廉洁的传统文化内涵，也能够使他们更好地理解廉洁教育的现实意义与时代价值。文化遗产的展示、历史典故的呈现、廉洁故事的再现等，都能够为学生提供更多元的视角与思考空间，使廉洁教育不仅仅停留在理论层面，还能在情感和认知上产生更为深刻的影响。

二、利用新媒体传播廉洁文化

新媒体技术的飞速发展，尤其是社交媒体和短视频平台的普及，正在改变教育传播的方式。在大学生廉洁教育中，新媒体提供了多样化的传播渠道，能够更加广泛和精准地传递廉洁文化，增加学生的参与感和认同感。

(一) 短视频与直播

短视频与直播作为当今信息传播的两大重要形式，因其高度的互动性、直观性和广泛的受众覆盖，已成为教育领域特别是廉洁教育中不可或缺的工具。在这一背景下，短视频作为一种具有简洁、直观特点的媒介形式，能够迅速抓住观众的注意力，传达具有深远意义的教育内容。廉洁教育通过短视频呈现，可以通过微电影、纪实片、廉洁人物事迹等多种形式，使廉洁理念得以更加生动形象地展现，从而增强教育的吸引力和感染力。这种视觉化、情感化的传播方式，不仅有助于知识的传播，还能够在潜移默化中引导观众对廉洁价值观的认同和追求。

直播作为另一种高效的传播手段，其即时性和互动性使得教育者与受教育者之间能够形成更加紧密的联系。在廉洁教育的实践中，借助平台（如抖音、快手等）进行直播讲座，能够通过实时互动为学生答疑解惑，打破传统教育方式的时空限制，进一步提升教育的亲和力和针对性。直播不仅能够迅速将廉洁教育的核心内容传播给广泛的受众，还能根据观众的反馈实时调整讲解策略，从而确保教育内容的精准传递与教育效果的最大化。

这种基于短视频与直播的廉洁教育模式，不仅提升了教育的传播效率，还为学生提供了更加灵活、个性化的学习方式。通过这种新型的媒介形式，廉洁教育的内容得以多元化呈现，既符合学生的接受习惯，又能够有效促进教育目标的实现。因此，短视频与直播的结合为廉洁教育提供了更加丰富和创新的路径，有望在未来的教育发展中发挥更加积极的作用。

(二) 社交媒体互动

社交媒体平台在当代社会中已渗透到人们的日常生活，并且成为大学生群体重要的交流与信息获取渠道。借助这些平台,廉洁教育的开展能够突破传统教育模式的局限,提供更多互动性强、参与度高的教育方式。通过社交媒体平台进行的廉洁知识问答、线上辩论及话题讨论等活动,不仅能提升学生对廉洁主题的关注,还能激发他们主动参与的热情。互动性强的在线问答平台,能够促使学生在参与中加深对廉洁理念的理解,进一步增强他们对廉洁文化的认同感和社会责任感。

　　社交媒体的开放性和实时性,使得开展廉洁教育时可以进行广泛而深入的讨论与交流。在线辩论赛和讨论会为学生提供了一个相对自由的空间,使他们能够在互动中更为全面地思考廉洁的内涵与实践意义。这种集体讨论与辩论的活动,不仅提升了学生的批判性思维能力,也为他们提供了多元化的视角去审视廉洁文化的价值。通过这种方式,学生不仅能够从理论层面理解廉洁的本质,还能在实际的思考和交流中逐步形成廉洁意识和道德标准。

　　社交媒体互动的广泛应用,能够增强廉洁教育的灵活性和实时性,打破了传统教育的时间与空间限制,提供了一种更加个性化与多元化的学习方式。在这一过程中,学生的参与感和互动体验得到了显著增强,教育效果也随之得到提升。通过社交媒体的互动平台,廉洁教育能够以更加生动、有效的方式深入人心,推动廉洁理念在年轻一代心中扎根并形成自觉的行为规范。

(三) 微电影与故事化传播

　　微电影作为一种独特的情感传递方式,它通过情节的编排与情感的渲染,能够在受众中引起强烈的共鸣,进而实现深层次的思想与文化传播。在廉洁教育的实践中,微电影的应用不局限于理论知识的传递,而是通过生动的故事情节和形象化的人物,使廉洁精神得以具象化和感性化,从而使受众在情感上产生共鸣,在认知上留下深刻印象。通过故事化的方式,微电影将抽象的廉洁教育内容转化为具体的情境与角色,使学生能够在情感上产生认同感,并在认知结构中建立对廉洁行为的正确价值观。

　　微电影通过戏剧化的手段,能够将廉洁的内涵与实践展现得更加生动、鲜活,这种表现形式有助于突破单调的传统教育模式,使廉洁教育从单纯的理论灌输转向更加立体和生动的体验式学习。在微电影中,人物的情感纠葛、决策困境和最终选择,能够真实再现廉洁行为背后的深层价值,使学生不仅了解廉洁的外在表现,还能够深入理解其内在的精神追求。通过观看这些充满情感波动的微电影,学生能够在潜移默化中接受廉洁教育,并通过情感的触动,激发对廉洁的认同,增强自觉遵守的意识。

　　微电影的故事化传播能够有效增强教育的渗透力与影响力。与传统的说教式教育相比,微电影通过情节的发展和人物的情感变化,使廉洁教育在潜意识中逐步渗透到学生的思想深处。通过具体案例、人物塑造和情感引导,这种方式能够在学生心中种下廉洁行为的种子,使其成为学生自我约束和自我修养的重要内驱力。因此,作为廉洁教育的传播载体,微电影不仅丰富了廉洁教育形式,还增强了对学生的影响力度和持久性。

三、虚拟现实(VR)与增强现实(AR)的情境教育

虚拟现实(VR)和增强现实(AR)技术的应用,为廉洁教育提供了更加沉浸式和互动性的学习体验。这两种技术通过模拟真实情境,帮助学生更生动地理解廉洁行为及其带来的社会影响。

(一)廉洁场景模拟

廉洁场景模拟作为一种新兴的教育方式,通过虚拟现实(VR)技术的应用,为廉洁教育提供了一个身临其境的学习平台。通过创建模拟的决策环境,教师能够设计出高度逼真的情境,让学生在虚拟世界中体验廉洁决策的实际过程。这种情景模拟可以逼真地再现政府或企业等机构中的决策会议,使学生在模拟中直观感受到廉洁决策的多重压力与挑战。通过这种沉浸式的体验,学生不仅能够理解清廉决策的复杂性,还能切身体会到做出抉择时所面临的伦理困境与实际后果。

VR技术所提供的虚拟环境使得清廉教育不再局限于单纯的理论学习,而是通过实际操作与模拟场景的结合,帮助学生理解廉洁决策背后的价值观与道德判断。在这种模拟场景中,学生可以通过不同的选择路径来探索廉洁决策的后果,并从中获得深刻的教育启示。模拟中的情境复杂且多变,能够多角度展示廉洁决策可能涉及的不同利益冲突、道德权衡以及其对社会、组织乃至个人的长远影响,从而促使学生在面对实际问题时能够更加清晰地把握清廉行为的实际意义和长远价值。

廉洁场景模拟还能够提升学生的决策能力和应对能力。在虚拟环境中,学生可以在没有实际风险的情况下,反复体验不同的决策情境,反思自己在面对清廉挑战时的思维方式与行为选择。这种互动性强、情境感知丰富的学习方式,不仅有助于提升学生的廉洁意识,还能够增强其在复杂社会环境中做出道德抉择的能力。通过这种身临其境的学习模式,廉洁教育得以突破传统教学的局限,提供了更为直观、生动且富有深度的教育体验。

(二)历史事件再现

历史事件再现通过增强现实(AR)技术的运用,为廉洁教育提供了一种新的表现形式。这种技术不仅能够将历史人物和事件呈现于现代社会的现实场景中,还能通过互动性强的方式,让学生直观体验廉洁文化的传承与发展。AR技术通过将历史中的廉洁人物及其事迹"复活",为学生提供了一个沉浸式的学习环境,使得廉洁精神得以跨越时空界限,重新呈现其在历史进程中的影响力。通过这种方式,

学生能够以全新的视角感知廉洁文化如何在不同历史时期对社会变革与发展产生深远影响。

与传统的文本阅读和静态展示方式相比，AR技术为学生提供了更加生动、直观的学习体验。在虚拟与现实的结合中，学生不仅能够通过观看了解历史人物的形象与事件，还能通过交互的方式深入了解廉洁精神的内涵与历史背景。这种互动性使得学生能够更加主动地参与到历史故事的学习中，从而在情感上与廉洁文化产生更强的共鸣。这种沉浸式体验不仅加深了学生对廉洁历史的理解，还能够通过历史故事的再现，增强学生对廉洁文化的认同感与尊重。

AR技术所带来的历史事件再现，也为廉洁教育提供了更加多元化的教学方式。通过历史人物与事件的呈现，学生能够在深刻理解廉洁精神的基础上，反思其在当代社会中的实践意义与价值。这种历史与现实交织的方式，不仅能够帮助学生领略廉洁文化的悠久传承，也能够促使他们思考如何将这种文化精神应用到现代社会与个人行为中。因此，历史事件的再现不仅是对廉洁历史的回顾，更是对廉洁文化价值的再认识和深刻反思。

（三）互动式廉洁体验馆

互动式廉洁体验馆通过融合虚拟现实（VR）与增强现实（AR）技术，提供了一种创新的廉洁教育方式。借助这些先进的技术手段，教育者可以构建一个虚拟的教育场馆，让学生通过互动全面了解廉洁的各个方面。这种教育模式打破了传统课堂教育的时空限制，为学生创造了一个沉浸式的学习环境。在这种环境中，学生不仅能够学习到廉洁的理论知识，还能通过参与模拟情境，亲身体验廉洁行为的选择与实施过程，从而更直观地理解廉洁的意义与实际应用。

通过虚拟环境中的互动，学生能够在情景模拟中做出决策，并观察不同选择所带来的后果。这种情景式学习的方式，不仅增强了学生的参与感和责任感，也促使他们在情境中主动思考廉洁行为的内涵与实践价值。虚拟的互动体验能够帮助学生深入感知廉洁决策的复杂性和道德权衡，进一步提高他们在现实生活中做出廉洁决策的能力。这种教育形式借助情感的渲染，使廉洁教育不仅仅停留在知识传授层面，而是深入学生的情感世界，激发其内在的道德情感和行为动力。

互动式廉洁体验馆还具有较高的教育灵活性。通过多样化的虚拟情境和互动环节，学生可以根据自身的兴趣和需求，选择不同的教育路径，探索廉洁行为在不同社会环境下的表现和意义。这种个性化的学习方式，让廉洁教育变得更加生动、立体，能够在学生心中形成更加深刻的记忆和认知。通过VR和AR技术的结合，互动式廉洁体验馆不仅提升了廉洁教育的趣味性和感染力，还为教育者提供了更为丰富的教学工具和方法，推动廉洁教育手段更加多元化和创新化。

拓展阅读

教育部直属高校推进廉洁文化教育走深走实——廉洁清风满校园

来源:中国教育报 2024-07-02

"我为学校赢莲子"线下互动体验、"一校一金句"网络微课视频接力、"画廉正心"创意征集、师生同上一堂廉洁文化课……

自第九届高校廉洁教育系列活动启动以来,教育部各直属高校以党纪学习教育为契机,积极组织师生参加知识问答、作品征集、课堂实践3个单元7项专题活动,将廉洁文化有机融入教育、教学等各环节,多途径、多形式推进廉洁文化教育走深走实。

精准发力,分层分类加强廉洁文化教育

连日来,各高校根据干部师生不同群体特点,分层分类抓紧抓实廉洁文化教育,突出对重点领域、关键岗位的廉洁文化教育,营造风清气正育人环境。

从"关键少数"抓起,推动党员领导干部廉洁履职——

针对新提任中层干部,西安交通大学进行集体廉政谈话,强调要在党风廉政建设方面开好头、起好步,做一名让学校满意、让师生群众满意的领导干部。针对科级干部,上海交通大学举办"思源清风"讲堂暨重点领域廉洁从业专题培训班,切实增强科级干部政治素质、廉洁意识和拒腐防变能力。

从育人主体抓起,推动高校教师廉洁从教,涵养良好师德师风——

兰州大学将党纪学习教育融入青年教师成长论坛、高层次人才实践研修,强化师德师风建设,教育全体教师严守师德规范,增强争当"大先生"的思想自觉。北京邮电大学围绕廉洁教育主题,举办教师青年马克思主义者培养工程培训班,观看《高校部分重点领域廉洁提示》教育宣传片,进一步引导青年教师筑牢纪律红线。

此外,各高校积极把廉洁文化教育纳入思政课教学、融入育人主渠道。

山东大学将党性教育和党纪学习元素融入思政课程,开展"淳化学风"学术诚信建设月活动,推动党纪学习教育在学校"落地开花"。重庆大学将党纪学习教育融入学风建设,组织开展"我心中的思政课"和学术诚信教育系列活动,打造"青春倡廉"校园文化品牌和崇德尚廉的书香校园环境。

毕业季期间,各直属高校还专门组织22.3万名毕业生党员,开展党性党纪教育和行前教育,把廉洁教育化作对毕业生的殷殷嘱托。

中国海洋大学在毕业季开展"清风扬帆、廉洁启航"等主题党日活动;上海财经大学打造毕业季廉洁教育情景思政课;对外经济贸易大学、华南理工大学等发布致2024届毕业生的廉洁倡议书,激励引导广大毕业生把遵规守纪刻印在心。

活用资源,打造廉洁文化教育"第二课堂"

泛黄的家书家信、珍贵的荣誉勋章、简朴的日常生活用品……

在中山大学,一场以百年校庆为契机举办的"百年风华,清风康乐——传家宝"征集活动正如火如荼进行。师生积极发掘宣传老物件中蕴含的廉洁理念、廉洁典型,营造风清气正的校园环境。

党纪学习教育开展以来,各高校用好用活各类资源,深挖校史校训中的廉洁元素,组织参观廉洁文化教育基地等,推动廉洁文化接地气、润人心。

一个个廉政教育基地、一批批党风廉政警示教育基地,迎来络绎不绝的党员干部,成为党纪学习热门"目的地"。

西南交通大学组织领导干部赴四川省高校廉洁文化基地"育廉馆"开展主题实地研学活动,深入领悟廉洁文化的历史渊源、思想精髓和时代价值。武汉大学组织党员干部参观湖北省党风廉政警示教育基地,现场敲响警示钟,提醒党员干部勤掸"思想尘"、多思"贪欲害"、常破"心中贼"。

在长期办学实践中凝练积累的校史校训、先辈师生故事中的廉洁元素,成为高校打造廉洁文化品牌的红色基因。

在复旦大学,"星火"党员志愿服务队以首个《共产党宣言》中文全译本的翻译者、复旦大学原校长——陈望道的廉洁家风为叙事脉络,将党纪学习教育内容融入讲解内容,开展相关专题讲解20余场,覆盖600余人次。

在浙江大学,59个二级单位进一步凝练"一院一品"廉洁文化品牌,举行"鉴史尚廉"廉洁故事征集与宣教活动、"清风习习,廉入人心——青年话清廉"主题宣讲等,进一步深化清廉浙大建设。

结合校史中的廉洁元素、廉洁故事,中国地质大学(北京)制作《校史传"清"香,流光映"廉"心》党纪学习教育专题展览,用一张张老照片讲述北地人的清廉故事,将廉洁的种子根植于师生心中。

创新形式,让廉洁文化在校园蔚然成风

"'廉洁'这个词早在2 000多年前就出现了,《楚辞》当中就有'宁廉洁正直以自清乎'的表述。"

"中华传统廉洁文化在文化、制度、实践层面,都积累了许多经验。这些经验植根于民族文化传统,符合历史实际,其中的精华,我们仍然可以借鉴运用。"

6月21日起,2024年高校党组织示范微党课在各大平台播出,来自中国人民大学、北京师范大学、华东政法大学3所高校的主要领导、知名学者、教师及学生党员代表共同讲授。首期微党课即聚焦中华优秀传统文化中的廉洁纪律,研究我国反腐倡廉历史,考察我国历史上反腐倡廉的成败得失,受到高校师生广泛好评。截至目前,微党课在14个线上平台总观看量达430万人次,获点赞超45万次。

除了微党课,各高校还通过知识竞赛、演讲比赛、音乐党课、传统文化体验等方式,让廉洁文化在形式上"亮"起来,在内容上"立"起来,在实践中"活"起来。

南开大学针对学生党员开展"清廉南开润初心,牢记嘱托育英才"党纪学习教育知识竞赛,28个学院5500余名学生党员参与答题,进一步夯实清正廉洁思想根基。

以"清风润万家,廉韵启新程"为主题,西南财经大学举办廉洁文化演讲比赛,引导师生主动做廉洁文化的传播者、实践者和倡导者。

合肥工业大学打造"移动课堂",组织师生党员干部乘坐合肥市首列"包公连线",通过聆听廉洁微课、参访"廉政文化"包公故里文化园等,沉浸式共上一堂廉洁文化教育课。

中央音乐学院发挥音乐党课品牌影响力,推出红色音乐党课《三大纪律八项注意》,举办"焦桐花开"新时代弘扬焦裕禄精神原创词曲音乐会,以歌曲传"廉音",用艺术的形式增强廉洁文化感染力、影响力。

结合非遗技艺,华东理工大学开设廉政文化创意作品工作坊,组织教师绘制莲花图案、题写清廉寄语,将廉洁文化融入一柄柄漆扇中。河海大学举办廉洁主题刻纸活动,将中国传统文化中的"老手艺"与"廉"元素的新表达相融,让廉洁文化更加浸润人心。

(本报记者 高毅哲)

课后思考

1. 在教育主体创新方面,如何构建多元化的教育主体,以增强廉洁教育的实效性?
2. 在方法创新中,哪些教学方法能够更好地激发学生对廉洁价值的认识和内化?
3. 在载体创新上,我们如何利用现代技术手段使廉洁教育更加生动和贴近学生生活?
4. 在模式创新中,如何设计和实施更加系统且全面的廉洁教育模式,以培养大学生的廉洁自律意识?

第八章
大学生廉洁教育生态系统探讨

学习引言

对于当今的教育体系而言,大学生廉洁教育已成为不可或缺的一环。本章集中探讨大学生廉洁教育生态系统,旨在揭示其与自然生态系统之间的紧密联系及其在培育大学生廉洁品质中的核心作用。从生态系统的视角看,廉洁教育不是单一的知识传授过程,而是一个多维互动、全员参与的系统工程,涵盖家庭、学校、社会等多个因素的共同作用。本章还将详尽探讨该生态系统构建所需的各项保障措施,旨在为高校廉洁教育的实践提供坚实的理论支撑与实践导向。

知识目标

通过本章学习,学生应能够深入理解大学生廉洁教育与生态系统之间的契合性,明确廉洁教育在生态系统中的独特地位与作用。学生将进一步掌握大学生廉洁教育生态系统的意蕴,包括其构成要素、运行机制及特征。在此基础上,学生将学会制定并实施大学生廉洁教育生态系统构建的有效策略。学生还将了解并熟悉构建该生态系统所需的各项保障措施,如生态理念、生态制度等,为推动大学生廉洁教育的持续发展奠定坚实基础。

内容学习

第一节 大学生廉洁教育与生态系统的契合性

廉洁是中华民族的优秀传统美德,也是每个公民应当具备的良好品格。大学生廉洁教育是高校有目的、有计划、有组织开展的以廉洁思想、廉洁知识和廉洁实践为内容,以增加大学生廉洁知识、增强大学生廉洁意识并引导其廉洁行为、培养成廉洁精神为目的的教育实践活动。开展有效的廉洁教育对大学生廉洁品格养成的作用十分明显。[1]

---
[1] 付晓容.大学生廉洁教育生态系统构建研究[D].重庆:西南大学,2021:1.

教育是人类与自然界和谐共生、共同发展的纽带,它始终都与人、社会和自然环境密不可分,有着千丝万缕的联系。教育根植于社会生活,是社会生态系统的重要组成部分,教育的生态性早已成为共识。廉洁教育归属于教育,理应具有生态性。

一、廉洁教育植根于社会生活实践

廉洁教育作为一种道德教育形式,植根于社会生活的广阔背景之中。社会生活的构成不仅包括物质层面的生产和交换活动,还包括精神层面的价值观塑造和行为规范的内化。教育作为一种社会现象,其根本目的在于帮助个体认识社会、理解社会,并掌握生存的基本技能。在这个过程中,教育的任务并非仅限于物质层面的传授,更在于促进人的全面发展。具体而言,教育不仅为个体提供应对生存需求的能力,更致力于塑造其精神和道德品质。在这一框架下,廉洁教育不仅传授遵守社会规则的知识,还通过内化廉洁价值观,提升个体的道德修养,丰富其精神世界。

廉洁教育的实施和发展必然与社会的历史背景和生活条件息息相关。在不同的社会发展阶段,廉洁教育的内容、形式和传播途径都受到时代特征和社会环境的深刻影响。社会的经济基础为教育提供了物质保障,社会的文化氛围则为道德教育的开展提供了有力的精神支持。当前,随着社会经济的快速发展和公共治理体系的逐步完善,廉洁教育不仅获得了更加丰富的资源支持,还在良好的社会风气中获得了更为广泛的认同。廉洁教育并非单纯的道德宣教,它与社会的伦理框架、制度建设和文化认同紧密相连,反映了社会在某一历史时期对道德价值的集体认知与追求。

二、廉洁教育是社会生态系统的子系统

廉洁教育作为社会生态系统中的一个关键子系统,其存在与发展深刻体现了社会生态系统的关联性、互动性和有机性。社会生态系统是一个复杂的结构,由政治、经济、文化、教育等多个相互关联、相互作用且相互制约的子系统构成。这些子系统共同构成了一个整体,其中每个部分都以其独特的方式对整体的运作和发展产生影响。

在这一生态系统中,廉洁教育不仅与人的个体发展直接相关,而且与社会的政治、经济、制度和文化等多个层面有着广泛而深刻的联系。它本质上是社会发展的产物,其存在与功能与社会生态系统的其他组成部分紧密相连,相互影响。廉洁教育的实施和发展,不仅受到社会经济发展水平、政治制度和社会文化的影响,同时也对社会的道德风尚和治理效能产生积极的反馈作用。

廉洁教育系统作为教育生态系统的子系统,其生存和发展与社会生态系统的其他部分存在着密切的联系。它不仅反映了社会在某一历史阶段对道德价值的追求,也是社会自我调节和自我完善的重要机制。廉洁教育通过培养个体的道德意识和社会责任

感,促进了社会生态系统的和谐与稳定,增强了社会的凝聚力和向心力。

三、大学生廉洁教育系统具有生态性

大学生廉洁教育的系统性与生态性之间具有深刻的联系,尤其在现代社会的变革背景下,生态性思维为教育提供了全新的视角和方法论。在全球化及信息化日益加速的今天,教育领域面临诸多挑战,这些挑战不仅源于技术、经济、文化的变动,也与环境、资源等问题密切相关。因此,借鉴生态学的思维,尤其是生态哲学中"和谐共生"和"整体性"的理念,有助于重新审视和规划大学生廉洁教育的内涵与路径,推动其在复杂社会环境中稳步发展。

生态学强调生物与其环境之间的有机关系,这一理论框架可以有效指导大学生廉洁教育的构建。教育不仅是知识的传授,更是对个体价值观、道德标准的塑造和社会责任感的培养。在这一过程中,教育与社会环境的互动关系尤为关键。大学生廉洁教育应当被视为一个生态系统,其中每一环节、每一要素都对教育结果产生深远影响。教育系统的生态性要求教育者、教育内容、教育环境等要素共同协作,形成一个相互支持、相互影响的系统,避免任何一方面的失衡对整体教育效果产生负面影响。因此,廉洁教育不仅要注重理论与实践的结合,更要关注社会文化和价值观的深层次互动,确保教育体系的内在协调与长效性。

生态学的"动态平衡"概念在大学生廉洁教育中也具有重要意义。教育体系并非静态的结构,而是一个不断调整、优化、反馈的过程。随着时代的发展和社会需求的变化,廉洁教育的内容和形式必须适时调整。这一动态性要求教育工作者不仅要关注当前的教育需求,还要预见到未来社会变革所带来的新挑战,并为之做好准备。这种动态平衡的机制能够有效应对外部环境对廉洁教育的干扰与冲击,保持教育目标的持续性和稳定性,从而为学生提供更加全面和深刻的廉洁价值观培养。

在现代社会中,大学生廉洁教育的目标不仅仅是培养具有良好道德规范的个体,更要增强其社会责任感和整体性思维。这一点与生态学的"整体性"原则高度契合。教育的生态性要求将大学生廉洁教育置于更广泛的社会背景中,认识到每个教育环节、每个教育主体的行为都会对社会产生深远的影响。从生态化的视角看,廉洁教育不仅是个体层面的道德修养,也是社会伦理与文化构建的重要部分。这种教育目标的扩展,为大学生的全面发展提供了多维度的支持,使其在未来的社会生活中能够具备更加复杂和多元的价值判断能力。

生态性教育思想的引入,不仅为廉洁教育的理论构建提供了新思路,还为实践中的教育策略提供了有力指导。它促使我们重新审视教育的复杂性与系统性,强调教育各要素的相互作用与反馈机制,推动廉洁教育走向更加有机、协同和持续发展的轨道。这种思想的应用,不仅有助于解决当前教育中的诸多问题,也为未来教育的发展提供了理论依据和实践方向。

(一)生态特质在大学生廉洁教育系统中的体现

生态概念在历史的演变中逐渐被人们所认识,反映了人类生存与环境之间的深刻联系。最初,生态学的定义集中于"住所"与"栖息地",随着人类活动的扩展,对环境影响的认识不断深化,生态学的研究范围也随之拓展,涵盖有机体与自然环境、社会环境之间的相互作用。生态概念的内涵因此得到了丰富,现今已广泛应用于多个研究领域,形成了对生物群体、生态系统及人类生态的综合理解。在此背景下,廉洁教育系统作为一种教育实践,其主体是个体,个体始终处于不断变化的环境中,并与环境进行信息交流。廉洁教育系统受到环境中多种因素的影响,这些因素通过影响个体来制约或推动教育的变化与发展。同时,廉洁教育系统通过培养个体的道德意识与行为规范,使其能够适应所处环境。因此,廉洁教育与环境之间的关系具有重要的生态学意义。

一个成熟的生态系统通过各要素与环境的相互调适,保持相对的稳定和平衡。廉洁教育系统的构成要素包括个体、教育目标、教育内容、教育方法及教育环境等。这些要素的均衡发展与相互作用是廉洁教育系统存在与发展的基础。显然,廉洁教育系统具备生态系统的特征,体现出其生态特质。在研究廉洁教育系统时,关注其生态特质并运用生态理论与方法分析内部要素及其与环境的复杂关系,既是对廉洁教育系统本质的尊重,也为其整体协调发展提供了有效指导。

(二)生态学是分析大学生廉洁教育系统的方法

在分析大学生廉洁教育系统时,生态学作为一种分析方法逐渐获得了学术界的关注。这一方法的核心是从整体视角出发,强调事物之间的相互联系与互动,关注个体与环境之间的有机关系。在传统的线性思维模式下,问题通常被孤立地看待,忽略了整体性和相互依赖性。然而,生态学提供了一种系统论的视角,能够帮助我们全面、辩证地认识廉洁教育中各个要素之间的复杂联系。

这一生态学方法论,最早源于对自然界中各种生物及其生存环境相互作用的研究,逐步扩展到社会、文化、经济等领域。随着现代科学的不断发展,生态学不再局限于自然科学,而是发展成为一种跨学科的综合性分析工具。通过生态学的视角,我们能够更好地理解社会现象,尤其是在大学生廉洁教育中,各种因素的相互影响。例如,学生的道德认知、教育资源、社会环境、家庭背景等,都是构成廉洁教育系统的重要因子,彼此之间相互作用,共同塑造学生的价值观与行为模式。

生态学在廉洁教育中的应用,体现在其动态分析功能上。生态系统是一个不断变化的过程,系统内部的各个因子并非静态存在,而是随着时间的推移而发生变化。在廉洁教育的实践中,教育政策、教育内容、社会舆论等外部因素以及学生个人的内在因素,都会随时发生变化。这要求教育者不仅要关注廉洁教育的当前状态,还要考虑其长远发展。通过动态观察系统内各个因子的变化及其相互作用,我们可以及时发现问题、调整策略,以适应社会环境与时代需求的变化。

生态学方法的核心优势在于它能够综合考虑事物之间的整体性、相互联系性和变化性,从而为复杂问题提供更为全面的解决方案。在大学生廉洁教育系统中,这一方法不仅帮助研究者识别出影响廉洁教育效果的各种内外因素,还促使教育者更加重视教育过程中的互动关系与持续改进。通过生态学的分析,廉洁教育能够从一个静态的系统发展为一个动态、可持续发展的过程,进而实现对学生行为的深远影响。

(三)生态是大学生廉洁教育系统的价值取向

从认识论的角度来看,价值的概念涉及主体与客体之间的关系,反映客体对主体需求的满足程度。价值不仅是一个普遍存在的概念,其内涵在历史和现实中存在多重解读。价值体现了人道理想,包括人格尊严、生命、自由和权利等内在价值;从实践活动的角度看,价值表现为人类共同体中的结构性价值,如公平、民主和正义;而从实践结果来看,价值体现为客体对主体的功能性效用。马克思主义哲学强调,价值反映的是人与外界的关系,而非独立个体的实体属性,其本质在于有需求的对象与主体之间的功能关系。

经典哲学对价值的解读为理解生态提供了重要的理论基础。生态价值作为生态哲学的基本概念,反映了主体与客体之间的特殊价值关系,强调自然环境在满足生态需求和促进可持续发展方面的重要性。生态哲学的思维方式被广泛应用于各个学科,拓展了生态的内涵及其价值。生态价值不仅反映了自然环境的独立存在价值,也体现了生命体对自身生命的珍视,超越了人类存在的局限。

对生态价值的理解可以从三个层面进行深入探讨。首先,生态价值作为自然物体本身的存在价值,强调其对整体自然系统的贡献,这是生态价值的最初含义。其次,自然物体的生态价值与其作为经济资源的价值存在本质区别,前者关注自然系统的整体关联、内在互动和动态平衡等方面。最后,生态思维的独特性使其成为人们在行动选择中的一个重要价值取向。在这一框架下,生态视角下的廉洁教育强调对个体生命的尊重,促进学生潜能的发挥,体现对人的终极关怀,助力学生的全面发展,进而实现个人价值的体现。同时,生态的廉洁教育在国家预防和治理腐败的背景下,关注个体廉洁人格的形成与廉洁精神的培育,为建设廉洁和谐社会提供支持,推动社会价值的实现。

四、社会科学研究生态化的趋势

社会科学研究领域中生态化的趋势反映了学科发展的一种深刻转型。研究生物个体不能脱离其生存环境,从而推动了科学研究范式和思维方式的变革。20世纪60年代以来,生态学的理论、方法在多个研究领域得到认同,其科学性、合理性和正当性在哲学领域得到确立，生态学已成为描述实体事物表征、认识分析特定事物和个体彰显生命意义的重要概念。

生态学理论揭示了生态系统中各要素相互制约、相互依赖的关系，并体现了生态系统整体性所蕴含的平等、互补和均衡的价值观。随着生态学理论在各研究领域的广泛应用，生态学已成为人文社会科学领域中一种成熟完整的方法。它与社会生态学、人类生态学、教育生态学、经济生态学、文化生态学等学科交融，成为这些领域中独特而有益的研究范式，共同延续和遵循生态学的原理和方法，同时体现生态的价值取向。

廉洁教育研究作为人文社会科学研究的一部分，采用生态理论来探究和思考廉洁教育的理论问题与实践问题，将廉洁教育置于生态理论中进行研究，不仅是一种思维方法，也是生态理论和方法在社会科学研究领域恰当运用的体现。这种研究方法的尝试，反映了社会科学研究生态化的一种必然趋势。在国家大力推进生态文明建设，社会发展空前重视人、社会、自然协调发展的背景下，生态的理论和方法在任何研究领域的应用都具有深远的意义。

第二节　大学生廉洁教育生态系统的意蕴诠释

教育是人类与自然界、社会共同发展的桥梁，始终与人类、社会和自然环境息息相关，形成了错综复杂的联系。教育深植于社会生活，是社会生态系统的重要组成部分，教育的生态性早已得到广泛认同。大学生廉洁教育作为教育的一部分，亦是一个生态系统，拥有独特的组成要素、结构、功能、运行机制以及特征。

一、大学生廉洁教育生态系统的要素构成与关系

（一）大学生廉洁教育生态系统的要素构成

大学生廉洁教育作为一个复杂的教育系统，其构成要素的分析是理解和优化该系统的关键。系统理论视角下的大学生廉洁教育生态系统，强调各要素之间的相互作用和相互促进关系。廉洁教育的目标在于培养大学生的良好品德和廉洁意识，而这一过程是通过特定的教育要素相互交织、共同发挥作用来实现的。

教育的要素划分在学术界已形成多种理论模型。然而，针对大学生廉洁教育这一特定领域，现有的教育要素模型需要进行适当的扩展与调整，以适应其特殊性。具体而言，大学生廉洁教育系统的要素可以分为教育生态个体、教育生态介质和教育生态环境三个层面。教育生态个体包括教育者与受教育者，二者的互动与合作是廉洁教育顺利开展的基础。教育生态介质则涵盖教育目标、教育内容、教育方法和途径，涉及如何传

递廉洁教育的核心价值与理念。教育生态环境则是指影响廉洁教育实施的外部条件，包括学校环境、社会环境与家庭环境。在这一系统中，教育者与受教育者的关系是系统运作的核心。教育者不仅承担传授廉洁理念的责任，还需通过榜样作用、情感沟通和实践引导等方式，激发受教育者的内在动机。受教育者的主观能动性、接受程度和实践能力，也直接决定了廉洁教育的成效。教育目标、内容和方法则提供了具体的操作框架，通过有针对性的教学内容和多样化的教育手段，确保教育的实效性与针对性。教育制度作为一项保障机制，涵盖教育实施的规划、评估与反馈机制，确保各项教育活动能够根据实际情况进行调整与优化。

教育生态环境是外部条件的综合体现。社会环境对大学生廉洁教育的影响尤为重要，社会的价值观、法律法规和道德规范对教育内容和方式产生深远影响。学校环境则通过校园文化、师生互动和教育资源的配置，直接影响教育活动的开展。家庭作为受教育者的第一课堂，家长的价值观和行为规范对大学生廉洁教育产生重要的潜移默化的影响。

（二）大学生廉洁教育生态系统的要素关系

大学生廉洁教育的生态系统由廉洁教育生态个体要素、廉洁教育生态介质要素和廉洁教育生态环境要素组成。各个要素在各自领域发挥独立作用，同时也相互制约或促进其他要素的功能实现。这些要素既具备相对独立性，又紧密相连，形成了一个错综复杂的互动关系网络。

1. 生态个体要素及关系

在大学生廉洁教育的生态系统中，施教者与受教者作为核心个体，承担着推动和接受教育实践的责任与义务。施教者通过其理论素养、实践经验以及廉洁品格的展示，对受教者的行为和态度产生深远影响。受教者根据自身的价值观、认知水平以及反思能力，对施教者的教育实践提供反馈。这种互动不仅决定了教育目标的达成程度，还影响着教育内容的深化与实践形式的多样化。两者之间的关系不是单向传递的，而是相互作用、共同推动教育进程的动态关系。在这一过程中，施教者的角色局限于知识的传授者，其自身的道德素质和对廉洁教育目标的理解与坚持，直接影响着教育实践的成效。施教者的教育理念、教学方法以及对教育环境的把控能力，是决定教育效果的关键因素之一。受教者则通过其对廉洁教育的接受度和自主参与程度，进一步反向影响施教者的教学策略与教育形式。施教者与受教者之间的互动，要求两者在教育实践中形成一种合作的模式，在这一合作过程中，双方通过共同的努力推动廉洁教育目标的实现。

此外，廉洁教育的生态环境及其相关要素也对教育实践的成效起到重要的支持作用。教育制度的完善、教学内容的科学性以及教育资源的配置，都直接影响着教育生态的质量与效果。健全的制度保障不仅为施教者提供明确的教育框架与实施指南，也为受教者创造参与和反思的空间。教育内容的丰富性与实用性能够引发受教者的兴趣，激发其主动参与的积极性，进而提升教育的实际效果。良好的教育生态环境，不仅营造了一个促进廉洁教育的氛围，也促使施教者与受教者共同构建和谐、有效的教育实践场域，从而推动教育目标的全面实现。

2. 生态介质要素及关系

大学生廉洁教育的生态介质由多个关键要素构成，其中包括廉洁教育的制度、目标、内容、方法和途径。这些要素互相依存、相互作用，共同构成了大学生廉洁教育的系统性框架。廉洁教育制度作为整个教育实践的基础，提供了实施的具体规范和指导原则，是推动教育实施的核心保障。教育目标则是指向教育实践预期成果的方向，其设定应当精准匹配社会与个体的需求，确保教育活动在实际操作中有明确的成效导向。教育内容则根据教育目标的要求精心设计，包含廉洁教育的理论知识、行为规范和价值理念，为实现教育目标提供了具体的理论支撑和实践路径。教育方法与途径是落实教育内容和目标的具体策略，它们在实践中起到了组织和引导的作用，直接影响教育效果的呈现和目标的达成。在这一生态系统中，各要素之间的关系体现了明显的相互制衡与相互促进的特点。教育制度和教育目标之间存在着内在联系，教育目标的设定决定了教育制度的设计方向，同时教育制度的完善和执行力又直接影响到教育目标的实现。教育内容的设计必须与教育目标相契合，任何偏离目标的内容设计都可能削弱教育的实际效果。此外，教育方法和途径的选择需要根据教育内容的特点和目标的需求进行调整，它们的有效性决定了教育成果的实现程度。各要素之间的这种复杂关联，使得廉洁教育的实施充满了动态调整和持续优化的空间。

正确理解大学生廉洁教育生态介质各要素的作用及其内涵，是建立健全廉洁教育体系的关键所在。教育实践的成效不仅取决于这些要素的合理配置与实施，还受施教者素质和能力的影响。施教者对廉洁教育生态介质的理解深度及其执行力，将直接影响教育内容的传达效果以及受教者的接受程度。教育的实施不只是一个静态的知识传递过程，更是一个互动的、情境化的过程，施教者和受教者之间的关系、施教者对教育生态介质的认知与理解都会间接影响教育目标的实现。

3. 生态环境要素及关系

在大学生廉洁教育的生态环境中，家庭、校园与社会三大要素各自扮演着重要角色，并共同构成了一个相互交织、影响深远的整体结构。家庭环境作为廉洁教育生态个体的起点，其对个体的影响是持续且深刻的。家庭不仅是个体价值观、行为规范和道德观念初步形成的关键场所，也是廉洁教育的早期培育场。父母的言传身教、家庭氛围的塑造以及价值观的传递，深刻影响着教育生态个体在整个成长过程中的行为取向与态度形成。因此，家庭环境是廉洁教育的基础性环境，对大学生廉洁意识的培养具有潜移默化的作用。

与家庭环境相比,校园环境对大学生的廉洁教育具有更加直接和具体的影响。校园作为一个知识与文化汇聚的场所,是教育生态个体获得廉洁教育的主要平台。它不仅承担着传授廉洁理念的任务,还通过校园文化、校规校纪以及同伴关系等方面,塑造个体的行为习惯和价值认同。校园环境的建设直接关系到廉洁教育实践的效果,良好的校园环境能够激发学生对廉洁的认同感与责任感,从而推动廉洁教育理念的深化与实践。

社会环境作为外部因素,则是对大学生廉洁教育生态个体的潜在影响源。社会环境涵盖广泛的文化、政治与经济氛围,它通过媒体传播、社会风气以及公共政策等途径,塑造社会成员的普遍价值观与行为模式。在这一大背景下,大学生作为社会的一部分,难免受到社会风气的影响。社会环境的价值导向在一定程度上决定了大学生对廉洁教育的接受度与认同度。因此,社会环境的积极建设对推动廉洁教育的实施具有重要作用。

二、大学生廉洁教育生态系统的结构

大学生廉洁教育生态系统的结构可从微观、中观和宏观三个层面进行细致分析。每个层次不仅各自承担着不同的职能,还通过相互作用,形成了一个有机、协同的整体。理解这一生态系统的层次性关系,有助于有效推动大学生廉洁教育的深入实施与发展。

(一)微观结构层面

在微观结构层面,大学生廉洁教育的基本要素包括教育资源、师资队伍、课程体系以及相关的教育设施等。微观层次的教育元素直接影响廉洁教育的实际操作和执行效果。这一层面的成功运作为整个教育生态的运行奠定了基础。教育部门与高校需要通过精准规划与组织,确保这些要素的协调性和有效性。具体而言,师资队伍的专业性和教育设施的完备性是保障廉洁教育质量的核心。如果这些基础要素无法得到充分保障,那么整个廉洁教育的实施将缺乏保障,无法达成有效的教学效果。微观结构的优化和完善为中观结构和宏观结构的顺畅运作提供了必要条件。

(二)中观结构层面

在中观结构层面,大学生廉洁教育的实施需要依赖于高校的文化环境、教育管理体系以及相关政策的具体执行。此层面的作用在于通过有效的管理机制和教育规划,协调和调控微观结构中各项资源的配置与使用。中观结构起到承上启下的关键作用,将国家和地方政策与具体教育实践之间的联系建立起来。在这一过程中,高校的管理部门应根据自身实际情况对廉洁教育进行具体的实施规划,并及时反馈实施过程中遇到的问题。通过反馈机制,管理部门能够有效地调整教育方案,以确保教育内容和方法能够符合学生的需求和社会发展的实际。如果中观结构未能有效运作,微观层面的教育资源将难以得到合理配置，宏观层面的政策与指导则可能会失去实践意义，从而导致廉洁教育的实施效果不尽如人意。

（三）宏观结构层面

宏观结构是大学生廉洁教育生态系统的战略性和指导性层面，主要包括国家政策、地方政府的教育指导意见以及社会文化环境的总体氛围。宏观结构对于大学生廉洁教育的方向、目标和规范起着至关重要的作用。国家与政府通过制定全面而系统的政策，明确廉洁教育的总体目标，并为教育实施提供必要的资源支持和指导。这一层次的政策设计和实施为中观和微观结构提供了指导和框架。宏观环境中的文化氛围同样不可忽视，社会的道德风尚和公众对廉洁的普遍认同，对大学生廉洁教育具有潜移默化的影响。没有宏观层面的整体规划和文化支持，中观层面的教育执行与微观层面的具体操作将缺乏系统性与深度，廉洁教育的效果也将大打折扣。

三、大学生廉洁教育生态系统的内在与外在功能

大学生廉洁教育生态系统的功能作用深深植根于其生态结构的内在机制中，既具备一般教育系统的基本功能，又有其独特性。理解这一系统的功能，必须从生态学的视角出发，考虑到其内外部要素的相互关系与动态互动。作为教育生态系统，其核心目标不仅是培养具备廉洁品质的个体，还要使这些个体能够满足当今社会和经济的多重需求。通过参与廉洁教育实践，大学生不仅能够形成良好的廉洁品格，还能促进社会各领域的进步与发展。

（一）内在功能

大学生廉洁教育生态系统的内在功能体现在各要素的相互作用中。系统内部的各要素通过知识流、信息流和能量流的不断交流与互动，推动教育的全面发展。这种内在的互动过程，不仅强化了廉洁教育的整体效能，促进了受教者廉洁品格的养成，还对施教者的廉洁人格培养产生了积极作用。因此，大学生廉洁教育生态系统的内在功能可归结为培养廉洁品格的核心功能，其目标是通过系统的运行，使个体在道德与行为上实现全面的"育廉"发展。这一功能不仅体现了教育的双向作用，还反映了教育生态系统通过相互作用实现整体目标的能力。

（二）外在功能

当教育生态系统的各要素在内部分工明确、各司其职时，它们对外部环境会产生深远的影响。首先，教育系统内部的"育廉"功能直接推动社会的道德进步。通过廉洁教育培养的个体，不仅在个人层面形成稳定的廉洁人格，更在社会中展现其独特的价值。

廉洁品德的形成使大学生能够在进入社会后,有效规避腐败和不正之风,促进社会的清廉风气,推动社会正义与和谐的构建。此外,具备廉洁品格的个体还能够在社会各领域中有效降低腐败和不正当行为的发生,进而减少社会治理和运行的成本,优化社会资源配置,推动经济、政治、文化等多个领域的健康发展。

四、大学生廉洁教育生态系统的运行机制

大学生廉洁教育生态系统是一个复杂的人工系统,其运行机制遵循一定的生态规律,涉及各要素之间的互动与制衡。这些规律和机理构成了系统的内在动力,使其能够在维持复杂性与平衡性的同时保证整体系统的有效运作。掌握这些运行机理,有助于更好地理解大学生廉洁教育的实践路径,并为优化其实施提供理论支持。

(一)关注整体联动

大学生廉洁教育生态系统的首要运行机理是整体联动性。在这个系统中,各教育要素之间呈现出复杂的非线性关系,这些要素相互联系、相互影响,任何单一因素的改变都可能引起其他因素的连锁反应。这种整体联动性要求在设计和实施廉洁教育时,必须采取整体性思维,将所有相关因素纳入系统视野。大学生廉洁教育生态系统不是各个教育环节的简单相加,而是不同教育因素之间复杂互动和协同作用。

1. 系统中各要素的相互作用

大学生廉洁教育涉及的要素包括教师、学生、家庭、学校、社会等多个维度,每个要素对其他要素都有影响。教师的言传身教、学生的学习态度、家庭的教育影响、学校的制度安排以及社会环境中的道德氛围等,都是相互交织、相辅相成的。每个环节的有效运作都依赖于其他环节的支持,而任何一个环节的失衡,都会导致系统整体功能的退化。例如,如果教师的廉洁意识淡薄,难以通过自身行为影响学生;或者家庭和社会环境对学生的廉洁教育缺乏支持,即使学校精心设计教育方案,教育效果也会大打折扣。

2. 强调系统思维,避免孤立思维

在设计大学生廉洁教育生态系统时,必须摒弃孤立思维,重视系统思维。每个教育要素并非独立运作,而是相互依存、共同推动教育目标的实现。例如,学校可以通过课程设计、校园活动等方式向学生传递廉洁理念,但这些举措若缺乏家庭教育和社会支持,效果将大打折扣。相反,家庭和社会的作用若能够与学校的教育密切配合,形成合力,学生的廉洁意识会更加坚定,实践能力也将得到有效提升。

3. 确保动态平衡

大学生廉洁教育生态系统是一个动态平衡的系统。在教育过程中,任何一个环节的缺失或失调,都可能影响系统的整体效果。学校应定期评估各要素的运作情况,及时

调整教育策略。例如,教师的廉洁教育能力和道德修养直接影响教学效果,而学生的个体差异也要求教育方法的灵活性。因此,只有确保各要素之间相互协调,才能维持整个教育生态系统的平衡,进而提高廉洁教育的有效性。

(二) 富集信息能量

富集效应是大学生廉洁教育生态系统中的另一个重要运行机理。这一效应反映了教育过程中知识、技能和品德的积累与发展。廉洁品格的培养不是一个一蹴而就的过程,而是一个循序渐进、长期积累的过程。在大学生廉洁教育中,知识的传授、品德的培养和行为习惯的塑造需要通过长期且系统的教育活动,不断地积累、融合和完善。这种富集效应意味着,教育的每个环节都应当与其他环节形成支持和促进作用,共同推动学生廉洁品格的形成。

1. 教育环节的相互支持

在大学生廉洁教育生态系统中,教育环节应当是互为支持的。例如,教师在课堂中进行廉洁教育时,可以通过讲授廉洁知识、分析案例等方式帮助学生建立廉洁意识;而在校园活动中,学生可以通过参与志愿者服务、社团活动等进一步增强实践经验,体验廉洁行为的实际意义。同时,家庭教育在这一过程中扮演着至关重要的角色,家长的榜样作用、对廉洁教育的支持,以及对学生行为的引导,都会成为推动学生廉洁品格形成的关键因素。

2. 教育内容与方式的多样化

富集效应要求教育内容和方式具有多样性。单一的廉洁教育形式往往难以满足学生多样化的学习需求。因此,在实施大学生廉洁教育时,应采取多元化的教育模式,将课堂教学、社会实践、家庭教育和学校活动等多种方式结合起来,形成有机的教育生态。在教学过程中,教师不仅应注重理论知识的传授,还应通过多种形式引导学生思考廉洁问题。例如,可以通过小组讨论、辩论赛等方式,激发学生对廉洁问题的深入思考;同时,结合社会实践,让学生将理论与实践相结合,增强他们的廉洁意识。

3. 知识与品德的双向传递

富集效应还表现在教育内容的传递路径上。大学生廉洁教育不是单向的知识传递,而是一个双向互动的过程。教育者应根据学生的成长需求,逐步引导学生认识廉洁的内涵、价值和意义,学生则在这一过程中通过提问、讨论、实践等方式反馈他们的理解和体验。通过这种双向交流,教育内容的传递更加深入,学生对廉洁的理解也会更加全面和深入。

(三) 规避限制因子

大学生廉洁教育生态系统的运行,除了受益于各要素的协同作用,还会受到一些限制因子的制约。限制因子定律揭示了在系统运行过程中,某些要素可能成为教育发展的瓶颈,从而导致教育目标难以实现。因此,在构建大学生廉洁教育生态系统时,必须识别并规避这些限制因子,以确保教育系统的顺利运作。

1. 教师素质与数量

教师素质和数量是大学生廉洁教育中最为重要的限制因子之一。教师不仅要具备扎实的廉洁知识和道德修养,还要具备较强的教育能力,能够有效地引导学生思考廉洁问题。此外,教师的数量也至关重要,过少的教师数量可能导致教育资源的分配不均,影响教学质量。因此,在实施廉洁教育时,学校应注重教师队伍的建设,加强教师的廉洁教育培训,确保教师能够满足教育需求。

2. 教育环境的改善

教育环境是另一个制约因素。良好的教育环境能够促进学生廉洁品格的养成,反之,糟糕的教育环境可能会妨碍学生对廉洁价值的认同。教育环境的改善包括物理环境和文化环境两个方面。物理环境是指学校的教学设施、校园设施等,文化环境则是指学校的文化氛围、学风、师德等。只有在健康的教育环境中,学生才能够真正地体验到廉洁教育的深远意义。

3. 教育内容与方法的适时更新

随着社会发展和学生需求的变化,教育内容和教学方法也必须不断更新,以适应新的教育需求。如果教育内容陈旧、教学方法落后,学生可能会感到教育内容与实际生活脱节,从而降低学习积极性。因此,学校应及时调整教育内容,采用现代化的教学方法,如信息化教学、案例分析、互动讨论等,确保廉洁教育的时效性和针对性。

(四) 打破花盆效应

花盆效应指的是在封闭式学习环境中,学生缺乏与外部社会互动,导致他们难以应对复杂的社会环境和社会挑战。在大学生廉洁教育中,若仅依赖于学校内部的教育,而忽视社会环境的互动和实践机会,学生可能在走向社会后无法有效应对复杂的现实问题,导致廉洁品格的脆弱。因此,打破花盆效应是大学生廉洁教育生态系统建设中的重要任务。

1. 学校与社会的联动

为了打破花盆效应,学校应积极推动与社会的联动,创建更多的社会实践机会。例如,学校可以组织学生参与社会服务、企业实习、志愿活动等,让学生在真实的社会环境中体验廉洁的价值。这些社会实践活动不仅能增强学生的社会适应能力,还能帮助他们理解廉洁品格在实际生活中的重要性。通过将廉洁教育与社会环境紧密结合,学生将更加深入地认识到廉洁不仅仅是个人的道德修养,更是社会发展的必要条件。

2. 提升学生的社会适应能力

通过与社会的紧密联系，学生不仅能够增强对廉洁的认同，还能提升应对复杂社会情境的能力。学生在参与社会实践时，往往会遇到各种道德困境和挑战，通过这些实际经历，学生能够更加清晰地认识到廉洁的重要性，从而在未来的职业生涯中保持良好的道德判断与行为规范。

五、大学生廉洁教育生态系统运行的特征

在大学生廉洁教育的生态系统中，生态性特征的重要性不容忽视。这一系统具有明显的整体性与关联性，其核心在于各个教育要素的有机联系与协同作用。大学生廉洁教育生态环境并非孤立存在，而是多个因素共同作用的复杂网络。家庭、校园、社会等各层次环境要素之间相互交织，形成了一个充满互动的生态系统。在这个系统中，每一环节都承载着教育功能，彼此相互影响、相互支持，推动廉洁教育目标的实现。

（一）大学生廉洁教育生态系统的整体性与关联性

事物的整体性与关联性是密不可分的，它们共同构成了事物统一性和整体性的基础。正如自然界中的关系和相互作用构成了一个动态的画面，大学生廉洁教育也是一个复杂的生态系统，它既独立又与社会生态系统紧密相连。在评价大学生廉洁教育的有效性时，必须采用整体系统的思维，考虑其与系统内外部要素的关系。将大学生廉洁教育的有效性问题仅归咎于教学问题是片面的，必须将其置于更广泛的社会背景中，以整体和系统的思维来审视问题及其根源，构建一个生态的大学生廉洁教育系统，以实现教育目标。

（二）大学生廉洁教育生态系统的相互制约性

大学生廉洁教育生态系统中的各要素相互影响和制约。例如，教育目标的设定会影响内容的选择，内容的选择又会影响教学方法，而教育方法是否适合学生的个性特征，又会影响教育内容的有效传递。不良的家庭、社会和文化环境也可能削弱教育的实效性。因此，在构建大学生廉洁教育生态系统时，必须充分考虑这些相互制约关系，科学合理地减少和规避这些制约，从而实现协同效应，更有效地实现教育目标。

（三）大学生廉洁教育生态系统的开放互促性

生态系统理论强调，一个系统只有开放并与外界充分交流，才能保持活力。作为高等教育和社会生态系统的一部分，大学生廉洁教育需要从家庭、学校和社会等场域中汲取能量、信息和资源，以促进其自身的发展。这种开放互促性不仅体现为系统与外部环

境的互动,也体现为系统内部各要素之间的信息、能量和物质交换。这种思维将促使我们以更广阔的视野开展大学生廉洁教育的研究与实践。

(四)大学生廉洁教育生态系统的动态平衡性

动态平衡是生态系统的基本规律之一。任何生态系统都具有动态平衡性,各要素间的不断协调和互促,使生态系统保持动态平衡状态。大学生廉洁教育生态系统的动态平衡性意味着任何一个要素的变化都可能引起系统的整体变化。因此,我们必须将廉洁教育视为一个不断运动变化发展的过程,关注其复杂性和动态性,使教育内容和方法手段随时代变化而变化。

(五)大学生廉洁教育生态系统的生命能动性

大学生廉洁教育是一种德育实践活动,旨在促进大学生廉洁人格和精神的生成,助推其全面发展。在这个过程中,大学生展现了强烈的主观能动性,不断自我提升,实现自身的全面发展。我们应充分认识廉洁教育的生命能动性,在实践中关注大学生的精神提升和人格发展,创设支持其生命成长的条件,为大学生的全面发展提供实践平台,让师生在廉洁教育实践中共同成长,形成发展共同体。

(六)大学生廉洁教育的教育功能性

大学生廉洁教育的目的是传授廉洁知识、技能,提升廉洁意识,指导行为廉洁,最终促使学生养成廉洁自律的品格,促进其全面发展。教育不仅影响受教育者,也促进施教者的知识增长和精神成长。然而,大学生廉洁教育的功能是有限的,受到教育生态系统各要素作用及内外环境的影响。当教育生态系统各要素状态良好且相互协调时,教育功能可能得到较大程度发挥;反之,教育功能可能受到限制。同样,当教育生态系统所处的环境良好时,教育功能可能更好地体现;反之,可能受到阻滞。

第三节 大学生廉洁教育生态系统构建的策略

一、大学生廉洁教育生态系统构建的目标愿景

(一)确立生态发展的核心价值观

大学生廉洁教育作为一项系统性工程,涉及多个层面的互动与协调,绝非单一因素所能决定。其顺利开展依赖于教师和学生的态度与行为,还涉及教育目标的设定、教育

制度的完善、教学内容的选择以及教育方法的实施等诸多方面。此外,大学生所处的家庭、校园和社会环境以及文化氛围与经济背景等外部因素亦对其教育效果产生深远影响。这些因素相互交织、相互作用,构成了一个复杂的教育生态系统。在此背景下,分析大学生廉洁教育的现实问题,必须从生态互动的角度出发,全面考量各要素之间的相互关系与作用,确保教育体系的内在生态需求得到满足。这种生态性视角不仅有助于厘清问题的本质,也为大学生廉洁教育的理论研究与实践提供了有效的指导。

(二) 构建高效的协作机制

大学生廉洁教育作为一个生态系统,其成功实施离不开各要素的协同合作与相互促进。各级教育主管部门的政策规划为高等院校的廉洁教育提供了方向性依据,明确了实施路径和目标要求。同时,高校应将廉洁教育纳入人才培养方案中,确保教育目标的统一性与系统性。为实现这一目标,高校内部各职能部门,如教务、学生管理、团委和纪检部门等,需建立清晰的职责划分和协作机制,以保障各部门的有效合作与资源共享。与此同时,师生关系的优化同样至关重要。建立平等、民主、和谐的师生互动关系,为教育的顺利进行提供了基础。教师的教育态度与学生的学习态度紧密相关,良好的师生关系能够有效提升教育的质量和实效性,确保大学生廉洁教育的目标得以实现。

(三) 打造开放且多元的教育生态体系

大学生廉洁教育生态系统的构建,要求从生态学视角出发,系统性地整合各教育要素。这一体系的要素包括教育者、学生、教育目标、教育内容和教学方法等,需依据实际需求进行科学梳理和有序布局。现有的思政课程教材应进一步完善和优化,确保内容系统、结构清晰,并充分覆盖廉洁教育的各个方面。同时,教育工作者的专业素养与教学能力也需不断提升,通过定期培训和实践经验积累,提高其在课堂教学与课外实践中的有效性。教育方法的多样性和创新性同样不可忽视,应结合学生的特点和需求,灵活运用不同的教学手段。此外,社会资源的整合也是提升教育效能的关键。高校应积极拓展与社会组织和企业的合作,引入外部资源支持廉洁教育。校园文化建设与家庭教育环境的改善同样是构建良好教育生态的必要环节,只有通过各方力量的协同,才能有效推动廉洁社会的建设。

(四) 培养廉洁自律的时代新人

在现代社会的快速发展中,尽管科技与物质水平不断进步,精神领域的空虚与浮躁问题依然突出。在社会价值观多元化的背景下,部分群体受到物质主义思潮的影响,可能会放弃廉洁自律,从而导致社会风气的失衡。因此,大学生廉洁教育的目标不仅在于传授相关知识,更重要的是帮助学生建立正确的价值观,培养他们的廉洁意识和道德自觉。通过系统的廉洁教育,能够纠正学生的不良行为,促进其廉洁人格的形成。这一过程不仅是个人道德修养的提升，也是社会文明程度的推动。最终，大学生廉洁教育将为建设清廉社会、实现国家长治久安提供坚实的人才保障与精神支撑。

二、大学生廉洁教育生态系统要素的构建

大学生廉洁教育与自然生态系统在内在运作机制上具有一定的相似性，均表现出相似的生态特征。在理想状态下，大学生廉洁教育应当具备生态系统的特征，呈现出协调、平衡和有序的状态。前文已对当前我国大学生廉洁教育生态系统失衡的表现、成因以及国外的成功经验进行了详细探讨。在此基础上，本部分旨在提出大学生廉洁教育生态系统要素构建的建议，以期为高等院校的廉洁教育提供实践指导，推动我国大学生廉洁教育实现全覆盖并促进其健康发展。

（一）确立以人为本的大学生廉洁教育生态目标

教育目标是大学生廉洁教育实践的核心价值指引，它决定了廉洁教育的性质与任务，主导着整个教育体系的运作。教育目标不仅决定了教育内容和方法的选择，还直接影响教育者的行为取向和教育活动的方向，进一步指引受教者的发展路径。教育目标如同一位指挥官，协调和调整廉洁教育体系中的各要素及其相互作用，确保其实现平衡与和谐。它还为评估廉洁教育实践效果提供了明确的标准。大学生廉洁教育的目标是一个多维度的概念，其界定应当与国家生态文明建设的战略需求相契合，与大学生的全面发展需求相匹配，并遵循大学生品德培养的基本要求。大学生廉洁教育的目标应以人为本，从现实的人出发，朝向自由的人发展，最终实现完整的人的理想。

1. 现实的人：廉洁教育生态目标的起点

人的存在是历史性和实践性的，教育目标的设定必须从人的现实状态出发。现实的人并非孤立、固定的存在，而是在不断变化、发展中的个体。大学生廉洁教育的目标应基于大学生的实际生活与发展需求，关注他们在社会关系、劳动实践和精神层面上的需求。现实生活中个体处于特定社会关系中，具有生存需要和精神需求，大学生廉洁教育的目标首先应关注如何帮助大学生理解并合理满足自身的物质与精神需求。黑格尔等思想家认为，人的所有行为都源自对个人利益和欲望的追求，因而大学生廉洁教育的首要任务是帮助大学生理性地平衡个人利益与社会规则的关系，教育引导大学生在追求个人利益的同时遵守廉洁的道德规范。因此，大学生廉洁教育的目标应当从现实生活出发，关注大学生在社会中实际面临的挑战与选择，帮助其在社会环境中找到合理的发展路径。

2. 自由的人：廉洁教育生态目标的核心

人的理想状态是自由全面的发展，个体的自由是其本质属性之一。在教育目标的

设定中,大学生廉洁教育应当尊重学生的独立性和自由发展需求,使教育活动与学生的自由选择相契合。大学生作为具有自主性和创造性的个体,其参与廉洁教育的过程应当是自由的、开放的。大学生廉洁教育目标的确立应当在保证教育效果的同时,尊重学生的自主选择和自由意志,鼓励学生在参与教育过程中发挥其能动性和创造性。因此,教育目标不仅仅是外部要求的传递,更应当是学生内在需求与社会责任感的结合,使教育体系能够充分激发学生的积极性和主动性,促进其在教育实践中的自由发展和自我完善。

3. 完整的人:廉洁教育生态目标的终极追求

人的本质在于其在生产和社会实践中不断自我实现和自我完善。大学生廉洁教育的目标最终应当促进学生全面而完整地发展,即在知识、品德和社会责任感等方面的全面提升。教育目标的最终指向是培养具有高尚品格和健全人格的个体,帮助学生在心灵和行为上逐渐形成廉洁自律的习惯和信念。大学生阶段是个体全面发展的关键时期,是知识、思想、情感和道德品格形成的关键阶段。因此,大学生廉洁教育的目标应关注学生人格的全面发展,帮助他们形成廉洁自律习惯,最终实现其作为"完整人"的理想状态。教育的使命是促进人的全面发展,而大学生廉洁教育的目标正是通过培养具有廉洁精神和行为的完整个体,为社会提供道德自律的公民。

(二)设置多维融合的大学生廉洁教育生态课程

建立一个多维融合的大学生廉洁教育课程体系是构建其教育生态系统的关键组成部分。高校应当开设多维融合的廉洁教育课程,以形成合力,促进大学生廉洁品格的培养。这一课程体系不仅符合大学生道德养成的规律,也为大学生廉洁教育生态系统的构建提供了必要的支撑。教育主管部门应通过政策文件明确大学生廉洁教育的核心课程,提出融合课程设置的指导意见,以推动高校建立多维融合的廉洁教育课程,确保各类课程协同合作,形成教育合力。

1. 明确廉洁教育的主体课程

明确廉洁教育的主体课程至关重要。大学生廉洁教育作为一种义务的道德观教育,体现了高校在德育方面的责任。某些课程,如"思想道德修养与法律基础"课程,承担着大学生品德教育的主体角色,尽管其当前框架中尚未明确涵盖廉洁教育的内容。应当对该课程进行补充和调整,明确廉洁教育的章节与内容,使其与大学生的道德养成和品格锤炼相结合。通过在相关章节中增加关于廉洁的内容,阐明廉洁与诚信、公正、平等及法治的关系,增强学生对廉洁内涵的理解,从而促进其廉洁自律意识的养成。

2. 设置廉洁教育的融合课程

设置融合课程是提升大学生廉洁教育效果的另一重要举措。在必修的思想政治理论课程中,蕴含丰富的廉洁知识和思想。应对这些课程进行系统梳理,挖掘其内在的廉洁教育价值。通过在"马克思主义基本原理概论"等课程中引入廉洁教育内容,帮助学生认识腐败的本质及其与廉洁的关系,增强其培养廉洁品格的动力。在"中国近现代史纲要"课程中,强调廉洁品格在历史进程中的重要作用,使学生理解廉洁与国家兴衰的关系,从而激发他们对廉洁的追求。

3. 拓展廉洁教育的共生课程

拓展廉洁教育的共生课程同样不可忽视。借鉴国外高校在学术诚信教育方面的成功经验,各高校应结合自身特点,开展职业生涯规划教育和就业指导教育。在职业生涯规划教育中,强调廉洁品质与职业道德的结合,引导学生在职业价值取向中重视廉洁的意义。在就业指导过程中,明确廉洁行为的重要性,提醒学生在求职过程中始终坚持廉洁原则。此外,在医学等专业领域,应开设职业伦理教育课程,强调廉洁在职业伦理中的重要性,确保学生在未来的职业生涯中自觉践行廉洁理念。

(三) 构建系统丰富的大学生廉洁教育生态内容

体系的育人这一内容不仅是大学生廉洁教育生态系统良性发展的重要支撑,也是实现教育目标的实质性保障。全面系统的教材内容是实现这一目标的基础。教育主管部门应在明确"思想道德修养与法律基础"课程为大学生廉洁教育主体课程的前提下,组织专业团队对该课程及其他思想政治课程进行修订,确保廉洁教育内容的系统性、层次性、科学性和时代性。教材应涵盖廉洁意识、廉洁知识、廉洁价值和廉洁行为等方面的教育内容,以促进学生对廉洁的全面理解。

高校在实施廉洁教育时,应积极遴选各专业课程中适合融入廉洁教育的内容,研究并明确在专业课程中融入廉洁教育的路径和实施细则。对于开设大学生廉洁教育选修课或必修课的高校,须组织专门团队编写相关教材和读本,确保其与廉政教育内容的区别开来,以便更好地服务于大学生的廉洁教育需求。通过系统化的教材建设,可以为大学生提供更加丰富和多元的廉洁教育内容,从而提升教育的有效性。

挖掘丰富多样的社会资源是构建大学生廉洁教育生态内容的重要环节。廉洁品格的养成是一个从认知到情感,再到行为内化的过程,大学生的廉洁教育不能仅仅停留在理论层面,高校应联合社会机构和行业力量,共同挖掘和整合廉洁教育资源,为大学生提供实践平台和机会。这种合作不仅能够为课堂上学习的廉洁理论提供现实印证,还能增强学生对廉洁知识和理念的认同感。

在当前社会环境下,许多地区的政府和企业对廉洁文化的建设给予了高度重视,为高校的廉洁教育提供了良好的资源基础。通过现代信息技术的应用,可以实现全国高校之间的资源共享,为大学生提供丰富的廉洁教育实践案例。这种实践将有助于学生对廉洁价值的深入理解,促进其廉洁品格和精神的内化,最终实现大学生廉洁教育的目标。

第四节　大学生廉洁教育生态系统构建的保障

大学生廉洁教育生态系统是一个人工构建的生态系统,要实现有效构建与发展,除人为地为大学生廉洁教育输入良好要素并确保统内部各要素和谐共生外,还要在实践中为大学生廉洁教育生态系统的构建提供保障。

一、构建大学生整体关联的廉洁教育生态理念

从大学生廉洁教育生态系统的结构和要素分析来看,构建一个有效的廉洁教育体系不仅仅是一个知识传授的过程,更是一个全面协同的系统工程。尽管该系统内涵复杂且涉及面广,但其核心仍然是人。大学生廉洁教育的生态系统不是自然形成的,而是依赖于教育者和管理者通过理论引导与方法应用,经过精心设计和管理而形成的。因此,能否成功构建该系统,关键在于能否确立以生态理念为基础的教育框架。这种理念强调教育要素的整体性、关联性与互动性,关注系统各部分的相互作用和对环境的依赖。

(一)整体性视角的理念构建

大学生廉洁教育是一项复杂且系统的教育实践活动,必须从整体系统的角度审视其效果及各个构成要素之间的关系。大学生廉洁教育作为一个多元化的系统,其核心问题在于如何提升教育效能。这一问题的探讨不仅限于教学内容和方法,更应扩展到社会环境和结构对教育效能的深刻影响。将大学生廉洁教育单纯局限于课堂教学,忽视其社会背景和环境影响,无法有效解决廉洁教育的核心问题。因此,必须采用整体系统的思维方式,将大学生廉洁教育置于更广泛的社会生态框架中进行反思与规划。在这一框架下,教育目标、内容和方法不应孤立存在,而应相互协调、密切配合,形成一个有机的整体。

(二)多样性与丰富性的理念

一个单一构成的系统无法持续发展,最终将面临衰退,而生态系统的繁荣往往依赖于多样性的支撑和相互促进。在自然界中,物种之间的相互依存关系正是维持生态平衡和促进生态系统可持续发展的基础。将大学生廉洁教育视为一个生态系统,这一系统应当具备丰富多样的特征,只有具备多样性和丰富的资源,才能推动教育的长期健康发展。因此,大学生廉洁教育必须在内容和方法上多元化,结合不同的教学形式、教育途径以及互动模式,确保各个环节能够相辅相成,形成推动教育目标实现的合力。通过

多样化的手段与内容设计，大学生廉洁教育的实施能更全面、更深入地影响学生，推动其廉洁品格的养成。

（三）开放性与互动性的理念

大学生廉洁教育作为一个生态系统，其各个组成要素并非封闭孤立的，它们之间的互动与外部环境的联动至关重要。教育系统的任何一个变化都可能引发整体结构的调整，类似于"蝴蝶效应"的作用，教育实践的每个环节都可能产生广泛的影响。因此，大学生廉洁教育需要一个开放、互动的环境，通过与外部社会环境、文化、信息等的持续交流和互动，促进教育内容和方法的革新和发展。这要求我们摒弃传统的封闭式思维，转而采用动态的视角，关注教育系统的灵活性和开放性。无论是在政策设计、教学内容的制定，还是在教学方法的选择上，都需要与时俱进，确保教育的持续发展与社会环境相适应。同时，系统内各要素之间的互动也是确保教育持续有效的关键，只有保持良好的信息流动与资源共享，大学生廉洁教育才能保持活力，并不断优化其教育效果。

（四）融合共生的理念

生态系统中的共生现象体现了不同物种之间相互依存的关系，这种关系能够使彼此在相互依赖中共同生存和发展。大学生廉洁品格的形成是一个复杂的过程，受到学习、生活、社会环境等多种因素的影响。为此，大学生廉洁教育应当采取融合共生的生态理念，将廉洁教育融入学生日常学习和生活的各个环节，让廉洁意识与学生的实践体验相辅相成。在教育设计上，应关注将廉洁教育与学生的学习过程、社会实践、思想活动等有机结合，确保学生能够在实际体验中感知廉洁的价值与意义，从而内化于心，外化于行。通过这种融合共生的模式，廉洁教育不局限于课堂教学，而是贯穿于学生的整个大学生活，形成持续、稳定的品德培养机制。

二、构建责权明晰的廉洁教育生态制度

（一）廉洁教育制度的作用与功能

大学生廉洁教育生态系统呈现出非线性的运行特点，但也具备自身的内在规律和运行机制。中国高等教育体系是一个庞大而复杂的人工系统，尽管其运作遵循一定的规范与规程，但行政化管理在其中占据着关键位置。教育管理的行政化虽然在高等教育领域并不理想，但符合我国的国情，且在一定程度上影响着高校教育目标的达成。在现行的行政化教育体系中，高校在履行教育职责时的自主性相对较低，教育活动很大程度上依赖制度的强制执行。然而，调查发现，我国大学生廉洁教育的制度体系存在严重的断层问题，尤其体现在高等教育管理中的层级结构上。自十余年前国家发布相关文

件要求开展大学生廉洁教育以来,至今已有十个相关政策文件出台,但高校在实施过程中面临的困境表明,当前缺乏一套明晰的权责体系,这使得廉洁教育的实际落实效果远不尽如人意。

进一步分析可知,国家层面出台的相关政策文件与我国的反腐工作紧密相连,这一关系也阐释了廉洁教育被纳入职业道德范畴的根本原因。在我国,腐败治理的主力军是纪检监察机关,因此,国家在制定大学生廉洁教育政策时,通常由中央纪委国家监委与教育部联合发布。这种责任主体的错位使得大学生廉洁教育的具体实施面临管理上的脱节问题,许多高校的廉洁教育实践主要依赖纪检监察部门,缺乏教育部门的充分参与和推动。出现这种现象的根本原因在于对廉洁教育与廉政教育概念的混淆。尽管二者有一定关联,但廉洁教育侧重于普及品德教育,廉政教育则是针对拥有公权力的人员进行的职业道德培训。

(二)廉洁教育制度中的权责划分

明确大学生廉洁教育应当纳入大学生品德教育的范畴,并在此基础上,修订国家层面的政策文件,进一步明确各级教育主管部门的职责。首先,国家教育主管部门应进一步完善大学生廉洁教育的政策框架,并指导各省市自治区教育主管部门依据国家政策制定地方性规划。在此基础上,高校要根据上级政策,并结合实际情况制定具体的廉洁教育教学规划和纲要,确保相关保障措施得到落实。高校教育主管部门应细化具体实施方案,涵盖课程设置、师资队伍建设及教育资源保障等方面,确保廉洁教育在各高校的全面覆盖。

建立一个清晰的权责体系,确保每一层级的教育主管部门都能够明确自己的职责,并在规定范围内发挥作用,是完善廉洁教育制度的重要步骤。在这一体系中,国家层面的文件将作为各省市教育主管部门和高校制定相关政策的依据,并构成大学生廉洁教育的顶层设计。这些文件应当具备一定的框架性和指导性,明确各级主管部门的职责分工和考核标准,避免过度细化导致的执行混乱。

各省市自治区教育主管部门在此基础上,应根据本地高校的实际情况细化国家层面的政策,确保地方性规定对高校廉洁教育的指导具有实际操作性,避免形式主义和功利主义的出现。地方主管部门需将廉洁教育目标纳入德育体系并加强与思想政治教育课程的融合,避免将廉洁教育单一化,进而影响其实施效果。各地的教育部门也应根据各自地区的特色,提出切实可行的考核和激励措施,推动廉洁教育在地方高校的顺利实施。

各高校应依据上级教育主管部门的指导意见,结合自身情况,制定适合本校的廉洁教育教学规划。这些规划应明确主管部门与协作部门的职责,确保各部门之间的合作与分工明确。高校教务处应作为大学生廉洁教育的主要执行部门,并结合学生处、团委、纪检监察部门等其他相关部门,形成合力,共同推进廉洁教育的实施。在具体的课程设置上，高校应明确大学生廉洁教育的核心课程，并在相关的思想政治课程中融入廉洁教育内容，确保学生能够系统地接受廉洁教育。

为了确保大学生廉洁教育的持续性和有效性，各层级教育主管部门的职能与责任应通过制度化方式固定下来，形成清晰而连贯的生态体系。此体系应根据社会、教育环境的变化不断修订，以确保其始终适应高校和学生的实际需求，推动大学生廉洁教育的长远发展和生态良性运转。

三、营造良性互促的廉洁教育生态环境体系

教育作为一种社会过程，不仅是个人成长与发展的途径，更是社会结构和文化价值的重要载体。其作用和影响不能脱离社会政治、经济、文化等多个维度的交织与互动。教育系统的形成和运行与社会各个领域的相互作用密切相关，体现了系统性的互动关系。基于这一理念，教育研究不应仅限于校内的教学实践，更应关注与社会环境的互动。传统上，社会环境常被视为影响德育的外部因素，但这一视角较为狭隘，未能全面展现教育环境的复杂性和层次性。因此，对大学生廉洁教育的探讨，不应仅停留在教育体系内部，而应将其置于更为广阔的社会生态环境中进行全面反思。

在生态学的框架下，大学生廉洁教育的成效并非单一因素决定，而是受到家庭、学校及社会环境等多重外部因素的交织影响。这一观点促使我们关注如何通过多维度的环境建设，促进廉洁教育的良性循环和相互作用。只有在自然环境、社会环境、学校环境和家庭环境的协同作用下，才能为大学生营造一个有助于其廉洁品格养成的教育生态。

（一）营造公正公平的社会环境

社会环境是大学生生活中的最广阔空间，对其价值观的形成与塑造有着深远的影响。在现代社会的复杂性中，社会环境不仅涉及公共资源的分配和公平正义的实现，还包括道德文化的培育与廉洁意识的普及。因此，要营造一个公正、公平的社会环境，首先需要政府及相关机构在各领域强化廉洁风险防控，形成良好的社会风气。只有建立和完善反腐倡廉的制度机制，强化廉洁行为的社会规范，才能有效推动社会公平正义的实现。

社会各界的共同参与是营造公平社会环境的关键。政府应当发挥引领作用，通过多种渠道加强廉洁教育的普及与推广。同时，媒体在现代社会中扮演着重要的角色，其强大的舆论引导功能可以有效推动廉洁文化深入人心。通过持续曝光廉洁典范和不正之风，媒体能够激发社会公众的廉洁意识，并通过舆论监督形成不廉洁行为的社会压力。要达到这种效果，政府、媒体及社会各界的共同努力是必不可少的。

（二）营造风清气正的校园氛围

校园是大学生思想和品德培养的核心场所,其环境氛围直接影响学生的价值观和行为规范。因此,打造一个风清气正的校园环境,既是高校的责任,也是对学生全面发展的必要保障。为了实现这一目标,高校应通过完善的制度设计,建立健全的廉洁风险防控体系,确保自上而下的廉洁治理能够有效实施。高校应注重将廉洁教育纳入学校的整体发展战略中,推动廉洁文化成为校园文化的重要组成部分。

纪检监察部门要加强对校园廉洁的监督和管理,确保各类不廉洁行为得到及时纠正。对于存在不正之风的教职工,应通过严格的纪律处分进行惩治,形成高压反腐的有效局面。此外,大学生群体本身的廉洁教育不可忽视。通过课程、讲座等形式,增强学生的廉洁意识和自律能力,使其形成坚实的道德基础。教育部门应鼓励和引导学生自觉遵守道德规范,以廉洁为荣,坚决抵制不正之风。

拓展阅读

厚植校园廉洁文化土壤

来源:中央纪委国家监委网站　　发布时间:2023-09-07　06:00

党的二十大报告指出,加强新时代廉洁文化建设,教育引导广大党员、干部增强不想腐的自觉。高校作为人才培养的主阵地和社会主义先进文化高地,担负着培养社会主义建设者和接班人的重要使命。要积极推进廉洁文化进校园,把廉洁教育作为高校立德树人的重要内容。

强化政治理论学习。思想纯洁是马克思主义政党保持纯洁性的根本,道德高尚是领导干部做到清正廉洁的基础。要教育引导党员干部和学校师生全面系统学习掌握习近平总书记关于全面从严治党、党风廉政建设和反腐败斗争的重要论述精神,不断提升其拒腐防变的思想自觉,激发校园廉洁文化建设的内生动力。青年大学生正处于价值观形成和确立时期,要把廉洁教育融入思想政治课教学内容中,充分发挥其铸魂育人、涵德化人的作用,加强思想理论引领,促使广大青年学生明方向、立规矩、正风气、强免疫。通过专题教学、课堂讨论、案例教学和实践体验等方式,扩大廉洁文化在党员干部和师生中的传播力和影响力,深化对廉洁文化的思想认同和价值认知,强化纪法意识、纪法思维、纪法素养,从源头上拧紧世界观、人生观、价值观的"总开关"。

打造全覆盖的廉洁文化教育体系。在干部培训教育和师德师风建设中重视加强廉洁文化建设,推动教师既精通专业知识、做好"经师",又涵养德行、成为"人师",增强立德树人、教书育人的责任感和使命感,成为以德施教、以德立身的楷模,不断提高自身道德修养,形成廉洁自律、爱岗敬业的高尚追求。将廉洁文化建设融入专业教育教学,贯穿人才培养体系，深入挖掘各类课程和教学方式中蕴含的廉洁教育资源，结合学科专业开展案例教学、编写不同专业廉洁教育教材、建立廉洁教育专业实践基地、宣传行业廉政榜样人物等等，紧紧依托不同学科专业课程特点和丰富学科资源，创新推进校园廉洁文化建设，更加注重体验式、浸润式教育方式，构建全面覆盖、类型丰富、层次递进、相互支撑的廉洁文化教育模式。

依托日常校园活动开展廉洁实践。要注重发挥校园实践在廉洁文化建设中的作用，将廉洁文化建设融入高校党建、团建、社会实践和校园文化建设等，组织开展丰富多彩的校园廉洁文化建设活动，包括廉洁主题书画作品征集、视频和微电影创作、情景剧和社团活动等，充分发挥廉洁文化教育的引导和感染熏陶作用。充分运用新媒体新技术传播廉洁文化，创新廉洁文化宣传教育形式和载体，拓展利用廉洁文化资源，丰富廉洁文化优质产品和服务供给，让廉洁文化可观、可感、可触，融入日常校园学习生活，在校园内形成浓厚的廉洁文化氛围。因地制宜打造廉洁文化阵地，健全校园廉洁文化实践机制，推动示范引领与实践养成相结合，营造浓郁的廉洁文化育人环境。

（作者：欧阳媛　北京工商大学党委常委、纪委书记）

（三）构建清正廉洁的家庭环境

家庭作为社会最基础的单元，对个体的价值观、行为模式和品德修养具有重要影响。家庭教育的作用不仅体现在知识传授上，更体现在道德观念和行为规范的塑造上。社会各界应共同致力于家庭廉洁文化的建设，通过政府引导、社区支持和学校协作，构建一个充满正能量的家庭环境。特别是政府，可以通过政策推动家庭教育的规范化，强化对家长的道德引导和廉洁教育，使家庭成为大学生廉洁品德塑造的坚实基础。

家庭教育的重点不仅在于价值观的灌输，更应在于通过实际行动来展现廉洁精神。家庭成员的行为规范应成为学生行为的榜样，避免将不正之风传递给下一代。通过学校与家庭的紧密合作，加强对学生家长的廉洁教育，促进家庭成员共同参与廉洁文化建设，能够为学生提供一个正面、积极的成长环境。家庭在廉洁教育中的作用不可小觑，其对大学生品德的影响常常是深远且潜移默化的。

通过家庭、学校和社会的协同作用，可以形成一个互促共生的廉洁教育生态系统，为大学生的廉洁品德养成提供全方位的保障。这种系统性、生态化的教育模式不仅能为学生的个人成长提供有力支持，也能为社会的长期发展奠定坚实的道德基础。

四、构建信息互通的教育效果评估体系

教育作为一个系统性、目标导向的社会活动，其核心价值在于如何通过科学的评估方法来衡量教育的效果和价值。在教育过程中，评估不仅仅是对结果的定性或定量描述，更是对教育目标实现程度、教育过程及其效果的全面考量。有效的教育评估体系有

助于揭示教育过程中潜在的问题,促进教育活动的优化和改进。建立科学的评估体系,并通过多维度的评价方法进行系统分析,对提升大学生廉洁教育的质量和效果具有重要意义。

(一) 教育评估的多重功能

教育评估在整个教育活动中的作用极为重要,它通过多重功能来发挥其价值。首先,教育评估具备诊断功能。教育目标的实现不仅依赖于教育内容的传授,还包括教育过程中的管理与实施。通过评估,能够及时发现教育活动中存在的问题,并对其进行有效调整,从而保证教育目标的达成。其次,教育评估具有指导功能。它为教育者提供了关于教学内容、方法和策略的反馈,帮助教育者在实践中优化教学方案,提升教育效果。除此之外,教育评估还发挥着激励作用。对教育成果的评价,不仅能够激发教育参与者的积极性,还能够为教育管理者提供切实可行的改进建议,从而推动教育质量的提升。最后,教育评估具有引导功能。通过制定明确的评估指标,教育评估为教育工作指明了目标和方向,使得教育活动能够更加有序地进行,避免偏离预定目标。

(二) 评估指标的设计与构建

有效的教育评估需要建立在合理的评估指标体系之上。对大学生廉洁教育的评估,其指标设计应基于学生在廉洁认知、廉洁意识以及廉洁行为方面的综合表现。廉洁认知层面的评估关注学生对廉洁的理解,包括对廉洁核心价值观的认同、对廉洁行为的准确辨识,以及对反腐败法律法规的了解;廉洁意识的评估关注学生是否形成了廉洁自律的观念,是否具备一定的道德操守和行为约束力;廉洁行为层面的评估则聚焦于学生在学术诚信、社会行为规范等方面的实际表现。明确的指标设计,可以确保评估体系的针对性与科学性,使评估结果更加客观、公正。

(三) 评估实施的有效性

构建了评估指标体系并不意味着教育评估能够自动高效实施,如何科学地执行评估过程,保证其准确性与有效性,仍然是需要深入研究的课题。经典的教育评估模式如行为目标模式、CIPP模式等提供了不同的评估框架,但具体的实施过程中,应根据大学生廉洁教育的特点,灵活选择评估方法。对于廉洁认知的评估,可以通过知识测试和个体观察相结合的方式进行;对于廉洁意识的评估,可以采用访谈和问卷调查的方式,结合教育者和管理者的评价;对于廉洁行为的评估,则需要通过各类具体数据的收集与分析,如学术诚信记录、校内外的行为反馈等,来全面反映学生行为的实际情况。

在实施过程中,评估的信效度往往受限于评价对象的主观因素。为了提高评估的准确性和全面性,除了依赖学生的反馈,还应充分考虑教师、管理者及社会实践单位的评价,形成多角度、多层次的评估机制。采用这种综合性的评估方式,可以更为全面地反映大学生在廉洁教育中的学习成果和行为表现,从而为教育者提供更有针对性的改进建议。

课后思考

1. 大学生廉洁教育与生态系统在哪些方面存在契合性,这种契合性对廉洁教育的实施有何启示?
2. 如何准确诠释大学生廉洁教育生态系统的意蕴,以便更好地指导实践?
3. 在构建大学生廉洁教育生态系统时,应采取哪些有效策略,以确保系统的科学性与可行性?
4. 为了保障该生态系统的顺利构建与运行,需要哪些具体的支持措施?

参考文献

[1] 陈莉洁.生态系统视域下大学生廉洁教育机制研究[J].时代报告,2020(10):116-117.

[2] 陈玮.大学生廉洁文化教育研究[D].上海:华东师范大学,2018:87-106,156-174.

[3] 戴雁琴.大学生廉洁教育与思政教育协同育人探论[J].中学政治教学参考,2023(40):104-105.

[4] 付晓容.大学生廉洁教育生态系统构建研究[D].重庆:西南大学,2021:1.

[5] 盖晓庆,吕素香.新时代高校大学生廉洁教育现状、问题及对策研究[J].北京教育(高教),2023(10):62-64.

[6] 高星,丁振国,王渊.大学生廉洁教育现状分析[J].学校党建与思想教育(高教版),2013(8):57-58.

[7] 郭成良,范一媚,刘宝坤.大学生职业生涯规划[M].郑州:河南人民出版社,2019.

[8] 侯建雄,傅奕栋,高仁爱.大学生廉洁文化教育探究[J].领导科学论坛,2023(11):155.

[9] 江成.新时代大学生廉洁教育路径研究[D].重庆:重庆交通大学,2021:25-29.

[10] 蒋英文,林伟.新时代大学生廉洁教育的基本路径[J].学习月刊,2024(6):48-49.

[11] 居继清.构建大学生廉洁品质的综合教育模式探索[J].学校党建与思想教育(普教版),2014(9):83-84.

[12] 阚莹莹.红色文化中廉洁思想的地位及其内涵[J].安顺学院学报,2015,17(2):39-40.

[13] 寇玉达.中国传统廉洁思想的伦理内涵与现代价值思辨[J].黑河学院学报,2020,11(12):31-33.

[14] 李娜.大学生职业生涯规划教育中的自我认知教育[J].教育观察(上旬),2014(5):32.

[15] 李艳艳.大学生廉洁品质培养现状与对策研究[D].南宁:广西大学,2017:11.

[16] 刘宏宇,熊治东,张涵.新时代大学生廉洁教育刍议[J].学校党建与思想教育,2023(22):75.

[17] 刘旻雯,梁艳.新时代全面从严治党视阈下大学生廉洁教育研究[J].南方论刊,2024(10):88-91.

[18] 龙晓男,李大鹏,邹槟鸿.大学生廉洁教育的时代价值、现实困境和实践进路[J].领导科学论坛,2024(3):157-160.

[19] 孟复.新时代大学生廉洁教育研究[D].武汉:华中师范大学,2020:41-49.

[20] 欧阳媛,周磊.推进新时代大学生廉洁教育[J].前线,2023(11):56-58.

[21] 彭文龙,廖晓明.大学生廉洁教育读本[M].南昌:江西人民出版社,2021.

[22] 彭文英,胡浩.大学生廉洁教育探析[J].教育与职业,2014(12):70.

[23] 钱云光,刘喜玲,张铱晗.新时代大学生廉洁教育刍议[J].学校党建与思想教育,2021(10):41.

[24] 宋阳.新时期大学生廉洁教育体系构建的路径研究[M].石家庄:河北人民出版社,2019.

[25] 苏春菊.大学生廉洁文化素养培育探索[J].鄂州大学学报,2014(11):18-19.

[26] 隋灵灵,李小雪.中华优秀传统文化融入大学生廉洁教育的价值意蕴与实践路径[J].齐齐哈尔大学学报(哲学社会科学版),2024(1):168-172.

[27] 孙润华.新时代大学生廉洁教育协同性研究[D].青岛:青岛理工大学,2024:1.

[28] 田川,谢正钱,吴俊.从生态育人谈大学生廉洁教育方法途径[J].云南开放大学学报,2013,15(3):57-61.

[29] 田小凤.大学生廉洁教育的课程建构体系[J].科技信息,2011(22):38.

[30] 王媛渌.大学生廉洁教育探析[J].宁波教育学院学报,2012(5):28-30.

[31] 吴正龙,孙晓彤.新时代大学生廉洁教育的发展演进及展望[J].内蒙古电大学刊,2022(4):59-63.

[32] 夏涛.新时代大学生廉洁品质培育路径探析[D].桂林:桂林理工大学,2022:1.

[33] 幸柠楠.新时代大学生廉洁教育研究[D].重庆:重庆交通大学,2023:18-20.

[34] 熊小青.高校廉洁教育方法途径的生态化实践[J].煤炭高等教育,2011,29(4):42-45.

[35] 熊志灵.新媒体环境下高校教师廉洁教育工作探究[J].今传媒,2021,29(7):30.

[36] 杨章成.新时代大学生廉洁教育的价值意蕴和实现路径[J].哈尔滨职业技术学院学报,2022(5):64-66.

[37] 叶宁.如何进一步构建大学生廉洁教育长效机制[J].中国多媒体与网络教学学报(中旬刊),2019(7):239.

[38] 叶鑫鹏,林青.论新时代大学生廉洁教育的核心要素及其实现路径[J].广西民

族师范学院学报,2024,41(4):110.

[39] 于学强.大学生廉洁教育读本[M].南京:东南大学出版社,2020.

[40] 余俊渠.浅谈当代大学生的廉洁教育[J].广东技术师范学院学报(社会科学版),2012,33(4):40.

[41] 虞永飞,黄敬兵.大学生廉洁教育应坚持四统一[J].两岸终身教育,2024,27(3):28.

[42] 张胜利,刘兴友,张宝林,等.冲击与回应:新时代青年大学生廉洁教育的高校角色[J].行政科学论坛,2021,8(10):21-25.

[43] 赵海霞,蒲传新.高校廉洁文化教育的思考与探索[M].西安:西北工业大学出版社,2023.

[44] 朱晶,陈灿军."大思政课"背景下大学生廉洁教育模式的构建[J].湖南科技学院学报,2024,45(4):121-124.

[45] 朱蒙玲,邱正祥.优秀传统文化融入大学生廉洁教育的路径分析[J].理论观察,2017(7):159.